Bad Calls, Strange Moves, and What Baseball Behavior Teaches us About Ourselves

思維誤判

Keith Law

THE INSIDE GAME

好球為何判壞球?
冠軍總教練真的就是好教練?
棒球場上潛藏的行為經濟學

基斯・洛爾——著
李秉昇——譯

目錄

推薦序

別再錯得那麼理直氣壯，讓美國職棒的故事教你如何正確思考

棒球作家 文生大叔

翻開《思維誤判》這本書，你可能會覺得這並不是一本寫給狂熱棒球迷的書，但如果你認為自己是一個喜歡思考的人，也常常對球員、教練、甚至職業球團高層的一些決策過程感到好奇，那這本書正是寫給你看的。

或許你曾經看過太多教我們怎麼動腦去分析棒球、怎麼去理解棒球的書，但這本書剛好反其道而行，由美國職棒資深棒球記者基斯．洛爾用各種場內場外的決策案例，來重新檢視我們對世界的理解以及在決策過程中所面臨的思維辯證。

我們總認為說棒球是一個講求爆發力、注重直覺判斷的運動，我們甚至可以武斷一點的說，

二十世紀的美國職棒就是由球探在全球各地挖掘最優秀的棒球員、讓他們穿上球衣在球場上以天賦體能分出勝負；打者必須在不到一秒鐘的時間內，決定是否要揮動一根圓形的球棒，嘗試去擊中一顆以時速九十英里飛奔而來、甚至還會突然轉彎的球，而野手則必須在一瞬間就依照球的去向做出反應，不但要擋接到球，還要立刻研判比賽狀況並將球傳送到正確的位置，沒有什麼比棒球更複雜的運動了！

但是進入二十一世紀之後就不一樣了，美國職棒成功的把全世界最優秀的棒球員都集中在一起，這讓每一隊之間的實力越來越接近，也因此每一個戰術上或是決策上的優勢，都足以影響戰局，甚至足以讓一支長年墊底的職棒球隊迅速振衰起敝；在奧克蘭運動家隊的魔球旋風刺激之下，賽伯計量學成了引領美國職棒的大趨勢，隨之而來的是大量數理、法商學界的菁英進入美國職棒管理階層，也為百多年以來習慣以直覺和慣例做為主導的美國職棒思維決策帶來了天翻地覆的改變。

在引進這些學院派嚴謹的分析檢視之後，許多行之有年、理所當然的棒球決策一一都現出了原形，有些案例在佐以數據的分析之後，甚至更顯得漏洞百出，但這並不是這本書的目的，這些例子只是在告訴我們說，學會如何「正確」的去思考，學會去發掘這些認知上的偏誤，我們才能避免自己受到影響，也才能在棒球之外的工作場域能趨吉避凶，做出最有利的決定。

如同洛爾自己所說，這本書確實沒有甚麼驚天動地的新工具或新理論，而書中他信手捻來的各種決策案例，有許多也可能會讓讀者覺得其實只是事後諸葛，但他的目的就是希望棒球迷能透過這些決策案例，來成為一個更會思考的人、也更懂得如何去避免犯下書中所提到的那些錯誤決定；作者豐富的棒球知識搭配上謹慎完整的邏輯架構，讓我們得以一窺普通棒球迷所無法理解的那些決策過程，不管是弱勢球隊如何在季後賽中逆轉獲勝，還是平凡球員如何憑著一個球季的超水準表現，就換得一張其實並不符合身價的高額長約，這本書都一一為這些看似難以理解的決策找到了答案。

這樣的一本英文書，特別需要一位對美國職棒有深入理解，也對書中論述充滿熱情的翻譯者，而經驗豐富的青年棒球工作者李秉昇就是最理想的人選，秉昇是臺灣極少數英文能力出眾，同時也對美國職棒有深入研究的專業人才；他曾親自前往美國職棒春訓基地訪問，而他和王啟恩搭檔主持的《Hito大聯盟》更是第一個以美國職棒為主題的中文Podcast節目，自二〇一七年開播至今一直備受歡迎，只有這樣真正熟悉美國棒球文化的人，才能鉅細靡遺地將字裡行間的那些微小細節給完整呈現出來。

《思維誤判》並不是一本棒球故事書，而是一本在閱讀時需要思考，也刺激我們動腦反思的書，穿插在其中的棒球故事不僅僅帶領我們從心理學和經濟學的視角去檢視我們的思維辯證和決策過程，這些真實案例也為這本略為嚴肅的專業書籍提供了恰到好處的調劑，我衷心推薦這本書，也希望你能跟我一樣喜歡。

推薦序

棒球與行為經濟學的完美搭配

podcast節目《Hito大聯盟》主持人、《台北市立棒球場》製作人、《跑步不要聽》製作人　王啟恩Adam

二〇一三年線上課程平台蓬勃發展的時候，我曾經在Coursera上選了一門行為經濟學大師丹・艾瑞利（Dan Ariely）所開的「初探非理性行為」課程（A Beginner's Guide to Irrational Behavior），算是他的經典著作《誰說人是理性的！：消費高手與行銷達人都要懂的行為經濟學》的課程版。

在大學時，我主修管理科學（Management Science），其中也包含了經濟學、統計學與行銷學相關課程，雖然畢業後轉換跑道，擔任網站前端工程師，但對於相關應用一直保持濃厚的興趣。我按時修完了這門課，可惜考試運不太好，最後差不到兩分，沒有拿到證書（要八十五分才要及格）。雖然沒有證書，不過這門課仍然對我影響深遠。後來我又在中國旅遊時看到《比賽中的行為經濟學：賽場行為與比賽勝負的奧秘》（Scorecasting: The Hidden Influences Behind How Sports Are Played and Games Are Won）的簡體中文版，翻了幾頁就覺得深受啟發，有如發現新大陸，立刻就決定把它帶回家。

在我和譯者秉昇共同主持的podcast節目《Hito大聯盟》中，我也曾經分享過《比賽中的行為經濟學》這本書的讀書心得，像是關於主審會受主場球迷影響而做出不同的判決，還有對於追求整數數據里程碑的現象……等等。《比賽中的行為經濟學》使用大量足球與北美四大職業運動的例子，棒球只佔一部分，看完覺得還不夠過癮，而且內容多專注在場上所發生的事件，總覺得還少了些什麼。

基斯．洛爾的這本《思維誤判》則是完全為棒球迷量身打造，不只從行為經濟學的面向探討場上的比賽環節（電子好球帶、手感），還有以球員、教練、球隊總管、球隊老闆、經紀人與運動媒體的角度，來分析各種棒球產業的現象、趨勢與迷思（棒球界的迷思可能是所有運動中最多、最根深蒂固的）。

作者洛爾不但有在藍鳥隊工作的經驗，同時也是在業界具有聲望的資深棒球媒體人，經歷過多種角色，比起其他棒球作家更能夠換位思考，他對於許多迷思和傳統觀念具有批判性思考，加上行為經濟學的理論輔助，書中許多論點肯定能夠讓許多棒球迷大開眼界。像是經典的「手感發燙」（hot hand）迷思、用近時偏誤來解釋「派近況好的球員上場」可能是錯的（有玩夢幻總教頭的球迷一定要看）、用秉賦效果來看交易農場大物，還有媒體如何因為可得性偏誤而做出相對不理性的決定和分析（這段看得我冷汗直流）。

在秉昇和我共同主持的《Hito大聯盟》節目中，我們也常探討這類大聯盟時事話題以及趨勢，除了用邏輯分析與經驗判斷（其實這些經驗也很有可能是錯的），我們也不時自省，是不是陷入了什麼盲點而不自知。秉昇有大量的棒球專欄撰寫經驗，而我則曾經擔任TSNA駐美特派體育記者，有時難免也會陷入媒體的既有框架和慣性，為了把故事說得更引人入勝，而有所偏誤的情況。

老實說，在閱讀這本書的時候，我一度以為這是秉昇寫的，腦中甚至出現他在朗讀的聲音。我的好夥伴秉昇不僅熱愛棒球，研究美國職棒大聯盟近乎成癡，以及翻譯所嚴謹的學術訓練，更令人佩服的是他的自律與認真，這本好書要發行中文版，在地球上我實在想不到有任何人比他更適合擔任譯者（沒錯，我親自示範了何謂可得性偏誤）。《思維誤判》中文版能夠順利付梓，實在是全中文世界的棒球迷的福音。

如果你是在書店拿起了這本書（或是在網站上閱讀推薦序），而且自認為是棒球迷，還讀到這裡的話，請立刻把書闔上，直接去結帳，我保證你絕對不會後悔。

喔，對了，也別忘記每週收聽《Hito大聯盟》，你一定也喜歡的！

推薦序

做決策前，先看看這本書吧！

資深球評　曾文誠

感謝堡壘文化。一開始就寫上這樣狗腿字句，並非想讓他們多給點好處，抑或是我也身為這家出版社的眾多作者之一，而是他們又出了一本絕佳的棒球書籍，繼可讀性極高的《MVP製造機》之後，又一本知識含量百分百的好書，再次造福球迷，由衷感謝。

這本書以經濟學或其他觀點來說明在棒球比賽中或球隊決策過程可能產生的誤差，從書名《思維誤判》應可略知一二。就我來看整本書有兩大面向，其一是從數據上去解讀過去被忽略的現象，例如首章〈我贊成電子好球帶〉，上面以二〇一六年丹尼爾陳（Daniel Chen）帶領一個三人團隊，以球路追蹤系統上九十萬組進球點分析之後發現，前一球是好球下一球被判壞球上升了百分之〇點九；前一球是壞球下一球被判好球上升了百分之一點三，如果是所謂邊邊角角的位置則更明顯。然後作者用兩個名詞來解釋，「賭徒謬誤」：也就是會主觀認為一件事情不可能連續出現太多次同樣現象；還有「錨定效應」：主審前一球判決定之後已經先「定錨」也就是先入為主的預設下一球的結果。

作者還提到何謂「不作為偏差」。二〇〇七到二〇〇九年間主審正確判決率是百分之八十五點六，但兩好球之後本應是好球的判定卻只有百分之六十一，三壞球之後應是壞球的正確率只有百分之八十，雙雙都呈現一定的誤判率，代表主審不想因下一球而改變狀況的心態。作者用以上的數據來分析，身為人的主審會因各種不同情境產生不同的心理進而影響判決，所以他大力贊成電子好球帶。而我則第一次看到有人研究這個，很長知識的數據分析，但我認為不論哪一個職棒，站主審的大概都沒有人會承認有這現象！

其二是觀念釐清。作者強調人們或第一線帶兵之人犯了幾個想法錯誤，例如「打線保護效應」、「手感很燙」、「強心臟打者」這幾個大家所熟知，也常來說嘴的現象其實並不存在著。作者以幾個名詞來說明為什麼最後會有這種現象。首先是「團體迷思」：大家這麼想、這麼說不代表是正確的，就像很多人說曾文誠很帥，也不代表事實如此；「真相錯覺效應」：人們傾向認為聽過的事情都是真的，如果有人拿其他事情來反證，也只是讓他更堅信不疑。因為有這些心理因素，所以長期以來後面打者能保護前位，有人最近怎麼打都安打、有打者特別在關鍵時刻能建功，這些說法很被接受，但從長期資料來解讀並非如此。

作者從數據著手得到如此結論，但我必須很老實說，穿西裝和穿球服的其實有很大的不同。在辦公室可以用電腦跑出很多理性的數字告訴你該怎麼做，但真實的球場上我個人認為很困難，以「手感很燙」這件事來說，作者疾呼這是假的，但你要一個總教練不排一個最近十支五的當先發，即使左打遇左投，那是很難的，寫文章有爭議頂多被酸，但沒有依人們相信的「準則」去做，輸了球被媒體、球迷修理進而失掉工作，那壓力是很難相比的。

這只是我個人閱讀本書這一段時的感想，但這本《思維誤判》還有更多可以一看的論點，這些論點就像作者在書尾說的，即使你不是實際球團操盤者，能認識這些觀念也能對你在生活、事業判斷上有所幫助。像「倖存者偏誤」：不要因為道奇的柯蕭投出名人堂等級的身手，就把寶貴的第一輪選秀押在高中投手身上；「近時偏誤」：不要以最近的資料預測未來，所以千萬不要給後援投手太長合約，除非那個投手叫李維拉；還有一個叫「沉沒成本謬誤」：不要因為已經付了大錢，但表現卻爛爆的選手，捨不得讓他坐板凳，反而斷送其他年輕選手的機會。

當然整本書也並非都是批判球團是一群低智商者在亂搞，最後也提了不少經典的好決策。像藍鳥留下包提斯塔、紅雀讓普荷斯離開、紅襪送走了賈西亞帕拉還有首輪選了佩卓亞。這些經典好決策背後也都各有其理論根據。

這是一本能讓球迷長知識的好書，裡頭也不少專業術語（不止是棒球）可以看出譯者功力，是的，要推一下本書翻譯李秉昇，他也是《MVP製造機》的譯者，那本書我也榮幸寫序推薦，突然有種我和他是投捕搭檔的感覺，如果是的話，很期待下次再「配合」。

推薦序

原來這就是答案！

棒球作家　張尤金

前陣子我在臉書粉絲團發了篇貼文，那是某場比賽過程中投球進壘點的截圖，投手投在好球帶外側，進壘點明顯在打擊九宮格以外，主審卻撿了（判好球），因為這個誤判導致打者球數落後，進而遭三振出局。

這則貼文的焦點應該在檢討主審的好壞球誤判，對吧？可是底下網友的留言卻讓我傻眼了：

「誤判本來就是棒球的一部分」

「不意外，主審也是人」

「至少主審對兩隊很公正，同樣外角的位置都判好球」

就我自己看球的經驗，關鍵的好壞球判決確實可以影響比賽結果，我也相信「電子好球帶」（或「機器人主審」）有其必要。但如果我的想法是對的，為什麼會有這麼多網友的意見與我相左？我又該如何說服網友？

對於這個問題，我在這本書的第一章找到了答案。歸根結底，棒球比賽的好壞球判決本來就是一項超乎人類能力的工作。首先，主審在一場比賽判決好壞球的數量動輒超過兩百球、甚至三百球，偏偏少數幾球誤判就能影響比賽結果、甚至決定年度冠軍誰屬，對主審的壓力不可謂不大；再者，棒球比賽從來沒有賦予主審充分思考的時間，大部分好壞球判決得在兩秒內決定；此外，好壞球判決通常沒有轉圜餘地，就算主審事後發現有錯，通常也會堅持原判決。

綜上所述，要求主審一整場比賽都像機器人一樣，維持極其精準的好壞球判決，這恐怕已超越人類能力所及。因此，從心理學的角度，為了輔助並增進判決的決策品質，主審可能利用一些與好壞球判決無關或無助的資訊（如球數、打者身分）而不自知。舉例來說，賭場輪盤遊戲每次開出紅色或黑色號碼都是各自獨立的事件，並不會因為連續開出五次黑色號碼後，接下來開出紅色號碼的機率就會提高；同理，主審對前一球判決好壞球的結果，不應該影響下一球的判決，但主審內心可能存在一種連他自己都沒察覺到的預期心理：「前一球已經是好球了，投手連續兩球都投好球的機率較低，因此下一球比較可能是壞球。」

在心理學上，這叫做「錨定效應」（anchoring effect），實證結果也證明了這個效應確實存在。研究發現，主審對好球帶邊邊角角的判決準確度為百分之六十，但當前兩球都判好球、下一球若是投在邊邊角角的好球，主審誤判為壞球的機率明顯偏高，而對此最可能的解釋是，主審的內心已經定錨在前面兩球的判決結果上。同理，一個三成打擊率的強打者如果前三個打數無安打，主播或球迷通常會預期下一個打數安打的機會提高，因為「打出安打的時機差不多到了」，這也是一種「認知偏誤」。

看到這裡，也許你認為這是主審的個人問題，其實不然，這是存在我們每個人內心的現象。從心理學解釋這種認知偏誤，它是源自人類大腦在短時間內要處理複雜問題時，不得不仰賴直覺，然而這種思維捷徑對決策品質卻沒有任何幫助。因此結論是：主審的好壞球判決偏差是事實，但從心理學的角度可以理解，而「電子好球帶」是未來棒球發展的必然方向。

就如同前述好壞球誤判，以下許多問題同樣出現在我們看棒球的過程中，而這些錯誤認知，都可以在本書找到以認知心理學或行為經濟學為依據的實證結果與解答：

- 為什麼進階數據不是最好的選手，最後卻獲選年度MVP？（可得性偏誤）
- 年度最佳總教練的票選結果為什麼經常存在爭議？（結果謬誤）
- 「打線裡的保護效應」（例如，一般認為楚奧特〔Mike Trout〕的棒次排在大谷翔平下一棒，將使大谷看到更多好球、更多速球，進而打得更好）並不真實存在？（團體迷思）

- 「強心臟打者」(在關鍵時刻特別能打，一般公認如「老爹」歐提茲〔David Ortiz〕)只是一種迷思?(真相錯覺效應)
- 選秀首輪挑高中投手其實是不智之舉?(忽視基本率)
- 「近況正佳」、「手感正燙」其實是錯覺?(近時偏誤)

本書作者洛爾畢業於哈佛大學，主修社會經濟學，除了沒擔任過職棒選手之外，他的棒球資歷幾乎是無可挑剔的(權威媒體《棒球指南》(Baseball Prospectus)作者、多倫多藍鳥球團總經理特助、ESPN新秀分析專家、《運動員》(The Athletic)網站專欄作家……)。在超過二十年的棒球分析與寫作歷程之後，洛爾回歸認知心理學與行為經濟學的觀點，這本書既運用前述概念來說明棒球事件，也用棒球來解釋人的決策思考，將人性與棒球相結合，同時提供基本心理學知識。對棒球迷來說，這本書就猶如一趟豐富的棒球與知識之旅。

感謝堡壘文化邀約撰寫推薦序，讓我有這個榮幸在本書出版之前先睹為快。在這本書上市之後，我很確信自己一定會再看個十遍、二十遍，因為所有在看球過程中的隨機想法或無解問題，都能在這本書中找到解答。

序章

這是一本棒球書，但我也希望它不全然是一本棒球書。

第一次有想寫這本書的念頭時，我實在打不定主意，究竟要不要用棒球去解釋我們人在思考和決策時的重要概念，或是反過來，究竟要不要用那些從認知心理學（cognitive psychology）[1]和行為經濟學（behavioral economics）[2]習得的概念，來解釋一些好像跟心理學沒什麼關係的棒球歷史事件。我想要把人做決定的原理，跟棒球結合在一起，以此為出發點述說一些故事，同時提

1 認知心理學的起源最早可推算至哲學對於人類心智的探討，其吸收了經驗主義、理性主義、心理物理學與行為主義對人類本質、知識構成及一切心理現象與結構之理論與觀點。（摘編自《圖書館學與資訊科學大辭典》）

2 行為經濟學為經濟學的一個分支，承襲經驗主義，並受到心理學與認知科學的影響，探討社會、認知與情感的因素，與個人及團體形成經濟決策的背後原因，並從而了解市場經濟運作與公共選擇的方式。在行為經濟學之外，又分支出行為金融學這個子學科。（摘編自維基百科）

供讀者足夠的基本心理學知識，讓他們讀完後有種「嗯，我有學到東西」的感覺。

然而，開始撰寫此書後，我並沒有選定某一種方式，而是擁抱它的一體兩面：這是一本運用經濟學概念來說明事件的棒球書，能讓讀者多去思考過去一百年來，許多人在棒球界所做出的那些不理性決策；它同時也是一本從棒球場上發生的案例出發，向一般大眾解釋認知偏誤和錯覺（cognitive bias and illusion）的書，深入程度足以讓你在家或在工作時，腦子會時不時地去思考，並提供你決定是否要更深入研究某個主題的參考。

當然，這本書的概念其來有自，並非完全由我自己發想。雖然我也很想像一個驕傲的小小孩，跟各位說：「這一切都是我自己完成的。」但事實是，近十年來，大聯盟球界引入許多非傳統學術背景（如決策科學〔decision science〕或機器學習〔machine learning〕）的分析師，他們刺激了球隊管理階層人員，開始閱讀前述提到的相關主題和知識，所以球界已經有不少人認識這些概念。雖然賽伯計量學（sabermetrics）[3]革命席捲棒壇的故事相當為人所知，電視上都看得到，但大聯盟球隊管理階層思維上的轉變，卻鮮少被報導，沒什麼人知道。當某些球隊總管正擁抱數據，試著找尋能幫助他們贏過其他球隊的著力點，並且在其他球隊之前提早發掘新的競爭優勢時，另一部分的總管也開始檢視自己思考、做決定的方式，避免落入所有人在做決定時都容易掉入的認知圈套。

我第一次接觸這些概念，是在二〇一四年的春天，當時在時任休士頓太空人隊（Houston

Astros）決策科學主任梅戴爾（Sig Mejdal）的建議之下，我讀了康納曼（Daniel Kahneman）的《快思慢想》（*Thinking, Fast and Slow*）。康納曼靠著「把心理學研究導入經濟學的深入見解，特別是對於人類在未知狀態下所做出的判斷和決策，有著深層的探究」，成為二〇〇二年諾貝爾經濟學獎得主。他跟老同事特沃斯基（Amos Tversky，於一九九六年年逝世）開創了行為經濟學的領域，揭露了古典經濟學長期以來教導我們，人類在做經濟決策時會完全理性的理論，其實並不被實證支持。人類沒有像古典經濟學所述的那麼理性。人類的理性，會受制於那些由我們的思想所加諸的限制，而這些限制則來自各式各樣的認知偏誤和錯覺。康納曼、特沃斯基、塞勒（Richard Thaler，二〇一七年諾貝爾經濟學獎得主），以及其他經濟學家，經過數十年的研究和論文發表，已經向外界解釋了這些認知偏誤和錯覺究竟是甚麼。

在棒球界，《快思慢想》很快就從一本沒有人知道的書，變成所有球隊管理人員的必看讀物，這在進步和演化速度，大概跟一隻狂歡整個週末、仍在宿醉的樹懶一樣慢的棒球運動裡面，稱得上是令人驚艷的跳躍式發展。

二〇一二年季前，魯諾（Jeff Luhnow）成為太空人的總管，他跟他當時的左右手梅戴爾（現

3 賽伯計量學指的是針對棒球數據和記錄的研究與數學分析，目的是找出關於棒球基本運作原理的客觀知識與道理，案例包括設計並驗證出更準確的球員與球隊表現評估方法、場上戰略如盜壘或犧牲觸擊所帶來的價值效益分析等等。

任巴爾的摩金鶯隊〔Baltimore Orioles〕助理總管），要求所有管理階層的新進員工都得讀過《快思慢想》。沒多久，奧克蘭運動家隊（Oakland Athletics）、芝加哥小熊隊（Chicago Cubs）、波士頓紅襪隊（Boston Red Sox）也有樣學樣。等到我在二〇一九年開始投入大量心力在這本書上時，所有我接觸的球隊管理階層人士，要不是已經讀完《快思慢想》，就是至少已經開始看了。

雖然《快思慢想》有因為體育賽事的普遍性，而舉到一些相關的例子，但它完全不是運動書；即便我認為在運動世界常見的非黑即白論調裡，它已經算是知識分析類書籍，但認真來說也算不上。《快思慢想》真正做到的是，請讀者去反思自己的思維，好在之後可以做出更好、更理性的決策。棒球世界裡，有很多決定的決策過程都很短，只運用到康納曼在書中所提到的大腦「系統一」（system 1）。系統一指的是直覺推理，包含捷思法[4]和心理捷徑，如此的思維方式，對於一個深陷火場、需要趕緊逃出的人來說是很好的，但對於一個正在思考要開出什麼樣合約條件，給一名待業後援投手的大聯盟總管來說，就不是那麼理想。

經由「系統一」所做出的決策，充斥整個棒球界。不論是球場內的比賽，還是球場外的球隊操盤；不管是在賽季期間，還是休賽季期間，都能發現這種決定。「自由球員接受價碼最高的合約」、「具有被選秀資格的球員加入第一支挑選他們的隊伍」，這兩種決策方式，都很容易出錯，因為它們都是容易出錯和常被偏見誤導的「快思」——也就是「系統一」的思維類別——所生成的決策。如果你是那支沒有檢視自家預測系統是否太過樂觀、或沒有考慮到所有可能情境的球隊，那你就會變成冤大頭。

《快思慢想》是一本很棒的書。它改變了我的思維方式，使我非常注意那些自己思考時會出現的缺陷（像是，我好像不應該透露那麼多關於自己的事），但並非所有人都適合這本書。《快思慢想》的資訊密度很高，而且預設讀者已經具備一定的背景知識才會來讀。如果你是完全沒有相關知識基礎的讀者，那它對你來說可能會太硬。市面上有其他屬於相同類別的書，比較沒那麼硬，適合一般大眾讀者，在本書中我會一一提到它們。這些書當中，有很多都幫助我發想出某個段落，乃至整個章節。我也在書末附上了一份此類書籍的清單，若你有興趣做更深入的探究，向從事相關研究的人學習更多，那歡迎進一步地找出那些書，再讀下去。

我在本書運用了大量的棒球術語和概念，並且盡量保持術語用法的一致性。當需要採用數據和專有詞彙時，我也力求使用固定的幾個數據和詞語。以下是幾個比較常見的：

- 打擊三圍。打者的打擊三圍[5]，列出來的格式會長這樣：三成／四成／〇點五五〇。這三

4 捷思法指依據有限的知識（或不完整的資訊），在短時間內找到問題解決方案的一種技術。（摘編自維基百科）

5 打擊三圍指的是球員的打擊率／上壘率／長打率，其中長打率的公式為「壘打數除以打數」，並非真的機率，因此呈現上以直接寫出數字的方式。

個數字分別代表打擊率[6]、上壘率、長打率。每一年，這三個數據項目的聯盟平均值都不同，但我前面舉例所列的三個數值，在任何球季都比聯盟平均高。如果你在其他地方聽到有人說，某某打者的「打擊」（hitting）領先全聯盟，那代表的是該打者的打擊率為全聯盟最高。打擊率是上壘率和長打率的成份之一，但後面兩者所包含的資訊更多、更重要。上壘率能指出打者上壘的頻率，以任何手段造成的上壘都算，包括安打、保送、觸身球。長打率能粗略地衡量選手的長打火力，在其公式中，一壘安打值一個壘包、二壘安打值兩個壘包、三壘安打值三個壘包、全壘打值四個壘包，把這些壘包數全加起來後（即壘打數〔total base〕），再除以打者的打數，即長打率。

- WAR（Wins Above Replacement）值。即勝場貢獻值，它把選手能在場上做的所有事情，量化成價值數據，並把這些數據統合起來變為一個單一數字，代表著球員在某一年為其球隊帶來了多少額外的勝場。以打者來說，WAR值所代表的是打擊、防守（守備技巧、範圍、臂力）、跑壘的綜合價值，另外也會考量他守備位置的價值，因為每個守位的難度不盡相同。投手方面，WAR值代表的是投手抑制失分的能力有多強，以及他投的量有多大。WAR值有幾個不同的版本，每個版本的運算方式都不太一樣；最常見的兩個公開WAR值，來自知名棒球數據網站「Baseball-Reference」以及「FanGraphs」。這兩個版本在本書中都有被用到。WAR值愈高，代表球員表現愈好；若WAR值為負，則代表球員的表現對球隊造成傷害，此時對球隊來說，他們在自由市場上隨便找一個堪用的替代球員，都會比繼續用原球員來得好。

- 替補等級。替補等級球員的WAR值為〇或更少，這個假設的價值，等同球隊隨便從三A[7]剛叫上來的小聯盟球員，或是從其他球隊的釋出名單（waiver）上隨意撿來的球員。換言之，替補等級球員的表現，既沒有幫上球隊，也不會傷害球隊。

我在寫這本書、談到各種認知偏誤和錯覺時，預設讀者完全沒有任何經濟學或心理學的背景。我自己在大學和研究所有念過經濟學，不過那已經是二十多年前的事了，而且我當時學的經濟學，全都在古典經濟學（classical economics）的範疇內。古典經濟學假設所有人都是理性的，總是會做出就經濟學角度來講考慮周全的決定，但這跟現實不符，而且我們已經發現這件事長達四十年之久了。即便如此，一九九〇年代初期，你在我母校哈佛大學也找不到太多關於行為經濟學的課程，我甚至懷疑根本沒有。我必須靠自學瞭解這些道理，或是在做中學，即使到現在，我

6 即平均每打數能擊出安打的機率。

7 二〇二一年以前，美國職棒的小聯盟系統可大致分成六個層級，由低至高分別為：新人聯盟、短期一A、低階一A、高階一A、二A、三A。從二〇二一年起，美國職棒精簡化小聯盟系統的球隊數和層級，變成只剩四層，由低至高分別為：低階一A、高階一A、二A、三A。

也還在吸收相關的知識。我很享受這趟學習的過程，想要分享給跟我一樣對這些道理感到好奇的讀者。我希望此書能引起大家對行為經濟學的興趣，就跟康納曼和特沃斯基的研究讓我一頭栽進這個領域一樣。

我用了一些不同的方法來組織本書的架構，好讓各位不僅能按順序讀完，也可以挑令你感興趣的章節選讀。每一章的結構都有一貫的模式：我會先用一個棒球故事開頭，接著解釋故事中我認為造成錯誤的認知偏誤或錯覺，最後再用另一個明顯的相關棒球案例來收尾。我有標記或補充說明，那些證明書中所提及的認知偏誤確實存在的研究和文章，讓有興趣的讀者可以去自行額外查閱、詳讀。對於想看更多具體實證的讀者，我強烈推薦你們去查閱那些資料，因為它們呈現了更多人真的會做出不理性行為的事實[8]。

最重要的一點是，我覺得我有正確辨識出每個故事裡面的認知偏誤確切是什麼。我們沒辦法證明那些人當下究竟真正在想什麼，尤其是書中提到的很多認知偏誤都源自於潛意識，這種情況下更難去探究。沒有人會坐下來好好規劃，讓自己落入可得性偏差（availability bias）[9]的圈套。就算是自己去檢討過去的決策行為，也很難找到確切的認知偏誤種類。在部分案例中，我至少還可以仰賴決策者曾經說過的話，從中挖出線索，推測他可能犯下哪個特定的認知偏誤，但能做的好像也僅止於此。各位在閱讀部分章節時，可能會覺得：「洛爾（Keith Law，本書作者）說這個故事源自於甲認知偏誤，但我不那麼認為。」如果是這樣，我尊重各位的想法，因為我把甲故事跟甲認知偏誤連結在一起，並不是要證明甲認知偏誤一定就是甲故事的發生原因。我之所以呈現那些連結，是想要用來解釋甲認知偏誤，另外也想說一個你可能聽過或沒聽過的好棒球故事（當然希望的是各位都還沒聽過這些故事）。心理學教授山托（James Shanteau）在一篇一九八九年發表的論文中[10]，就點出了我前面提到的困難：「問題是，就算偏誤、偏見確實存在，我們也很難用有邏輯的方式，去把它跟某個特定的思維連結起來。」雖說如此，我們還是能夠運用現有的知識和理解，去做最合理的猜測，而這也是我在本書中一直在做的事。

由於我一向樂觀看事情，所以最後一章，我選擇用一些正確決策的案例來替本書收尾。這些正確決策在發生的當下，感覺都很反直覺，但經過時間的驗證，最後都被證實是比較好的選擇。我有跟每一個做出正確決定的決策者聊過，詢問他們做出決定前的過程，試圖瞭解他們如何繞過潛在的思維陷阱，做成好的決策。一個典型的思維陷阱案例是，球隊總管選擇立刻給一個剛打出

8 作者在這邊推薦了丹・艾瑞利（Dan Ariely）的作品《誰說人是理性的！：消費高手與行銷達人都要懂的行為經濟學》（*Predictably Irrational*）。

9 可得性偏差指人們往往根據認知上的易得性來判斷事件的可能性，如投資者在決策過程中過於看重自己知道的或容易得到的資訊，而忽視對其他資訊的關注的進行深度發掘，從而造成判斷的偏差。（摘編自百度百科）

10 J. Shanteau, "Cognitive Heuristics and Biases in Behavioral Auditing: Review, Comments and Observations," Accounting, Organizations and Society 14, nos. 1–2 (1989): 165–77, doi:10.1016/0361-3682(89)90040-8.

非常亮眼生涯年的球員，一張優渥的五年延長約。好的結果不一定都來自好的過程，但當大家起初都認為某個決策是錯的，最後卻發現它其實是對的，這時就值得花時間去研究為什麼會是這樣。

我希望大家讀完這本書後，能成為更有知識的棒球迷。即便本書沒有介紹什麼新的分析工具或全新概念，但我相信各位或多或少能有些收穫。非大聯盟業內人士，諸如像我一樣的棒球作家、球賽播報員、在家對著電視激情吼叫的球迷（不必為此感到難堪，因為我自己也會這樣），有時間的餘裕能去重新思考很多由系統一所創造的想法和決策。如果你常思考一個總教練、總管、球員是否做出正確的決定（當然也包含，「不做某事」、「不作為」是不是正確的），常會去思考各種可能的情境，以及那些決策者是否犯下本書提到的認知偏誤，我相信本書能提供大家更合理、經過更多反芻思考的結論。也許之後各位對電視吼叫的內容，會因此聽起來比較聰明一些。

第一章

為什麼我支持電子好球帶

錨定偏誤（anchoring bias）如何影響好球帶認定以及其他事情

如果你在棒球賽季有使用推特，特別是最近幾年的季後賽期間，你應該有意無意都會看到有兩派球迷針對一個特定議題大力爭論：一派球迷想要大聯盟趕快採用機器人主審，另一派球迷則擁護具有人性成份的人類主審，兩邊對於棒球是否該採納電子好球帶的問題爭執不下，誰也不讓誰。二〇一九年世界大賽（World Series）[1]，這問題又成為焦點。第五戰，主審巴克斯戴爾（Lance Barksdale）搞砸了兩個好壞球判決，其中一球他甚至直接怪罪華盛頓國民隊（Washington

1 世界大賽為大聯盟每年都會舉辦的總冠軍賽，由美國聯盟冠軍隊對上國家聯盟冠軍隊，多年來都採七戰四勝制。

Nationals）捕手戈姆斯（Yan Gomes），貌似是因為戈姆斯接球後立刻起身的動作不夠尊重他，所以才故意把好球判成壞球，這結果令國民總教練馬丁尼茲（Dave Martinez）相當不滿，在休息區[2]對巴克斯戴爾大喊：「該醒醒了吧你！」另一個誤判的位置更誇張，一顆離好球帶有一段距離的外角球進來，巴克斯戴爾直接把受害打者羅布勒斯（Victor Robles）拉掉，令羅布勒斯氣得跳腳，怒不可遏地把打擊手套扔到一邊。這兩球的判決都很糟糕，而且在兩個案例中，巴克斯戴爾感覺都在懲罰國民隊：第一次是懲罰戈姆斯在主審還沒做出判決前就認定那是好球，第二次則是懲罰國民全隊在戈姆斯那球的判決後，質疑他的權威。這些誤判當然也有可能只是純然的人為失誤，但至少畫面上看起來給人的觀感非常差。

我個人是全力支持電子好球帶的那一派。判定好壞球是一件非常困難的事情，人類幾乎不太可能把這件事做好（尤其是在有另一個人〔捕手〕蹲在主審前面，擋住部分視線的情況下），而且只要有少少幾球的誤判，就有可能改變比賽結果、甚至整個系列賽的戰局。球界有一些蠻實際的論點，反對電子好球帶，比較為人所知的一個是，現存的球路追蹤科技，不一定比優秀的人類主審來得準確，這點還算有所根據，不過另一個論點就可說是一派胡言：我們應該保留比賽中的「人性成份」（human element），因此就要接受「場上不是球員的人」（也就是裁判）影響比賽結果的狀況。人類不應該擔負好壞球判決的任務，因為人很容易就落入非常多的認知偏誤（相信已經讀到這裡的各位，都清楚這點）。

我們已經能證明主審也是有認知偏誤的，而且至少有兩種。我不是說那種很會投好球的投手，總是能在好球帶外側一兩球的位置獲得主審偏好的狀況，也不是說那種很喜歡抱怨好壞球判決的打者，被主審以較小好球帶伺候的情形。這些偏誤或許真的存在，而且也會隨著電子好球帶的應用而消失，但它們的影響沒有很普遍，此外，能佐證這些偏誤的實證，通常沒有特別大的說服力。

我所說的兩種主審會經常犯下的特定錯誤，都來自認知上的偏誤，它們遠比前述提到「主審對某特定球員偏心」或「某特定主審判決上有特殊偏好」的情況普遍，且影響力更大。人類都會有認知上的問題。由於主審被要求要在每一球進來之後，立刻做出好壞球判決，而且一旦做了判決便沒有轉圜餘地，就算事後發現有錯，主審也得堅持原本的認定，因此主審在好壞球判決上出錯，是沒有所謂的修正機制的，錯了就是錯了。這稱不上是讓人類擔負好壞球判決工作的弊病，反而是一種特色。

第一個人類主審會出現的問題是，好壞球判決會受到前面幾球判決的影響，而且前一球的影響尤為劇烈。照理來講，一顆球是否通過好球帶，跟前幾球是好球或壞球完全沒有關係，不應該受到

---

2 本書中，「休息區」指的是「場邊休息區」（dugout），而「休息室」則是指建在球場內、讓球員放東西、洗澡、整裝的「室內休息室」（clubhouse）。

影響。每一球都是獨立事件，如果你具備猜測投手下一球是好球還是壞球的能力，即便成功率沒有到特別高，投手對你來說也算很好猜。如果你的身份是打者，那很容易就能把投手打得很慘。

二〇一六年，丹尼爾陳（Daniel Chen）、莫斯考維茲（Tobias Moskowitz）、舒休（Kelly Shue）共同發表了一份研究，內容為分析大聯盟PITCHf/x系統（一種球路追蹤系統）從二〇〇八到二〇一二年收集到的所有球路資料。三位研究人員把資料中所有由主審判定好壞球的「連續幾球」挑出來，排除掉被打進場內的球、界外球、揮棒落空、其他所有非主審認定好壞球的情形，最後發現共有九十萬組這樣的「連續幾球」。他們也把所有由主審認定好壞球的案例進行分類，一類是「明顯」，也就是該案例的好壞球結果非常明顯，另一類則是「模糊」，代表該案例在好球帶邊邊角角，不容易區分是好球還壞球。研究人員發現，被歸類在「明顯」類別的案例，有百分之九十九最終都獲得正確的好壞球判決，而被歸類在「模糊」類別的案例，則只有百分之六十的正確率。

他們在研究中問的第一個問題是：主審把「連續幾球」中的第一球判成好球後，是不是比較可能把第二球判成壞球？換言之，即前一球的判決結果，會不會影響到第二球的判決。結果發現，確實有，如果前一球被判成好球，那下一球被判成壞球的機率會提升百分之〇點九；若前兩球都被判成好球，那下一球被判成壞球的機率會增加百分之一點三。數字乍看之下不大，但實際影響卻蠻大的。而且此效應如果發生在下一球是「模糊」的情況下，更加顯著，偏誤效應會比那些「明顯」的球路高出十至十五倍。

該研究的三位研究人員，把研究呈現的結果歸類為「賭徒謬誤」（gambler's fallacy）的一種。所謂的賭徒謬誤，就是荒謬地以為，由於某件事發生了很多次，因此接下來不太可能發生；或者由於某件事很久沒發生，因此接下來很可能會發生。舉例來說，有賭徒謬誤的人會認為，賭場輪盤遊戲連續開出五次黑色號碼之後，接下來開出紅色號碼的機率會比較高，只因為該輪盤已經很久沒開出紅色號碼。這種情況在棒球界也常常看到，最經典的案例是，許多人會說一名最近連續幾次打擊都沒有敲安打的打者，應該下一次就會擊出安打，因為「打出安打的時機差不多到了」。如此論述亦十分離譜。有些人也說，主審可能有預設好的好壞球配額，認為要把每場比賽一定比例的球判成好球，要是在比賽中某個當下判得好球比例低於那個頻率，就會在剩餘局數多判好球彌補。

另一個認知偏誤——錨定效應（anchoring effect），能提供我們更簡單的解釋。錨定效應就是，獨立於下一個決定之外的過去資訊，仍會改變決策者對於某個行為結果發生機率的評估，進而影響他做下一個決定的決策過程。主審對前一顆球的判決，不應該影響下一球的判決，也不應改變他們把下一球判對的機率，但真實世界並非如此，因為主審的內心沒有把前後兩球的判決視為各自獨立的事件。主審自己可能也沒意識到這個認知偏誤的存在。這發生的原因，有可能是主審內心預設的好壞球配額作祟：「我前一球已經判好球了，所以我應該適時地補一顆壞球回來。」

也有可能是潛意識的預期：「前一球已經是好球了，投手不太可能連兩球都投好球，所以下一球比較可能是壞球。」無論確切原因為何，最簡單的解釋是，主審的內心已經定錨在前一球的判決結果上，因此他對下一球的評判基準出現變化，代表他們比較沒辦法把連續幾顆好壞球判決的後面幾球判正確。這是另一個支持電子好球帶、反對人類判好壞球的論點。

特沃斯基和康納曼早在一九七四年就提出了錨定效應理論，發表於一篇題名不怎麼顯眼的指標性論文《不確定狀況下的判斷》（*Judgment Under Uncertainty*）[3]。該論文中有一個名稱為〈調整與定錨〉（Adjustment and Anchoring）的章節，以聽起來不證自明但實則極富深意的一句話作為開頭：「在很多情況下，人做的推估都會依循已經預先設定好的價值認定，而這個價值認定的目的只是為了產出一個解答。」

當你被要求推估某事，或是來到一個必須為自己做推估的情境，你不會在毫無任何預先價值認定的情況下，展開思考過程。你會先從一些你認為有關聯的資訊開始想起，然後考量到其他因素和當下心情，進一步調整想法。這是一種心理遊戲，令人不禁想起經典電視節目《價格猜猜猜》（*The Price Is Right*）。《價格猜猜猜》是美國一檔非常熱門的電視節目，節目中，製作單位會提供參賽者一個價格，並詢問他們某物件的要價比該價格高還是低。（節目中有些遊戲會要參賽者調整價格中某一位數的數字，這給人的感覺就像是一個定錨與調整的遊戲當中，還有另一個定錨與調整的遊戲。）參賽者心中一開始會先定下一個錨，從周邊抓取一些數字，然後再從那些數字進行調整、抉擇。

在特沃斯基和康納曼的論文中，最令人感到吃驚的一項結果是，受試者會使用毫無意義的隨機數字定錨，然後做出推估。他們會先用轉輪盤的方式，決定一個〇到一百之間的隨機數字，秀給受試者看，接著再請他們推測聯合國當中非洲國家所占的比例為何。特沃斯基和康納曼在論文中寫道：「舉例來說，甲組他們在進行推測前，先看到了『十』這個隨機數字，而他們最終推測比例的中位數為二十五；乙組的人在進行推測前，先看到了『六十五』這個隨機數字，而他們最終推測比例的中位數為四十五。就算為了追求精準度而提供報酬誘因，也不會減少錨定效應的影響。」（假設特沃斯基和康納曼是在一九七三年做這個實驗，那該題的正確答案應該是百分之三十二。）

特沃斯基和康納曼把這情形描述為「調整不足」，不過其實看起來更像「拙劣的定錨」。「調整不足」這個詞比較適合用來描述他們的第二個實驗。第二個實驗，兩位研究人員請兩組高中學生計算八個數字相乘的乘積，而且只給他們五秒鐘的時間，要他們用估計的方式給出一個答案。其中一組拿到的八個數字和排列方式是：八乘七乘六乘五乘四乘三乘二乘一，而另一組則是數字一樣、但反過來：一乘二乘三乘四乘五乘六乘七乘八。結果出爐，第一組學生估計值的中位

---

3 Amos Tversky and Daniel Kahneman, "Judgment Under Uncertainty," Science, New Series, vol. 185, no. 4157 (1974): 1124–31.

數為二千二百五十，而第二組的則是五百一十二。[4]

《誰說人是理性的！》的作者艾瑞利，跟他的同事普瑞萊克（Drazen Prelec），也曾在麻省理工學院（Massachusetts Institute of Technology）做過類似的實驗。他們請學生對某些物品進行喊價，但在喊價開始前，先要求他們寫下他們社會安全碼[5]的末兩碼，好像那組數字是物品的標價。結果發現，社會安全碼末兩碼超過五十的學生，喊出的價格是五十以下學生的三倍以上。如此的定錨是毫無意義的，跟問題本身完全沒有關係，但學生的大腦並不這麼認為。那些在他們眼前的社會安全碼末兩碼，成為他們調整喊價金額的錨定基準值。

定錨與調整，是許多認知捷思法的其中一種，也可以說是一種心理捷徑。在日常生活中，我們每天都會用到定錨與調整，以處理大量輸入大腦的各式各樣資訊，以及一大堆我們需要做出的決定。我們沒辦法在超市花六小時的時間，分析某個商品是否達到對你來說最極致划算的價格，也沒辦法在六間不同的超市、各花一小時的時間，來做比價分析。我們通常會在一瞬之間決定，到底某個價格是不是好價格，而有時候這些決策會受到錯誤資訊的影響（舉例來說，某個正在甲商店特價的商品，其價格不一定比乙商店來得好，甚至可能也沒有比一般價格優惠太多，但消費者可能只因為看到標註「特價」，便決定要購買）。

主審在做好壞球判決時，大部分的球都得在約兩秒內就做出認定。一旦他們花超過兩秒的時間，看台上的球迷就會有意見，有些播報員也可能會說判決出來的太慢。主審透過捷思法，能加快做出好壞球判決的速度，有時候他們根本沒意識到自己在用捷思法。我個人的推論是，他們至少會定錨在上一顆球或前幾顆球的判決上，然後做出相應的調整，因此，我們在實證上看到主審好壞球判決會有偏差的情形，是人類一直存有的認知偏誤所致。

在我繼續談錨定偏誤的棒球案例前，我還想提另一個會影響主審好壞球判決的認知偏誤。如果你曾經讀過由莫斯考維茲和沃特海姆（L. Jon Wertheim）合著的精采書籍《比賽中的行為經濟學：賽場行為與比賽勝負的奧秘》（*Scorecasting: The Hidden Influences Behind How Sports Are Played and Games Are Won*），那你可能已經知道這個偏誤是什麼。《比賽中的行為經濟學》承襲了《蘋果橘子經濟學》（*Freakonomics: A Rogue Economist Explores the Hidden Side of Everything*）[6]

4　這一題的正確答案是四萬零三百二十。我自己發想的快速運算方式是：五乘四是二十，三乘二乘一是六，這樣就是一百二十。一百二十乘六是七百二十；七百二十乘七大概是五千，五千乘八大約是四萬。我覺得這樣的算法，遠比數字由大至小去算來得簡單，因為八乘七一開始就五十六了，五十六再去乘六並不容易心算。

5　社會安全碼是美國聯邦政府發給本國公民、永久居民、臨時（工作）居民的一組九位數字號碼，是依據美國社會安全法案二〇五條C2中的記載。這組數字由聯邦政府社會安全局針對個人發行。社會安全碼主要的目的是為了追蹤個人的賦稅資料，但近年來已經成為實際上的身份證。（摘編自維基百科）

6　《蘋果橘子經濟學》是由經濟學家李維特（Steven Levitt）及新聞工作者杜伯納（Stephen J. Dubner）所寫的一本社會學書籍，主要目的是探討一些現象，並以日常生活的細節來解釋。（摘編自維基百科）

的精神，剖析在不同職業運動中的各式議題，從主場優勢、國家美式足球聯盟（National Football League, NFL）的選秀籤價值，到「棒球的防守是否能讓球隊拿冠軍」、為什麼大家會認為小熊隊受到詛咒（小熊其實沒有受到詛咒啦，但這無損此書的價值）等等，都有進行探討。

我在前面有引用一篇二〇一六年發表、分析主審好壞球判決準確度和偏誤的研究，而莫斯考維茲也是那份研究的共同作者。他跟其他共同作者發現的另一個現象是（這一點在《比賽中的行為經濟學》中也有寫到），如果再判一顆壞球會讓打者保送，那主審就比較不傾向把下一球判成壞球，反之亦然，假如再判一顆好球打者就會被三振，那主審就比較不傾向把下一球判成好球。莫斯考維茲跟其他共同作者把這種現象稱作「衝擊規避」（impact aversion），換言之，就是傾向「不做出任何改變」的偏誤。（事實上，衝擊規避跟另一個偏誤——「不作為偏誤」（omission bias）——都屬於同一類型的認知偏誤。不作為偏誤指的是，即便結果都一樣，但還是認為「什麼都不做」、「沒做出任何改變」，比「做一些什麼」、「做出改變」來得好。）

在《比賽中的行為經濟學》中，作者分析二〇〇七到二〇〇九年球季PITCHf/x系統的球路進壘點和好壞球判決資料，檢視了具有一百一十五萬球的資料樣本。他們發現，整體來看，主審好壞球判決的正確率為百分之八十五點六。然而，如果球數來到兩好球，也就是說再一顆好球就會形成三振，下一球進來，即便進壘點在好球帶內，主審正確該球判成好球的機率，只有百分之六十一。（這邊的兩好球情況，不包含滿球數，因為滿球數時，不論是好球判決，還是壞球判決，都會使該打席結束，所以也就不會受到衝擊規避的影響。）他們的判決失誤率在此情形下提高了不止一倍，很有可能就是因為，他們想要規避在那情況下衝擊力道比較強的好球判決，所以選擇影響打席程度較小的壞球判決。

反過來看，當球數來到三壞球，下一球的進壘點又是在好球帶外面時，也會出現類似的衝擊規避現象。整體而言，主審把好球帶外面的球正確地判成壞球的機率為百分之八十七點八，但一旦球數來到三壞球（一樣排除掉滿球數的狀況），主審的判決正確率就會掉到只有百分之八十。用棒球的行話來說，就是主審在兩好球球數時，會把好球帶縮小；在三壞球球數時，則會把好球帶放大。

該書作者進一步用其他實證證明，愈極端的球數，衝擊規避的現象愈明顯。主審在〇好三壞的情況下，更容易把壞球誤判成好球，而在兩好〇壞的球數下，則更傾向把好球誤判成壞球。如果你常看棒球，這些研究結果一點都不讓人意外。在〇好三壞的狀況下，經常會看見主審「送」給投手不應該是好球的好球。二〇一〇年，PITCHf/x系統的專家沃許（John Walsh）曾在網站「硬球時報」(Hardball Times)上發表一篇文章，寫到他發現〇好三壞的好球帶面積，比兩好〇壞時大出了百分之五十。為此，沃許稱主審們「心都太軟了」[7]。沃許後來進一步點出每一種球數

7 該篇硬球時報的文章發布於二〇一〇年四月七日，題名為〈充滿同情心的裁判〉（The Compassionate Umpire）。

下的分數價值，也就是一名打者在某個球數下，可以預期的分數價值為何。據沃許的研究，〇好三壞球數對打者的分數價值為正〇點二三分，而兩好〇壞球數對打者的分數價值則為負〇點一一分，這兩個數字都不是特別大。由此可見，因為主審會在極端球數時，受到衝擊規避的影響，明顯改變好球帶大小，使得極端球數原本對打者十分不利（兩好〇壞）或十分有利（〇好三壞）的效應，獲得減緩，導致在光譜兩個極端的球數（兩好〇壞、〇好三壞），它們的分數價值差距趨近於零。另一篇由艾倫（Dave Allen）撰寫、比沃許更早發表的文章（沃許在他的文章也有引用艾倫在文中寫到的研究結果），則是發現，「球數多增加一顆好球」跟「球路進壘點多遠離好球帶中心二點五四公分」，這兩者對「主審把某球判成好球的機率」的影響是一樣的（兩者都會減低主審把該球判成好球的機率）[8]。艾倫發現，一旦把好壞球球數和球路變化幅度等變數控制住，那逐球之間的主審好球帶變化就會變得很小，顯示球數確實是影響主審好球帶大小的一大因子。

有些人看到這裡可能會說：「主審太笨了，才會導致這些現象。」但其實還有其他原因，能解釋前面提到的這些偏誤。（我個人並不認為主審笨，甚至認為能在大聯盟判出堪用的好壞球精準度，已經是超乎人類能力所及的事情。）格林（Etan Green）和丹尼爾斯（David Daniels）在二〇一八年發表的文章[9]中寫到，主審會採取「統計歧視」（statistical discrimination）[10]的概念，利用沒有關聯或對好壞球判決沒有幫助的資訊，如球數、打者的左右打身份等等，來輔助他們增進好壞球判決的決策品質。此外，他們也會運用類似「貝氏修正」（Bayesian updating）的方法（不知道貝氏修正沒關係，我等下會解釋），在執法比賽的過程中，提高判決的準確度和理性程度。主審不需要知道、理解什麼是貝氏定理（Bayes's theorem）[11]，就能做到這些事。所謂的貝氏定理，指的是在已經知道某些相關條件的基礎下，能夠計算出某事件發生的機率。[12]格林和丹尼爾斯在文章中提出，主審直覺式的修正，是經過多年練習和不斷受反饋刺激下的精煉版捷思法。

8　該篇文章發表於網站「BaseballAnalysts.com」，日期是二〇〇九年四月六日，題名為〈主審知道球數是什麼嗎？〉（Does the Umpire Know the Count?）。

9　該篇文章刊登於二〇一八年八月十八日，題名為〈貝氏直覺〉（Bayesian Instinct），可在SSRN網站找到。

10　統計歧視，即個體的情況都被按其所屬群體的平均情況而非個人特徵來加以處理。

11　貝氏定理是機率論中的一個定理，描述在已知一些條件下，某事件的發生機率。比如，若已知某癌症與壽命有關，使用貝氏定理則可透過得知某人年齡，來更加準確地計算出他罹癌的機率。通常，乙事件在甲條件成立下發生的機率，與甲事件在乙條件成立下發生的機率是不一樣的。然而，這兩者有確定的關係，貝氏定理就是這種關係的陳述。貝氏公式的一個用途，即透過已知的三個機率而推出第四個機率。

12　更精確一點來說，只要知道三個機率，貝氏定理就能讓你從「在已知甲條件」的基礎上，算出乙事件的機率：甲條件發生的機率、乙事件發生的機率、乙事件發生之後甲條件也成立的機率。貝氏定理的公式為P（乙｜甲）＝P（甲｜乙）×P（甲）／P（乙），其中P(x)就是指x發生的機率，而P(x|y)則是y發生之後x也成立的機率。我在大學的時候學到貝氏定理，研究所時又再複習一次，即便是這樣，我現在還是要特別去查才能確認沒有搞錯公式。沒有人能真的即時反應，在大腦用貝氏定理進行機率運算，更別提反應時間超少的大聯盟主審。

棒球球探或管理主管，會把這種捷思法稱作「球感」。我自己則把上述這些現象跟研究，視為我們應該把「好壞球判決」工作交給機器人、電子設備來運行的進一步辯證：如果主審需要用到其他資訊，如比賽當下的狀況、球數、局數、出局數、跑者分布、打者是左打還是右打等等，才能達到理想的好壞球判決準確度，那這件事本身就是「以人類判斷作為好壞球判決依據」的一大問題。

在球員身上貼標籤也是一種定錨，而棒球正是一個非常愛貼標籤的運動。這傢伙是王牌投手，而另一人則只是一名先發輪值第二號的球員。「你說那個王大明嗎？他是被養失敗的選手。」「李小明很會纏鬥、鬥志高昂，是一名非常專業的打者（登愣！）。」接下來這個是我最喜歡的一種標籤：「李小明很會纏鬥、鬥志高昂，是一名真正的棒球員。」（請問在大聯盟賽場上，有假的棒球員嗎？）

這些標籤絕大多數都不太能說明什麼東西，只是讓球迷跟讀者更加困惑，難以使他們更清楚球員的特色。我認為有一個標籤，多年來扭曲棒球決策的程度尤其明顯，它是「選秀首輪球員」（first-rounder）。選秀首輪球員，已經成為球隊管理部門主管、球探、教練在評估球員時，非常常見的定錨點。

侯森（Danny Hultzen）是二〇一一年大聯盟業餘球員選秀的榜眼，轉職業後，一次很嚴重的肩傷使其生涯面臨被迫告終的危機。雖然如此，侯森沒有放棄，並終於在二〇一九年、他二十九歲這年，穿著小熊隊制服完成大聯盟生涯初登板。考量到侯森曾因傷錯過整個二〇一四年賽季、二〇一五到二〇一六年間合計只投十局、二〇一七年完全沒有出賽、二〇一八年也只有在八月於小熊隊新人聯盟和三A投八點二局，他克服萬難登上大聯盟的路途，實在是一段相當不可思議、峰迴路轉的旅程。大部分投手在經歷過跟侯森類似的肩傷、並且錯過跟他差不多的時間後，都沒辦法像他成功重返賽場、逆轉球涯。侯森在多數人都會選擇直接退休的逆境底下，愈挫愈勇，一路苦熬上大聯盟，這是他靠不懈努力換來的甜美果實。

他升上大聯盟的事實，也更增添了二〇一一年選秀的傳奇性：那年在前二十九順位被選中的球員[13]，最後全都有上到大聯盟，寫下歷史新猷。二〇一一年選秀首輪的結果，在當時看起來就非常有份量，充斥優異的業餘球員，後來他們成為職業球員，也沒有辜負大家對他們的高度期待，至少就有六人是我認為毫無疑問的大聯盟明星：寇爾（Gerrit Cole）、瑞登（Anthony Rendon）、林多（Francisco Lindor）、史普林格（George Springer）、拜耶茲（Javier Baez），以及已故的費南德茲（Jose Fernandez）。除此之外，那年第一輪也產出了其他至少六個有在大聯盟當過固定出賽選手的球員。然而，就跟其他所有選秀會的第一輪一樣，二〇一一年那屆也有出現一些沒有真的成功的選手。在第十六順位被選中的瑞德（Chris Reed），只有在二〇一五年短暫

13 一般情況下，大聯盟選秀一輪的順位數是三十個，因為大聯盟共有三十支球隊。

上過大聯盟，出賽兩場、投了四局，便再也沒有回到職棒最高殿堂，如今已卸下球員身份。第二十三順位的球員邁爾（Alex Meyer），在大聯盟只投了二十二場比賽，繳出四點六三的防禦率[14]，並且在重大的肩膀手術之後，於二〇一九年六月宣布退休。高中棒足雙棲的明星運動員史達林（Bubba Starling），當年拒絕了內布拉斯加大學（University of Nebraska）邀請他加入校隊擔任四分衛的美式足球獎學金，選擇跟家鄉的大聯盟球團堪薩斯皇家（Kansas City Royals）簽約，可是他直到二〇一九年才好不容易登上大聯盟，其累計至二〇二〇年底的負一點六WAR值，更是所有二〇一一年選秀首輪球員中最低的。

雖然在第一輪被選不代表成功，但一旦成為選秀首輪球員，這個標籤就會跟著他一輩子。就算沒過多久，大家就看出他其實不應該在首輪被選，但可沒有人會因此幫他撕掉「選秀首輪球員」的標籤。在棒球業界，經常會看到球隊在太前面的順位選到後來證明實力不足的球員，發生的原因不外乎球隊在調查球員的過程中犯錯，或是整個業界都錯估了該球員的能力。但球員被貼上「選秀首輪球員」標籤後，總是會被視為具備更高的交易價值，這是不是代表選秀首輪球員，擁有比後面輪次球員更多嘗試生存的機會呢？

答案是肯定的，但也不是百分之百如此。實證顯示，選秀首輪球員確實會獲得比較多在大聯盟表現的機會，不過首輪身份實際帶給他們的優勢效應其實沒有那麼大，至少比我預期的小（我的預期完全是基於直覺。我的直覺告訴我，球隊對於選秀首輪球員的寬容度非常高），而且還有其他因素摻雜其中。舉例來說，二〇〇九年第九順位的透納（Jacob Turner）就不是太傑出的投手，但他仍能在七個不同的大聯盟賽季中出賽，為五支不同的球團效力（其中兩隊他效力了兩次），最終只留下負二點五的WAR值，其投球生涯目前也已接近尾聲。

我去查了一九九二到二〇一一年、這二十年間，所有最終有簽約的選秀首輪和第二輪球員，另外也把補償選秀順位[15]算進去。經統計，該期間內總共有八百五十九名首輪球員，以及五百八十名第二輪球員。兩輪的球員數量之所以有落差，是因為第一輪和第二輪間的補償選秀順位（這些都會被歸類為首輪順位），通常比較多。

分析這些資料後發現，只有百分之三十三點八的首輪球員，從沒打過大聯盟；反觀第二輪球員，就有高達百分之五十二點九的人，最終無緣大聯盟。如此的比例落差十分巨大，若你是負責選秀業務的球探部門主管，應該更能體會這點，因為你工作績效的一部分，就是得依據選秀球員

14　即投手平均每九局失掉的自責分數，是棒球運動評價投手表現好壞的重要指標。防禦率愈低，代表失分愈少，表現也愈好。

15　有球員成為自由球員或前一年沒能跟首輪球員簽約的球隊，能獲得額外的補償選秀順位籤。我考慮到的補償選秀順位，是那些夾在不同輪次之間的選秀籤，包含第一輪和第二輪之間的補償選秀順位（這些也都稱作首輪順位），以及第二輪跟第三輪之間的補償選秀順位（這些籤都被歸類為第二輪順位）。此等分類方式跟大聯盟業內的分類方式相同。

後來上大聯盟的比例來評判。將近二十個百分點的差距，顯示選秀首輪球員能得到更多上大聯盟的機會，而會有此現象的直接原因之一，就是他們的「選秀首輪」身份——「讓我們給那傢伙一個機會吧，畢竟他是選秀首輪球員」；或也可能是一些其他關聯性沒那麼直接的原因所導致的結果，例如球團會給選秀首輪球員更多在小聯盟上場的時間、讓他們有更多機會在休賽季累積經驗值、安排更多教練和後勤團隊的支援給他們等等。由於球隊已經花了很多資源選進並簽下選秀首輪球員，他們會更傾向投入更多的時間和金錢在那些球員身上，希望能確保成功。（這個行為被稱作「承諾升高」（escalation of commitment），我會在第十一章談沉沒成本謬誤時提到它。）

雖說如此，最能解釋首輪球員上大聯盟比例較高的理由應該是，就整體來看，首輪球員的素質本來就比第二輪球員好，而這也是一開始他們在第一輪就被選中的主因。許多球迷還有不負責報導選秀消息的棒球記者會說，棒球選秀根本就是一種沒什麼把握的賭博，但實際上並非如此。就算很難在選秀當中得到令人滿意的結果，但它也絕不是毫無來由、亂選一通的過程。大聯盟最好的球員，通常都來自選秀首輪：楚奧特（Mike Trout）就是首輪球員，二〇一八國聯最有價值球員耶律齊（Christian Yelich）和二〇一八年美聯賽揚獎（Cy Young Award）[16]得主史奈爾（Blake Snell），也都是在第一輪就雀屏中選的選手。二〇一八年美聯賽揚獎票選排名中，前六名就有五人來自選秀首輪，同年國聯賽揚獎票選排名的第二和第三名，也是如此。二〇一九年，所有透過選秀進職棒的球員中，首輪球員就占了高達百分之三十五的比例，而在獲選該季明星賽的七十五名選手中，也有二十四人為首輪球員。根據Baseball-Reference網站，那一年WAR值前十高的大聯盟選手中，就有六人是來自選秀首輪；再看FanGraphs版本的WAR值，結果沒有太大的不同，前十名有五人、前十七名有十一人都是首輪球員。不是所有首輪球員最後都會變成明星選手或好球員，但不爭的事實是，選秀首輪所產出的明星球員，比其他球員來源都來得多。

那如果我們看第一和第二輪後段班的順位，會不會出現球員後續發展落差較小的狀況呢？選秀輪與輪之間的素質和後續發展落差，是很明顯且有邏輯的，第一輪的整體表現肯定會比第二輪好，以此類推；但在「每個順位」之間，就很有可能不存在落差，甚至出現反邏輯的狀況，也就是後面順位球員的表現，有可能比前面順位來得好。選秀分析權威卡利斯（Jim Callis）也認為，球隊不可能完美地按照球員的強弱，有順序地一個個順位選下去。第三十五順位的球員，跟第三十六順位的球員，他倆之間的素質，或是球隊能從他們身上預期的回報，差距不會很大，通常可以直接忽略。假使球員之間真的會因為選秀位置不同，而獲得不一樣的比賽機會和球隊青睞度，那我們應該也會預期這樣的差距發生在「輪與輪之間」，而非「順位與順位之間」。

但好像也不能把這話完全說死。以我取材的資料樣本（一九九二到二〇一一年的選秀）為例，拿第一輪最後十個順位，跟第二輪前十個順位作比較，會發現第一輪的人雖然在成為大聯

16 賽揚獎，以名人堂投手賽揚（Cy Young）為名，是大聯盟年度最大的投手獎項，頒給聯盟裡表現最佳的投手。

盟球員的比例上依然占有優勢，但程度並不大。第一輪最後十個順位的球員中，有百分之五十五點四的人最終上大聯盟，而第二輪前十順位的人，則是百分之五十二點九。沒錯，第一輪還是領先，但領先幅度比我預期的少。不過若我們縮小範圍到那些上了大聯盟後表現不太好的球員，就出現了不太一樣的趨勢：第一輪後十順位後來上大聯盟的球員中，有百分之八十四最終產出的WAR值不超過五，而第二輪前十順位後來上大聯盟的球員中，則只有百分之七十三。換言之，雖然第一輪後十順位上大聯盟的比例較高，但也有比較高的比例都沒有在大聯盟做出什麼建樹。

還有其他因素造成我上述點出的落差。其中一個可能是，在那些年裡面（一九九二到二〇一一年），各隊選秀選得特別好。大多數選秀，都有後來從沒上過大聯盟的首輪球員，以及在第一輪之後才被選中、但其實早在首輪就該被選的球員。雖然這些事實，有很多是事後才能發覺的，但各隊仍致力於避免犯下類似的錯誤。有可能，一九九二到二〇一一年間，各隊選秀功課做得特別好、選秀結果特別成功，尤其是那些我挑出來檢視的順位樣本（第一輪後十順位和第二輪前十順位）更是如此，才會使得選秀順位較高的球員，後來上大聯盟的比例也比較高。

另一個可以考量的因素是，我選擇檢視的二十個順位（第一輪後十順位和第二輪前十順位），每年在總順位的位置都不太一樣。每一年，第一輪所包含的順位數都不同，因為每年補償選秀順位的數量不一樣，而且勞資雙方每簽一張新的勞資協議，第一輪的選秀順位數都會有所改變；此外，各隊也會因為有球員變成自由球員，或是簽下自由球員，而獲得或失去選秀順位，所有我選擇拿來做研究的那二十個順位，每年在總順位的位置都會有所變化。

二〇〇五年，選秀首輪加上第一和第二輪之間的補償選秀順位，共有六十四個順位；反觀一九九五年，就只有三十個順位。因此，儘管我認為首輪球員比較受到重視、被給予較多機會的效應確實存在，但它的影響力比我原本想的小，至少從球員發展與養成的角度來看，是如此。

另外還有一個關於選秀首輪球員的想法、假設，是我認為真實存在的，而且影響力還不小；雖然在有人找到科學方法來驗證它之前，沒辦法百分之百確定，但至少我個人是這麼相信著。這個假設是：球隊總管在交易談判桌上，會因為錨定效應，高估過去在選秀是首輪中選的選手。這可能是錨定效應影響球員評估的結果（「他過去可是在選秀首輪被挑中的球員耶，一定很強吧。」）；又或許是因為總管認為在他之上的老闆，也容易受到類似的錨定效應影響，所以才會想要放大獲得選秀首輪球員的好處，希望爭取老闆的認同（「哇！你看，我們在這筆交易中得到選秀首輪球員耶，這超棒的！」）。可以肯定的是，選秀首輪球員比較常被交易：二〇一九年七月三十一日、交易大限[17]當天，一共有十二位前選秀首輪球員被包含在交易包裹中，而且其中有十位要不是還未上大聯盟的潛力股，就是尚未在大聯盟證明身手的年輕球員。底特律老

17 每年例行賽的七月三十一日，是大聯盟的交易大限（交易截止日），在那之後直到球季結束，各隊都不能再做任何交易。（二〇二〇年因為球季縮減，所以交易截止日延至八月三十一日。）

虎（Detroit Tigers）做了兩筆交易，把資深球員卡斯提亞諾（Nick Castellanos）和葛林（Shane Greene）送走，換到四名小聯盟潛力股，這四人當中有三人是選秀首輪球員，剩下一位則是選秀第二輪球員。結果老虎獲得的那三名首輪球員，至今的表現都沒達到當初的預期。亞利桑納響尾蛇（Arizona Diamondbacks）和太空人在那次交易大限中，做成最大的交易案，響尾蛇把葛蘭基（Zack Greinke）送至太空人，而太空人則是把四名球員送至響尾蛇。那四人中有兩人是前選秀首輪球員，但他們在二〇一九年的價值都明顯比之前下滑，另外有一人是前選秀第二輪球員，但他在被交易時有傷在身。必須再次重申，總管會因為錨定效應高估選秀首輪球員的假設，純屬我個人的臆測，尚未有科學研究支持，不過這個假設讓我在做交易分析和評估時，更加謹慎，面對那些涉及高選秀順位新秀的交易，我總是會多思考一點、把球員剖析地更深入一些，因為我知道我也可能受到類似的錨定效應誤導。

無論是否為棒球領域，錨定偏誤的案例都隨處可見，因為錨定偏誤實在是我們人類大腦最基本的思考捷徑之一。從上面的說明，相信大家都能了解到，光在棒球的世界裡，錨定偏誤的影響就能如此廣泛。如果主審在判好壞球時，很容易受到錨定偏誤影響，那打者跟投手也都會被迫有意無意地做出調整，根據每場比賽、甚至每局之間不同好球帶的變化，進行快速調適；如果主審特別不喜歡判出那「第四顆壞球」和「第三顆好球」，那打者和投手來到三壞球或兩好球的球數時，勢必會採取不同的策略；如果總教練對某一球員的第一印象定錨，例如在春訓第一次看該球員實際打球的印象，或是看該球員上大聯盟後頭幾場比賽的感覺，那錨定效應也許會很大程度地決定總教練後續使用該球員的頻率跟方式（或是根本不用）；如果總管定錨在球員的選秀順位和最早的簽約金數字的話，那這可能會成為他隊總管在跟他洽談交易時主攻的弱點，或是變成讓自己判斷失誤的陷阱。即便是在家看球的球迷，也可能會成為錨定偏誤的受害者——有可能你會高估那些選秀順位較高的球員，或是對於（像我們這種）棒球作家給予高新秀排名的年輕球員，給出有偏差的評價。

那要怎麼做才能克服錨定偏誤？就跟很多認知偏誤一樣，「錨定」也是捷思法的一種，也就是人類大腦在短時間內要處理複雜問題時，因時間不足或無法單憑腦力解決，用以取代複雜評估過程的思維捷徑、快速思考法。它是一種仰賴直覺的反應，而這種反應通常實際用處不大，準確度亦不足。如果你能買時間，用平常面對重要決策的思維方式面對問題，那你應該每次都會想這麼做。盡可能把所有會影響決策結果的變數和條件列出來，再對這些變數和條件進行評估和計算，這樣的做法才能導出沒有錨定偏誤的決定。舉例來說，距離交易大限只剩最後一點時間的時候，一名大聯盟總管忽然收到一筆交易提案，條件聽起來很不錯，因為對方提出的包裹裡有兩名前選秀首輪球員。此時，收到交易提案的球隊可能會感受到時間緊迫的壓力，而且他們也會不自覺地認為那筆提案的條件很好，因為有兩名前選秀首輪球員（也有可能因為那兩名球員的名字是大多數人都認得的，造成可得性偏差）。或許那筆提案真的很公道，沒有一絲想要敲詐的意思，但被提案的總管在經過適當的評估程序之前，是無法確切得知這一點的。而我所謂的「適當評估程序」，指的是跟後勤團隊的數據分析師、球探，討論交易包裹內的球員後，蒐集到足夠的相關資料，並以那些資料作為最終下決定的基礎。

有時候要得到最佳解決方案，必須把人類從決策過程中完全移除。如果大聯盟選擇使用電子好球帶，並願意投入更多資源使現存科技更加進步，提高電子好球帶判斷邊邊角角球路的準確度，就算沒有帶來立即性的判決正確率改善，至少可以使誤判變得比較可以預期，因為使用電子好球帶的誤判，一定只會落在好球帶邊緣的模糊地帶。人會受到錨定偏誤的影響，但機器可不會。電腦可能會因為偵測或運算上的誤差，把一顆在好球帶外面兩、三公分的球，誤判成好球，但絕對不會受到前幾顆球判決結果的影響，而把紅中的球誤判成壞球。有些決策，實在不太可能要人類在完全不帶有任何認知偏誤的情況下去做，因為人類沒有足夠的時間去處理資訊、做出沒有偏誤的理性判斷。瞭解自己即將要做的決定屬於什麼種類（是不是需要花很多時間跟心力去分析），是防止落入錨定偏誤陷阱的第一步。

第二章

別從冰山一角論斷事情的全貌

可得性偏誤如何形塑播報員播球的內容

威廉斯（Ted Williams）的一九四一年賽季，可說是史上最佳的單季表現之一。他打出四成〇六／五成五三／點七三五的打擊三圍，三個數據都領先全聯盟，而且直到今天，他依然是大聯盟史上最後一個繳出單季四成以上打擊率的打者。此外，他那年還揮出三十七支全壘打、選到一百四十七個保送，兩個數字雙雙名列全聯盟第一；聯盟裡，沒有其他打者的上壘次數比他多。根據「Baseball-Reference」，威廉斯那一季高達十點六的WAR值，不僅是史上第二十九有價值的單季表現，也使他遙遙領先該季第二有價值的球員狄馬喬（Joe DiMaggio），領先幅度為一點五勝，折合成分數大概是十五分的產能落差。

眼尖的讀者讀到這裡，可能已經察覺出我想講什麼了。「狄馬喬」這個名字和「一九四一年」這個年份密不可分，而棒球迷一談到此組合，一定會想到「五十六」這個數字。一九四一正是當時已經身兼「場上明星球員」和「場外社會名人」兩種身份的狄馬喬，創下連續五十六戰都至少揮出一支安打的那年。直到二〇二〇年賽季結束，「連續五十六場安打」依然是大聯盟史上的最高紀錄，而且八十年來，連受到威脅的機會都沒有：狄馬喬之後沒有人能把連續安打場次堆高到四十四場以上。狄馬喬的連續安打壯舉，在當時突破了體育版的框架，成為美國的全國新聞，使棒球運動獲得沒辦法用錢買到的大量曝光和關注度。

一九四一年跟那個年代的許多賽季一樣，最終都是以「紐約洋基（New York Yankees）拿下世界大賽冠軍」作為句點。球季結束後，全部由白人男性組成的美國棒球作家協會（Baseball Writers' Association of America, BBWAA）會員（直到今天，BBWAA的會員組成依然很白、很男性），選擇把美聯最有價值球員獎頒給狄馬喬，而非威廉斯。那年的美聯最有價值球員獎，仍然是大聯盟史上最荒謬且失敗的個人獎項票選結果之一。沒錯，狄馬喬該季也打得非常好，但威廉斯的表現明顯且毫無異議地比他更好，他倆究竟誰更有價值，根本不值得浪費唇舌多討論。

時任《紐約時報》（*New York Times*）記者的德瑞賓加（John Drebinger），在一篇揭露票選結果並慶賀得獎者的報導中，肯定美聯最有價值球員獎投票人的選擇，認為其背後的理由很站得住腳。那篇文章刊登於一九四一年十一月十二日，德瑞賓加寫道：

因此，BBWAA的作家們表示得很明白，他們認為狄馬喬不可思議的連續五十六場安打，加上他非常優越的防守技巧和跑壘能力，綜合起來的價值，高過威廉斯令人印象深刻且領先全聯盟的四成〇六打擊率和三十七支全壘打。來自洋基的狄馬喬，已經在一九三九和一九四〇年連莊美聯打擊王，而今年他的打擊率也高達三成五七。不過真正使他毫無異議成為最有價值球員得主的關鍵點，還是在於寫下大聯盟史上新高的連續五十六場敲安紀錄。

如果你覺得這寫得太過煽情、美化，是很正常的，因為我也有同感。《強打小夥子：泰德．威廉斯不凡的一生》（*The Kid: The Immortal Life of Ted Williams*）的作者布萊德李（**Ben Bradlee Jr.**），在他的著作中也有寫到這件事，他的寫法比較沒有過份的包裝或美化，但論理上還是沒有很客觀理性：

狄馬喬拿過三座最有價值球員獎，比威廉斯的兩座還多一座，而這部分的原因在於狄馬喬比較會面對媒體、跟棒球記者的關係也比較好。雖然威廉斯在一九四一年繳出四成〇六的史詩級打擊率，但那年最有價值球員票選由狄馬喬勝出的結果，還是有其道理的，因為狄馬喬那年締造連續五十六場比賽敲安的紀錄，而且洋基也在那年拿下美國聯盟冠軍。不過一九四七年的票選就對威廉斯很不公平了，那年狄馬喬僅以些微分數之差贏過威廉斯獲獎，可是事實上威廉斯的各項數據皆遠優於狄馬喬。

當然，我是用現代的標準來看待一九四一年的最有價值獎票選，所以認知肯定會跟當年有差距。即便一九四一年狄馬喬拿最有價值球員獎時，領先威廉斯的幅度沒有很大，可是在公布結果前，球界是預期狄馬喬會獲獎的。二〇〇三年，知名棒球作家亞莫（Mark Armour）在「棒球指南」（Baseball Prospectus）網站刊出的文章中寫道：「如果一九四一年的最有價值球員獎得主是威廉斯，那會令人感到滿驚訝的。」他提到，在當時的時空背景下，大家更看重狄馬喬的連續五十六場敲安紀錄，以及其所屬球隊洋基打進季後賽的事實，相比之下，威廉斯所屬的紅襪落後洋基多達十七場勝差，導致他在競爭上居於劣勢。

當時的報導都認為，連續五十六場安打的紀錄，是決定狄馬喬獲獎的關鍵因子。美聯社（Associated Press）報導票選結果的文章就點道：「狄馬喬在一九四一年出賽一百三十九場，繳出三成五七的打擊率，但真正使他脫穎而出的，是他創下連續五十六場比賽敲安的新紀錄。」寫完這句話之後，這篇報導才提到狄馬喬那年打出三十支全壘打，以及領先全聯盟的一百二十五分打點。時任合眾通訊社（United Press）記者、後來成為太空人隊創隊老闆群成員的柯克希（George Kirksey），表達了更為強烈的意見，他認為就是「連五十六戰敲安」的紀錄，讓有「洋基快艇」（Yankee Clipper）之稱的狄馬喬獲獎：

雖然投票作家們沒有公開選票，也沒有為他們的選擇提出解釋跟說明，但很明顯的是，他們就是基於狄馬喬為球隊提供的高價值，才會選他成為獲獎人……有很多實證都能支持投票作家最終的決定是正確的。狄馬喬極其精采且創下大聯盟新猷的連續安打紀錄，激起了洋基的勝利火花，使他們走上通往美聯冠軍的大道，甚至在最終拿下世界大賽冠軍。狄馬喬於五月十五日寫下紀錄的開端時，洋基只能在美聯排第四名，落後克里夫蘭印地安人隊（Cleveland Indians）五場半的勝差；當狄馬喬連續五十六戰都敲出安打後，洋基已經成為美聯戰績最佳的隊伍了。

如同柯克希所說，當年的投票作家不會公開他們的選票；直到近五年，主辦單位才要求投票人公開選票，以示為自己的選擇負責，不過仍有很多人拒絕解釋他們給票的思維跟想法。由於當年選票都不會被公開，所以我們無法確切得知究竟為什麼，成績和表現更為出色的威廉斯，最終會輸給狄馬喬。至少當時的媒體報導，似乎都把焦點放在狄馬喬的連續五十六場安打紀錄上，不太重視其他因素；此外，爾後數十年，有作家寫到那年的最有價值球員票選時，都假定狄馬喬獲獎的主因就是連續安打紀錄。套一句美國知名電影《銀色聖誕》（*White Christmas*）中的一句經典台詞：「這不是最好的理由，但它至少是個理由。」

以現在的標準來看，會感覺狄馬喬的連續安打紀錄，掩蓋了威廉斯所有表現的鋒芒，而很明顯的問題是，為什麼當年的投票者允許這件事發生？史上最長的連續安打紀錄固然非常厲害，但最有價值球員獎的目的，並不是選出那年締造某個紀錄的選手。就算美國棒球作家協會，沒有明確定義最有價值球員獎當中的「價值」究竟是甚麼，保留一些讓投票人自行衡量的空間，但它的本意明顯不是選出誰寫下那年最厲害紀錄。在看過當年媒體的報導，以及後世對那個賽季和那屆票選的回顧與分析，我的推論是：狄馬喬的連續安打紀錄，在當年實在是太大條的新聞，使所有投票人在想到狄馬喬跟威廉斯的競爭時，腦中浮現的第一件事就是連續安打紀錄。

一九四一年，大部分的新聞都很負面（二戰戰火兇猛蔓延），而且到十二月還發生令全美人民悲憤至極的珍珠港事件，在這樣的時空背景下，狄馬喬的連續安打紀錄成為北美各家媒體和報社最主要的正面新聞來源，還能夠每天更新。以美聯社的報導為例，開頭都會先寫狄馬喬那天又把連續安打紀錄推進到第幾場，而非比賽結果，可見對媒體來說，狄馬喬的紀錄比球賽勝負還重要。當時任何有在看新聞的美國人，都沒辦法忽略狄馬喬的連續安打紀錄，因此我認為，到球季結束時，有人聽到狄馬喬的名字，在做任何反應前，一定會先想到那個紀錄。

當某一個特定事實或案例不斷在人的腦海中刷新存在感，我們就會容易過於重視該事實或案例，或是妄自推斷該事實和案例能代表一個議題的全貌。此現象叫作可得性偏誤，我認為它是最好理解的認知偏誤之一，卻也是自己最難察覺的一種，因為它的發生非常自然，而且不費吹灰之力。大腦的運作會因應我們的需求，當我們在思考某些問題時，它會直接讀取內部的儲存硬碟，擷選出相關的資訊，但它可能不會花時間進入深層資料庫。也許當我們需要完整的資料組合供參考時，大腦只提供了片面的資訊。

康納曼和特沃斯基（他們倆在此領域的重要性，實在很難用言語形容）把可得性偏誤描述為「錯誤相關的現象」（phenomenon of illusory correlation）。他們認為，可得性偏誤是一種認知錯覺，人們會因為記憶中某個事件或特徵的清晰程度，而錯判它發生或出現的頻率。可得性偏誤也是一種取樣誤差：你可能會覺得自己的記憶，提供了足夠判斷事情全貌的資訊樣本，有時候也確實是如此，但大多數時候，完全不是那麼回事，你不能倚賴那些樣本不足的資訊來做最好的判斷。

舉例來說，某人可能會透過回憶自己認識的人當中，有多少人離婚，來判斷某個社群的整體離婚率；或是某人可能會藉由思考某個政治人物流失支持率的各種情境，來評估該政治人物輸掉選舉的可能性。這兩個案例中，某人估計某一群體的比例，或某一事件發生機率的方法，都是經由可得性評估。研究指出，人只要在估算事件發生機率或群體所占比例時，就一定會採取可得性捷思法（availability heuristic），因為人比較容易能想起那些自己已知的案例和相關聯的事件。[1]

1 Amos Tversky and Dan Kahneman, "Availability: A Heuristic for Judging Frequency and Probability," Cognitive Psychology 5, no. 2 (September 1973): 207–32.

二〇一九年，我帶十三歲的女兒去看一場辦在瑞格利球場（Wrigley Field）[2]、名為「安德瑪全美明星賽」（Under Armour All-American Game）的高中棒球大會。（她完全不是棒球迷；她之所以願意跟我去參與那活動，是因為我用一些條件賄賂她：活動前一天可以跟我在芝加哥到處吃吃喝喝。不過明星賽打完後，她倒是跟我說她還滿享受那場比賽的，也很喜歡賽前的全壘打大賽。）我們拿到一本大會手冊，裡面列出所有參賽球員的名字，他們大多是非常有競爭力的高中四年級生[3]；此外，那本手冊也有列出球員來自的學校、家鄉，以及他們的身高、體重等基本資料。

我女兒翻閱手冊時，很快就發現，四十一名球員當中，只有兩個人的身高低於六呎（一百八十三公分），大概只佔百分之五的比例。她問我，棒球員是不是至少要超過六呎，才能打上職業。這問題不會很離譜，因為棒球向來比較偏好高一點的球員，而六呎雖然是一個任意設定的標準，但卻是經常被用在球探報告中的身高門檻。（六呎大約就是一百八十三公分，若用公分來念，明顯不是那麼順口，也不好記。如果棒球最先盛行於採用國際單位制[4]的國家，也許這個任意設定的身高標準，會是一百八十公分。）

截至我在寫這段文字的當下，也就是二〇一九年九月初，一共有一千三百六十八名球員，曾在二〇一九年賽季出戰至少一場大聯盟比賽。其中，有一百九十九人的登記身高不超過五呎十一吋（約一百八十點三公分），比例大概是百分之十四點五，是安德瑪明星賽中矮於六呎球員比例的三倍。如果你用安德瑪明星賽的數據，去推測大聯盟裡矮於六呎球員的比例（這主意實在不好），那推測值就會比真實數字還要少了三分之二。（在這裡，我刻意忽略掉資料上的瑕疵，也就是大聯盟球員登記身高的準確度，應該沒有特別高。在資料中，登記五呎十一吋的球員，比五呎十吋多出了百分之四十八；登記六呎的球員，比五呎十一吋多出了百分之八十九；但登記六呎一吋的人數，卻只比六呎多出了百分之一。這怎麼看都讓人覺得有些問題。）

我女兒不全然是錯的，因為棒球明顯會偏好那些確實至少六呎高、或宣稱自己有六呎高的球員。負責篩選安德瑪明星賽入選球員的第三方公司「棒球工廠」（Baseball Factory），會選出該屆球員裡最傑出的菁英，而這些菁英的身材理所當然會比較高；上一次大聯盟選秀出現身高不到六呎一吋（約一百八十五點四公分）的狀元，已經得追溯到二〇〇四年了。但我女兒顯然還是受到了可得性偏誤的影響，因為她唯一看到的棒球員樣本，並不代表棒球員全體。這批參與安德瑪明星賽的球員，來自球員能力金字塔的頂端，而且選出他們也是為了迎合大聯盟球隊和他們旗下球探的偏好——比較高的球員、比較快的球員、球速剛猛的投手、揮棒力量巨大的打者等等。儘管

2 小熊隊的主場。

3 美國高中學制是四年。

4 國際單位制，源於公制（又稱公尺制），是世界上最普遍採用的標準度量系統。它的基礎是公尺—公斤—秒制（MKS）。（摘編自維基百科）

事實是，有很多大聯盟球員，甚至是非常優秀的大聯盟選手，都不符合前面那幾個描述，但各隊仍會持續以特定模板為目標去挑選球員，而這正是安德瑪明星賽球員樣本告訴我們的事。

在《快思慢想》這本書中，康納曼用兩個假設來說明兩種認知偏誤：「可得性偏誤」與「不可得性偏誤」(unavailability bias)。第一個是：「上個月恰巧有兩架飛機意外墜毀，所以她現在寧願搭火車。這樣的想法很愚蠢，因為飛機墜毀的風險沒有改變。這就是一種可得性偏誤。」

相信每每墜機意外發生時，大家心中都會有類似的擔憂出現。我永遠不會忘記，一九九四年秋天，全美航空四二七號班機在匹茲堡附近墜毀的消息剛報出來時，我服務的顧問公司內部，低氣壓瞬間降臨的氛圍。儘管理性上來說，搭飛機失事的風險並沒有改變，但由於顧問工作常常要搭機出差，加上該班次機上一百三十二人全數罹難，事情忽然發生的當下，大家記憶猶新，總會更容易把搭飛機跟失事聯想在一起。

在下一段，康納曼則用另一個假設說明不可得性偏誤：「媒體鮮少報導室內空氣污染的資訊，因此他低估了相關風險。這是一種不可得性偏誤的體現。這個人應該去看看學術研究的數據，而非憑自身記憶做判斷。」

最後一句話不管在什麼情境都適用：即便我們腦海裡記得的一兩個案例，好像已經說明了某件事的真相，但我們還是應該去查找整體數據，才不會容易做出錯誤的判讀。

二〇一六年，紐約市有一小批謀殺案集中在一段期間內發生，包含一名在皇后區慢跑的女性遭到殺害。想當然爾，這些謀殺案引發了市民對隨機殺人的恐慌。《紐約時報》的記者威爾森（Michael Wilson）指出，隨機殺人案的發生機率其實還是很低，並舉二〇一四年聯邦調查局（Federal Bureau of Investigation, FBI）的數據：全美隨機殺人案（加害人和被害人不認識的案件，但不包含那些兩者關係被標註「未知」的案子）只佔總殺人案的百分之十一。

可得性偏誤的另一個經典案例是失蹤孩童。所有家長都擔心他們的孩子被陌生人無端攻擊或綁架。身為家長的我們，都會很理所當然地告誡孩子要遠離陌生人，而且這樣的告誡內容，從一九六〇年代首次出現後，就一直流行到現在。然而，事實上，有很大比例的幼童綁架案，都是由親戚、朋友、其他認識的人所為，而非陌生人。新罕布夏大學（University of New Hampshire）侵害兒童犯罪研究中心（Crimes Against Children Research Center）主任芬克侯爾（David Finkelhor），在一篇二〇一三年的文章[5]中寫道：「在所有失蹤兒童中，被陌生人或不怎麼熟的人帶走的比例，只約佔萬分之一。」芬克侯爾所說的「所有失蹤兒童」，不僅是那些被綁架之後不知去向的孩子，還有逃家的、迷路的，以及其他被通報到有關單位的失蹤案件，總而言之不僅限於綁架。美國國家失蹤兒童及童工保護中心（The National Center for Missing & Exploited

---

5 這篇文章刊登於二〇一三年五月十號的《華盛頓郵報》（*Washington Post*），題名為〈五個關於失蹤兒童的迷思〉（Five Myths about Missing Children）。

Children）表示，被陌生人綁架的失蹤兒童案例，其實是失蹤兒童當中最少見的。

不過相信還是很多人覺得，陌生人綁架的兒童失蹤案好像愈來愈多，越來越多孩子都受到陌生人的覬覦和傷害。在克里夫蘭發生一個獲得大眾關注的孩童綁架案後，芬克侯爾為了破除大眾迷思而寫道：「在很多州，失蹤兒童專責單位的資料都顯示，案件數量呈減少趨勢。」此外，「聯邦調查局的數據告訴我們，從一九九七到二〇一一年，不分年齡的失蹤人口數有所減少，跌幅達百分之三十一。」

為什麼我們還是覺得自己的孩子，比實證顯示的更容易被陌生人侵害？這就是可得性偏誤在我們的思維中作祟。當有小孩被綁架，尤其是那些非常極端罕見的例子，最終結果很糟糕的那種，都會被媒體大幅報導，登上全國新聞版面；相反地，平安無事、正常上下學的孩子，不會有人想去報導。舉例來說，「吉米在上下學的途中，沒有被綁架。」這種情況就絕對不會被媒體報導。沒有「小孩子正常上下學」的新聞會去提醒你，其實社會治安沒那麼糟，因為媒體不會、也不需要去報那些事情。由於媒體會報導的東西，大多是負面的，而我們的大腦又不太能理性分析媒體大篇幅報導的極端案例，是不是真的能反應社會普遍的狀態，因此儘管那些極端案例確實令人髮指，但大眾通常無法正確判斷，其實那些案例都非常罕見、不太可能發生。絕大多數的孩童都不會遭遇到那種可怕的經歷，而且就算真的很不幸被綁架，加害人也通常是朋友、親戚、老師、認識的神職人員等等，而不是陌生人。所謂「遠離陌生人」的口號，正是可得性偏誤徹底發酵的結果。

一九八七年，大聯盟又出現一個有些荒謬的個人獎項票選結果，而這次的主角，是小熊隊的道森（Andre Dawson）。之所以會出現不太合理的結果，很大一部分的原因，來自那季季前他意外加盟小熊的過程。一九八七年的最有價值球員獎投票人，違反他們自己建立的票選傳統，沒有把大多數的票投給所屬球隊有打進季後賽的球員，反而選出所屬球隊墊底的道森為該季的最有價值球員。小熊那年的戰績在國聯東區六隊當中敬陪末座，而道森的一九八七年最有價值球員獎，不僅不合理，還令人覺得有些不可思議。

大聯盟從一九七〇年代中期到一九九五年的歷史，充斥著場外風波，受關注程度不亞於賽事本身。那段期間，大聯盟老闆和尚未成氣候的球員工會，投入了一場為期二十年的勞資戰爭，造就了一次不短的季中罷工（一九八一年）、數度短期的罷工，以及一九九四年為了阻擋老闆設置薪資上限而發動的史上最大罷工，當年的世界大賽還因此取消。那些年，老闆們想方設法，欲討回他們在勞資角力當中失去的領土。一九七五年以前的數十年間，大聯盟老闆運用「保留條款」（reserve clause），來作為他們以「契約奴工」（indentured servant）[6]形式控制球員的手段，當時

---

6 契約奴工，又稱契約勞工、契約傭工，通常指年輕、非熟練工人在一段固定的時間內，與僱主簽訂用工協議參與工作的勞動者。契約勞工的簽訂時間一般為三年以上七年以下，僱主提供交通、食品、服裝、住宿和其他生活必需品。契約勞工一般男女不限，大多在二十一歲以下。（摘編自維基百科）

的大聯盟球員沒有任何自主權，只能任由球隊處置，每年合約都會自動更新。一九七五年，麥瑟史密斯（Andy Messersmith）和麥克納利（Dave McNally）等兩位球員，認為這種制度不合理，所以據理力爭，希望能在打完賽季後，合約不自動更新，成為自由球員，替自己爭取更好的身價。同年十二月，仲裁者賽茲（Peter Seitz）判定麥瑟史密斯和麥克納利有理，大聯盟的自由球員制度因此誕生，而自那之後，大聯盟的老闆們便常常在勞資戰爭中面臨挫敗，因此對勞方累積了長年的怨氣。老闆群不願進一步釋出他們控制球員的權利，也不願讓球員的薪資提高到合理的水準，所以聯合起來進行暗中勾結，說好都不對自由球員競價，刻意壓低球員薪資。雖然老闆們的計畫確實有用，但他們後來被抓到違反勞資協議（collective bargaining agreement, CBA）的條文，遭到懲處、付出高額代價，必須支付高達兩億八千萬美金的賠償金給球員方。

道森是大聯盟老闆暗中勾結，反制自由球員市場第二年的知名受害者之一。一九八六年，道森打出二成八四／三成三八／點四七八的打擊三圍，附帶二十支全壘打和七十八分打點，此外，還連續第六年獲得金手套獎，多少佐證了當時球界覺得他防守不錯的認知。然而那個冬天，道森卻沒有收到任何球隊開價，直到春訓期間，他的經紀人莫斯（Dick Moss）才拿著一張金額欄空白的合約，給時任小熊隊總管的D．格林（Dallas Green），暗示不論小熊開出什麼價碼，道森都願意簽約。D．格林最後給曾三度入選明星賽的道森，五十萬美元的基本年薪，這數字只有道森前一年效力蒙特婁博覽會隊（Montreal Expos）的一半。二〇一〇年，D．格林接受《芝加哥論壇報》（*Chicago Tribune*）記者米契爾（Fred Mitchell）訪問時坦承：「道森當時簽的那張合約並不理想（一年五十萬美金），尤其是考量到在那之前他累積的生涯成就，更是不太合理。」但五十萬美金卻是當時小熊隊所有者——論壇報公司（Tribune Company，也是《芝加哥論壇報》的擁有者）——提供給D．格林花用的最高額度。

最終，道森在一九八七年寫下生涯單季最多的全壘打數和打點數，得到額外的二十萬美金激勵獎金之餘，還在球隊老闆們因勾結遭判罰兩億八千萬美金後，獲得其中一百萬美金的補償金。一九八七年，大聯盟出現史上第一次場均全壘打數超過一支的情形，因此該季又被戲稱為「兔子球」（rabbit ball，表示球很彈）年[7]；在兔子球年的加持下，道森揮出領先全聯盟的四十九轟、一百三十七分打點。在大聯盟季後個人獎項票選的歷史中，聯盟打點王獲得最有價值球員獎的機率確實比較高，就算沒得獎，通常也能在票選積分排名中名列前茅：一九八六年的國聯最有價值球員獎得主，就是國聯打點王史密特（Mike Schmidt），而一九八五年的美聯最有價值球員獎得主麥丁利（Don Mattingly），也是美聯打點王。

道森拿最有價值球員獎，最令人驚訝或感到不可思議之處在於，他效力的球隊可是在國聯東

7 大聯盟在一九八六年的場均全壘打數為〇點九一支，一九八七年卻暴增至一點〇六支，到一九八八年又下跌至〇點七六支。

區墊底的小熊隊。一九八七年以前，還沒有出現過效力於墊底球隊的球員，拿到最有價值球員獎的案例。這背後的思維邏輯是，要是球員所屬球隊沒有打進季後賽，或是在球季過程中沒什麼競爭力，那他對球隊的價值不可能太高。這思維如今比較沒那麼盛行，但仍會多少影響最有價值球員獎的票選。我知道這種想法十分荒謬，但它卻真實存在：靠寫棒球餬口的人，真的會認為我們應該依據某球員「隊友」的表現，來衡量他本身的價值。

那到底道森是如何在當時的票選氛圍和脈絡下獲獎的呢？感覺起來只是投票人更注意到道森那年的表現，尤其是他在投票人最重視的兩個數據項目——全壘打、打點——表現出色，因此更受青睞；然而，最重要的原因或許是，道森在那年春訓因為新聞話題而獲得的曝光，比其他球員都多太多了。沒有人會忽略掉道森的表現，因為他在成為小熊球員前，就已經得到眾人的矚目，而且球季開始後，任何關於他的後續報導，或多或少都會提到他在季前面臨的窘境和簽約過程。《紐約時報》在報導道森拿到最有價值球員獎的文章中，一開頭就提到他的合約：「在春天終於跟小熊簽約前，道森既沒有合約在身，也沒有效力的球隊……」《芝加哥論壇報》的報導，也有類似的筆調，文章第一句就點出道森的獲獎，會讓小熊付出不少的現金代價（激勵條款有提到，若道森得到最有價值球員獎，就能獲得獎金），並且在第二句解釋道森在春天時，如何從各隊視若無睹的自由球員強打者，變為小熊隊的成員之一；文章後面也完整述說了，他在前一個休賽季差點就找不到新東家的困頓故事。

過去還有其他人提出跟我一樣的論點。二〇一一年，巴克（Chip Buck）為知名體育媒體「ESPN」的「甜蜜點專欄」（Sweet Spot）撰寫文章，也提出類似的想法。「道森能在一九八七年獲得國聯最有價值球員獎，有兩大因素：一，他那乍看之下非常令人印象深刻、實則沒那麼頂尖的累積型數據；二，那年三月，他從老闆暗中勾結的計謀中突圍，用空白合約爭取加盟小熊的故事。除了這兩點之外，我想不到其他能讓他獲獎的原因。」巴克的意思，可能還包含「投票人會因為道森的合約非常廉價、划算，而給予他更多支持」，但我想他大方向的概念跟我的想法一樣，都是道森的名字老早就因為他合約的新聞，而深深烙印在投票人腦海中，加上道森立刻在球季打出佳績的加持、獲得更多曝光，進一步深化其名氣跟話題度，最後催化了他獲獎的結果。

道森並非那年國聯的最佳球員或最有價值球員（不管用「最佳」還是「最有價值」，意思其實都一樣，沒有分別）。根據「Baseball Reference」的國聯WAR值，道森在所有野手中只能排在第十九名。那年WAR值最高者是後來入選棒球名人堂（Baseball Hall of Fame）的選手葛溫（Tony Gwynn），至於第二名則是繳出單季三十轟、三十盜的戴維斯（Eric Davis）。葛溫是當時公認最強的高打擊率打者，但他所屬的聖地牙哥教士隊（San Diego Padres）在一九八七年的戰績比小熊還爛，在整個國聯敬陪末座；戴維斯方面，他該季揮出三十七轟、盜下五十個壘包，而他所效力的辛辛那提紅人，並不像小熊、教士那樣糟糕，到球季中後段還保有角逐季後賽的實力，最終以分區第二名作收。

大聯盟個人獎項票選的可得性偏誤案例中，最經典的莫過於一九九九年的美聯金手套獎。那年，帕梅洛（Rafael Palmeiro）大部分時間都擔任指定打擊，卻還是抱走一壘金手套獎座。該票選結果立刻被廣泛地批評，損害金手套獎的公信力，離譜到頒發金手套獎的手套公司羅林斯（Rawlings，於一九五八年創設金手套獎），最終在二〇一三年決定把數據分析成份，加到評選機制中。

一九九七和一九九八年，帕梅洛連莊美聯金手套獎。那兩季，帕梅洛以近乎全勤的姿態擔綱一壘手任務，因此他擁有衛冕身份的優勢（拿金手套獎最有利的條件，就是之前曾經獲獎過），以及不錯的防守名聲。一九七八年諾貝爾經濟學獎得主賽門（Herbert A. Simon），在其個人回憶錄《我生活的種種模式》（*Models of My Life*）中，指這種現象為「馬太效應」（Matthew Effect），他寫道：「一個人能得獎的主因，是他過去得過獎……一旦某人獲得足夠的知名度，那當某個獎項的委員會成立時，那人的名字就會自然被提出來。」「馬太效應」一詞最早是由社會學家莫頓（Robert K. Merton）於其一九六八年的一篇論文中創建，靈感來自《新約聖經．馬太福音》（*New Testament: Gospel of Matthew*）第二十五章第二十九節的內容：「凡有的，還要加給他，叫他有餘；凡沒有的，連他所有的也要奪去。」

另一個幫助帕梅洛獲獎的可能原因是，即便當時他已三十四歲，卻還是一名非常優異的打者；儘管金手套獎明顯是防守獎項，但有很長一段時間，可以感受得到球員能獲獎，是因為被他們的打擊表現推了一把。生涯拿過五座金手套獎的基特（Derek Jeter），從各個防守數據來看都是低於平均值不少的游擊手，卻還能多次獲獎，甚至最後一次得獎時已經三十六歲，背後的原因即在於，他優越的打擊能力帶來高知名度，同時在其生涯晚期時，已經兼具準名人堂球員的身份。

一九九九年，帕梅洛只為德州遊騎兵（Texas Rangers）守了二十八場的一壘[8]，他們陣中真正長時間鎮守一壘的球員，是史蒂文斯（Lee Stevens），而他也是帕梅洛認為比較值得拿獎的人選。帕梅洛只守二十八場就拿獎，自然是金手套獎史上、非投手守位獲獎的最低守備場數，而當時美聯社的報導也寫到，這樣的票選結果顯示「部分投票的總教練和教練，好像沒有花太多心思在注意選手的防守表現。」就連帕梅洛也對自己獲獎的結果感到困惑。我個人滿認同帕梅洛在回應記者時所說的一段話，覺得他說中了造成該年票選結果的原因之一：「我解讀這次拿獎的唯一方式是，大家依然非常敬重我過去在一壘的防守表現，他們也認為我是棒球界最佳的球員之一。」

當時金手套獎的評選機制，完全仰賴聯盟裡教練的票選（美聯教練投美聯金手套獎，國聯教練投國聯金手套獎）。他們會拿到列出各個守位所有防守球員的選票，並被要求在每個位置上勾

8　當年春訓時，帕梅洛動了兩次膝蓋手術，遊騎兵為了減輕他膝蓋的負擔，所以大幅減少他上場守備的場次。

選出他們覺得最值得獲獎的選手（不能選跟自己同隊的球員）。當然不是不可能，這些有投票權的教練會做足功課，把選票帶回家，仔細檢視所有跟防守相關的數據，再搭配一些影像的輔助，必要時諮詢隊上負責賽事情蒐的球探等等……但我個人猜測，他們投票前並不會做那些事。比較可能的狀況是，這些教練拿到選票後立刻勾選那些「聽起來」守備不錯的名字；以一九九九年美聯票選為例，教練們看到一壘手的區塊，帕梅洛的名字肯定會喚醒比較多記憶，因為他才剛連莊前兩屆的一壘金手套獎，又有優於聯盟平均的防守名聲，同時還是很不錯的打者。用比較生動的說法來說：教練們在瀏覽選票名單時，帕梅洛的名字就像加粗加大的字體一樣，更為顯眼。同樣的道理也適用基特所拿下的五座金手套獎，因為客觀來說，他不配拿下那五座中的任何一座。「基特」這個名字在任何球員名單中都會特別耀眼，因為他的打擊實在太好，而且名氣又特別響亮（效力洋基對他的知名度有很大的提升效果，因為洋基的賽事經常透過全國轉播播送[9]）。

我們沒有辦法避免可得性偏誤，它是人類記憶運作的一種特色，而非透過新的程式碼就能解決的程式錯誤。因此，我們的目標應該放在「如何在做決策時，減少可得性偏誤的效應」，換言之，就是接受可得性偏誤肯定會在決策過程前期出現的事實，然後再採取額外的手段來克服它所帶來的影響。最簡單的方法，就是在決策過程中，多加入一個確認自己是否採集足夠相關資訊的步驟，而這些相關資訊，並不是指那些你在腦中就能想到，或是很好取得的資訊，而是比較複雜，或是你原本不太清楚的訊息；同一時間，你也得檢視採集的資訊樣本夠不夠大、具不具有代表性，讓你可以下一些結論。在《常識統計學》（*Standard Deviations*）[10]這本書中，作者史密斯（Gary Smith）建議讀者主動去思考那些不太容易想到的資訊，如此便能減少思維中的倖存者偏誤（survivorship bias）[11]和可得性偏誤：

> 我們會很自然地從我們所看到、聽到的人事物，來下結論，比如說工人的薪資、受損的飛機、成功的公司等等。但我們也應該去想想那些我們沒有看到或聽到的人事物，例如離職的員工、從未回歸的飛機、失敗的公司等等。那些沒被看見的資料，可能跟有被公諸於世的一樣重要，甚至更具影響力。

9 美國的大聯盟賽事電視轉播，大部分都由地方電視台和轉播單位播送，只有一部分的例行賽賽事，以及季後賽，會交由全國轉播的電視台播送。通常全國轉播的單位會挑選名氣較大的球隊，或是競爭較為激烈的對戰組合，作為他們轉播的場次。

10 本書全名為《常識統計學：拆穿混淆的假設、揪出偏差的數據、識破扭曲的結論，耶魯大學最受歡迎的十八堂公開課》（*Standard Deviations: Flawed Assumptions, Tortured Data, and Other Ways to Lie with Statistics*）。

11 倖存者偏誤，是一種邏輯謬誤，選擇偏差的一種。過度關注「倖存了某些經歷」的人事物，忽略那些沒有倖存的（可能因為無法觀察到），造成錯誤的結論。（摘編自維基百科）

「確保自己採集的資訊樣本夠不夠大，能不能讓你做出較合理地結論」，是另一個能有效對抗可得性偏誤的捷思法，因為它強迫你去思考或尋找，那些你沒辦法輕易想起或聯想到的額外資訊。

我在寫作時，不管只是在列舉某些事實，還是為我提到的假說或意見提出實證背書，我都會嘗試跳脫「只仰賴記憶」的習慣，因為我的記憶並不可靠、容易出錯。這也是我身為一名作家，必須訓練自己做到的事情。成為職業棒球作家的這十三年來，我已經摒棄了許多以前相信的概念和想法，包括很多原本預計要出現在《棒球聰明看》（***Smart Baseball***）[12]的點子，最後都被刪除，因為進一步查證的資料和實證，都不支持我一開始經由記憶所得出的印象，不管是針對某個特定球員的特質、一整批球員反映出的現象、還是聯盟整體的趨勢，都有發生過類似的第一印象錯誤情形。就我而言，這種問題最常發生的情境是，當我親身去調查某一名球員，然後看到某些非常引人注目的表現或特徵之後——舉例來說，一名似乎不太能對付變化球（曲球跟滑球）的右打者，或是一名臂力看似不足以從三游之間（游擊手面向本壘板的右側，幾乎在三壘手後方、左外野淺處的位置）傳到一壘的游擊手。在寫作生涯初期，我犯了不少錯誤，於是我養成了一個習慣：先筆記下我眼睛所看到的東西，然後再試著用各種方式去驗證，可以是用數據去看那個右打者是不是對變化球的表現特別差，也可以是諮詢觀察那些球員更久、在不同時間點看過他們打球的其他球員分析專家。我還是會從自己的評估當中擷取很多資訊，但我整理資訊的過程，會先從假定那些評估一定有所缺漏開始。畢竟我的評估是我親眼所見的結果，肯定會是我腦袋裡最先想到的資訊，而這些資訊往往會受限於可得性偏誤。

若你只是球迷，瞭解可得性偏誤對你也有幫助，你會比較有能力篩選掉那些嚴重受到可得性偏誤影響的分析和報導。舉例來說，有些球評會在某個野手做出幾個精采的守備動作後，跟你說該球員的防守有多麼出色，但實際看長期的防守數據，會發現那球員的守備功力並不理想；又或是，有棒球寫手把球隊裡實力最佳的選手描繪得很普通，只為了去凸顯出另一個剛打出幾支重要安打的打者看似比較厲害。這些情形更常發生在廣播或電視轉播上，而關於這點我自己也有經驗：現場直播賽事時，因為有需要不斷講話的壓力在，因此播報員或球評會舉出任何在說話當下大腦能想到的例子。這絕不是最理想的傳遞資訊方式，因為太倚賴隨時可取的大腦記憶，而非在事前準備好有實證背書的資訊，會很容易造成講錯話的情況，提供觀眾錯誤的觀念和訊息。（在棒球媒體工作愈久，我愈懂得在回答問題時說：「我不知道這問題的答案，但我可以跟你說……。」或是「我覺得我現在擁有的資訊還不夠。」這樣的回答方式，或許會讓人覺得我能力不足、在逃避問題，但我覺得這比起說出不準確或誤導的資訊，還是好多了。）

身為球迷的你，沒有時時刻刻需要對觀眾說話的壓力，所以當你聽到有人把一名球員說得很

12　本書作者的前一本著作。

好聽或很難聽時，可以問一下，那個人是否有足夠的實證去支持他的說法，抑或是他只是仰賴腦中隨時可取得的資訊。棒球是一個充滿既定說法和成見的運動，而這個特色最能體現在棒球賽事或球員的評論中。這些現象的背後，或多或少都可以發現可得性偏誤的蹤跡，原因無他，就只是因為人總是愛偷懶，喜歡可得性偏誤帶來的方便和簡單而已。

第三章
贏了，就是成功；輸了，就是失敗
結果偏誤（outcome bias）[1]以及為什麼贏球是最容易誤導人的結果

棒球是講究結果的運動賽事。歷史通常只會記錄下結果，而非過程，就算計畫趕不上變化，導致好的過程造成壞的結果，但最後被記得的，大部分只有壞的結果。

二〇〇一年世界大賽就是個例子。那年的結果，僅由一小部分的頂級球員決定，這些球員的影響力非常大，大到就算兩隊總教練的戰術調度實力落差十分明顯，也無法改變結局。若細看那屆世界大賽，會發現洋基隊總教練托瑞（Joe Torre）像是在打複雜的西洋棋局，而響尾蛇隊總教練布蘭利（Bob Brenly）則像是在玩兒童桌遊。由於布蘭利調度決策的錯誤，洋基一度距離拿

1　結果偏誤就是，評價決策好壞時，根據其最終結果，而不是根據下決策當時的決策品質。（摘編自維基百科）

下總冠軍只剩少少幾個出局數之遙。不過在響尾蛇兩大王牌「兩手遮天」的超群表現，以及洋基超強終結者李維拉（Mariano Rivera）出現罕見救援失敗的作用下，響尾蛇奪得了那屆總冠軍金盃，而當時還只是菜鳥總教練的布蘭利，儘管在那個系列賽犯下諸多戰術調度上的失誤，葬送響尾蛇許多分數，也使系列賽拖得比理想狀態長，但他還是永遠會被記得是一名率隊拿過世界大賽冠軍的教頭。縱使許多證據都可明確指出，布蘭利是能力不足的總教練，但響尾蛇還是因為他在二〇〇一年率隊奪冠，走完他剩餘的合約，甚至還執行了合約第四年的球隊選擇權[2]，直到那年（二〇〇四年）季中響尾蛇戰績跌到二十九勝五十敗（球季結束時，戰績為全聯盟最糟），他們才終於炒了布蘭利魷魚。

布蘭利的決策錯誤，從世界大賽的第一球被投出之前，就已經發生，因為他指揮調度球隊的方式，實在太有「十九世紀棒球」的味道了。響尾蛇該季的進攻，很大一部分都仰賴打出生涯年的岡薩雷茲（Luis Gonzalez）。那年已經三十三歲的岡薩雷茲，扛出幾乎比前一季多出一倍的五十七支全壘打（他前一季才剛創生涯單季全壘打數新高：三十一支），整體火力輸出在國聯僅次於邦茲（Barry Bonds）和索沙（Sammy Sosa）。岡薩雷茲不只長程砲火優異，他高達四成二九的上壘率也在國聯排名第六，代表他那年有百分之四十三的打席，最終靠著安打、保送、觸身球安全上壘。如此優異的表現，使他成為充滿威脅性的打者——投手很難讓他出局也就算了，當他打中球，還能經常把球打進觀眾席內。

布蘭利把岡薩雷茲排在打線第三棒，這在當時還有後來的好幾年，都是十分標準的打線排法。把陣中最強的打者擺在第三棒，至少自二十世紀初期起，就已經成為棒球界公認有其道理的調度，背後的想法是，前面有兩名打者能夠上壘，最強的打者又在第三棒，這樣一來，球隊就比較能期待三分打點全壘打的出現，或是其他對球隊進攻有利的結果。不過現在我們知道，把最強打者擺在第三棒，並非最極致的打線排法；最極致的打線排法，應該是把最佳打者擺在第二棒，因為那能使兩種不同變數都得到最佳化的效果——一個變數是最佳打者上場打擊的次數（等於創造上壘的機會），另一個變數則是在壘上有人時，最佳打者上場打擊的機會。一名打者被擺在打線愈後面的位置，上場打擊的次數和機會就愈少，若把時間區間拉長到一整個賽季，效果更明顯。把岡薩雷茲擺在第三棒，是布蘭利犯的錯誤之一，但我某種程度上還是認為這個安排可以接受，因為那年代所有總教練，應該都會願意把岡薩雷茲擺在第三棒。

布蘭利在打線安排上所犯的真正錯誤，並不是「把岡薩雷茲擺在第三棒」，而是「被他擺在岡薩雷茲前面打擊的那些人」。世界大賽首戰，布蘭利安排游擊手沃邁克（Tony Womack）擔任

2 「選擇權」（option）是一個決定某個條款是否要執行的權利。在棒球界的合約文字中，選擇權通常指的是在保證合約走完後，附加的、額外的合約年份與薪資。至於「選擇權」前方的指稱詞，則是代表誰有權利決定那附加的合約年份是否執行，因此「球隊」選擇權，就是「球隊」可以決定，是否執行保證合約結束後的附加年限和條件。

開路先鋒，此決策就展示了相當老派的棒球人思維：傳統棒球認為，應該要把跑步速度最快的人擺在打線最前方。這種思維立意雖好，卻沒考慮到，打擊區上的打者是不能盜一壘的。沃邁克的速度是很快，但他並不擅長上壘。二〇〇一年例行賽，沃邁克的上壘率只有三成〇七，這跟他在二〇〇〇年繳出的數字一模一樣，因此當時他的上壘功力大概就是落在那個水準，而三成出頭的上壘率可不是什麼值得驕傲的事情。二〇〇一年例行賽，打席數累積到足以競爭打擊王頭銜（通常是五百〇二個打席）的七十七名國聯打者中，沃邁克的上壘率只能排在第七十一名。響尾蛇那一季有九名打者至少上場打擊四百次，沃邁克是其中上壘率最低者，而在沃邁克之外，只有當時已經非常接近生涯尾聲的三十五歲老將M．威廉斯（Matt Williams），繳出比三成三〇還低的上壘率。然而，布蘭利還是選了陣中最不容易上壘的打者，擔綱打線裡上場打擊機會最多（不論是一場比賽、一個系列賽、還是一整個球季，都一樣）的位置。

二〇〇一年例行賽有七十三場比賽，布蘭利安排沃邁克擔任首棒打者，因此對菜鳥總教練布蘭利而言，把沃邁克排在第一棒並非什麼新鮮事，不過這改變不了它是最糟選擇的事實。除了沃邁克，布蘭利最常擺在打線首棒的球員，是內野工具人康索（Craig Counsell）。那年康索有六十三場比賽擔任響尾蛇的開路先鋒，繳出三成五九的賽季上壘率，在隊上僅遜於岡薩雷茲和葛雷斯（Mark Grace）。必須提到的是，世界大賽第一戰，布蘭利把康索安排在沃邁克之後打第二棒，因此他還算做對了一件事，不過後來在系列賽的過程中，他還是誤用了康索好幾次。

這是一個在過程中所犯的錯誤。布蘭利要不是忽視有關資訊（隊上打者的上壘率），就是根本不懂那些資訊在實戰操作上所代表的意義；但姑且先不論原因為何，可以確定的是，他徹底搞砸了打線排序，也就是結果出現之前的過程。不過後來證明，打線排序對那場比賽的結果影響不大，因為響尾蛇最終以九比一擊敗洋基獲勝，而「誰打第一棒、誰打第三棒」跟響尾蛇贏球結果之間的關聯，應該非常微小，甚至趨近於零。在例行賽只敲出四發全壘打且身材毫不起眼的康索，打出他在季後賽的第二支全壘打，幫一局上就居於落後的響尾蛇，馬上在一局下追平比數。

隔天第二戰，布蘭利擺出相同的打線，但洋基派出的投手，卻讓原本已經值得詬病的響尾蛇打線，變得更不合理。跟第一戰先發穆西納（Mike Mussina）不同，洋基第二戰推出的投手派提特（Andy Pettitte）是一名左投。普遍來講，打者對上慣用手相反的投手，表現會比較好，換句話說，就是左打者對上右投手的發揮，通常會比對上左投手來得好。看到這裡，我想各位應該已經知道我接下來要說什麼。

沃邁克是一名左打者，整體打擊成績已經夠糟了，但當他面對左投手時，更是一無是處。二〇〇一年例行賽，沃邁克對上左投的上壘率僅二成三五，是截至當時他生涯對上左投表現最糟的一季；同時，派提特那年只讓左打者繳出二成八四的上壘率。從比賽一開始，響尾蛇就得面臨非常不利的投打對決。在一般情況下，左打對左投就已經居於劣勢了，但響尾蛇的沃邁克更加地不會打左投，而洋基的派提特則是更加地會對付左打。布蘭利第二戰繼續安排沃邁克打開路先鋒的結果，果然不理想，沃邁克當天四打數沒安打，而在他身後同樣是左打的康索也一個樣；因此，岡薩雷茲那天上場打擊三次，沒有一次壘上有跑者。八局下，康索造成該局最後一個出局數，岡薩雷茲只能站在打擊準備區，眼睜睜看著那局結束，無法上場打擊。

不過又一次，布蘭利打序安排上的錯誤，對比賽結果沒造成太大的影響。響尾蛇先發投手強森（Randy Johnson）投出一場完投完封，僅讓四名洋基打者站上壘包；響尾蛇再次贏球，比數為四比〇。布蘭利率領球隊迎戰的「過程」（打序安排），雖然有傷害到響尾蛇的攻勢，但程度不足以大到影響賽事結果。

第三戰，沃邁克被調到第九棒，而三棒打者岡薩雷茲之前的第二棒打者，則改成芬利（Steve Finley）。這是條遠比布蘭利於第一和第二戰排出的打序，更出色的打線，但洋基隊的先發投手克萊門斯（Roger Clemens）和終結者李維拉，封鎖響尾蛇的攻勢，只讓七名打者上壘，最終洋基以二比一贏得第三戰。來到第四戰，布蘭利再度犯下非常不應該的錯誤，而且這次真的讓球隊輸掉比賽。

響尾蛇該季固定擔任終結者的投手，是二十二歲的韓國右投金炳賢。金炳賢採比較罕見的低肩側投，這種投法又常被稱作「潛水艇式投法」，因為出手點離地面很近，從打者的視角來看，球的來向是由下而上，跟大部分投手採上手投球時，球由上而下的來向完全不一樣。那年一整季下來，金炳賢的投球內容十分不錯，但就像幾乎所有其他的低出手點投手（側投或下勾投手），他對到相反慣用手打者的成績，並不理想，遠遜於對上相同慣用手的打者。這種現象之所以會成為低出手點投手的特色，是因為相反慣用手的打者站在打擊區的另一邊，面對低出手點投手會有比較好的視野，完全移除了低出手點投手在面對相同慣用手打者時，透過詭異出手動作所創造的欺敵性。

二〇〇一年，金炳賢對上左打的數據沒有很糟糕，但絕對比他面對右打者時差。在他那年被打的十支全壘打中，就有八支是被左打者擊出的。二〇〇〇年，雖然金炳賢被右打者打出的全壘打較多，但左打者對上他的上壘率高達三成八五。如果接下來是右打者要上場打擊，那可以毫不猶豫地派上金炳賢救援，但如果是在關鍵時刻需要對到左打者，布蘭利應該至少得先多思考一下，才去調金炳賢上場。

第四戰第八局，布蘭利安排金炳賢接替先發投手席林（Curt Schilling）的投球任務。第八局就派上陣中的終結者救援，這在那個總教練通常只會在第九局、球隊領先、而且領先幅度還不能太大（大多數情況下，領先幅度超過三分，就無法獲得「救援成功」〔save〕），才願意派上終結者的年代裡，稱得上是滿先進的調度。聽起來很荒謬吧？總教練竟然會依據某個數據來做調度，而非依據場上的實際情況，但當時大多數總教練，確實都只會在有救援成功機會的狀況下，派終結者上場。第四戰第八局，布蘭利沒有遵照那傳統，這算是他做對的地方，他至少提前一局就推派金炳賢。

金炳賢第八局上場時，響尾蛇持有三比一的領先，他面對三名右打者，把他們全部解決，並且在第九局一開始，讓另一名右打者基特出局。歐尼爾（Paul O'Neill）是金炳賢對到的首名左打者，他敲出一壘安打，代表下一名上來的打者是追平分[3]。歐尼爾的下兩棒分別是左右開弓[4]的B．威廉斯（Bernie Williams）和左打的T．馬丁尼茲（Tino Martinez），而這兩棒也是洋基二〇〇一年陣中累積最多全壘打的打者。布蘭利設計的季後賽球員名單中，有兩名左投，在這個情況下，布蘭利可以擇一派上場，或是等到T．馬丁尼茲打擊時再換投，因為無論是左投還是右投，左右開弓的B．威廉斯都有優勢。

不過布蘭利甚麼都沒做，繼續讓金炳賢面對B．威廉斯和T．馬丁尼茲。結果金炳賢過了第一關，三振掉B．威廉斯，但第二關就吃癟了，被T．馬丁尼茲轟出一發追平比數的兩分砲。你以為這時布蘭利終於要換投了嗎？沒有，他決定繼續讓金炳賢投下去。延長賽第十局，金炳賢被基特轟出再見全壘打，洋基以四比三笑納逆轉勝。

布蘭利在第四戰所犯的錯誤還不只這一樁，那只是大家比較記得的而已。沃邁克在第四戰回歸開路先鋒的位置（康索和岡薩雷茲打第二和第三棒），有三次上壘，但每一次布蘭利都要下一棒打者康索執行犧牲觸擊，給對手一個出局數，以換取沃邁克多推進一個壘包的局面（兩次是從一壘到二壘，另一次則是從二壘到三壘）。在大多數情況下，犧牲觸擊都是很糟糕的戰術，因為它會減低進攻方得「超過一分」的機率，而且對於進攻方攻下「一分」的幫助也微乎其微。因此，布蘭利在第四戰的操作，已經不是用「糟糕」二字就能形容的了，可能還要在「糟糕」後面加上「透頂」兩個字。

岡薩雷茲在二〇〇一年轟出的全壘打數，比任何名字不叫「邦茲」和「索沙」的國聯打者都還要多（邦茲當時正處在大聯盟打者史上最強的巔峰期）。對進攻方而言，全壘打最棒的地方在於，打出去之後，壘上的所有跑者都能回來得分。這點白紙黑字地寫在規則書中，不管全壘打出現時你在哪個壘包上，你都能得分。在二壘或三壘的跑者回到本壘，不會比一壘上的跑者多得任何分數，大家回來踩到本壘，球隊都是得一分。全壘打出現後，就是在本壘慶祝的時刻，每個回到本壘的人都能參與。

布蘭利叫康索犧牲自己、只為推進沃邁克的決定，完全沒道理。康索本身是上壘能力很不錯的打者，卻被要求放棄爭取上壘的機會，只為了幫隊友推進（如果康索上壘，沃邁克也會自動得到推進效果），如此實在浪費。岡薩雷茲在那場比賽打出一支一壘安打、選到一次保送、遭到一記觸身球（岡薩雷茲在那個系列賽的第三顆觸身球），五次打擊三次上壘，但沃邁克都沒有回到本壘得到

3 若打者能上壘，並且被打回本壘，那球隊就能追平比分，因此該打者又被稱作追平分。

4 左右開弓代表該打者能左打也能右打。通常左右開弓的打者會在面對左投時，採取右打；面對右投時，採取左打，如此才能取得投打對決慣用手上的優勢。

分數。如果沃邁克那三次上壘，布蘭利都讓下一棒的康索自由打擊，不採取犧牲觸擊戰術，響尾蛇就有可能在三棒岡薩雷茲上來打擊時，製造壘上有兩名跑者的局面。避免在比賽後半段丟失微小領先幅度的最佳辦法，就是在比賽前面多打一些分數、創造更大的領先幅度。布蘭利的戰略減低了響尾蛇擴大領先幅度的機會，催化他們在比賽後半段被洋基逆轉、最終輸掉第四戰的結果。

當年，有不少評論都直接抨擊布蘭利使用金炳賢的方式、他在第九局的調度，以及其他錯誤。當時我人在「棒球指南」工作，同事之一席恩（Joe Sheehan）隔天早上就其專欄文章中開砲，寫道：「布蘭利輸得應該」，並且稱那些犧牲觸擊「很白癡、不經大腦思考、對響尾蛇產生完全的反效果和自我傷害」。他也提到，當B．威廉斯和T．馬丁尼茲上場時，布蘭利明明有其他投手選項，卻仍堅持讓金炳賢投下去，最後自食惡果。就我看來，席恩的寫法還算客氣了。

此外，席恩還在專欄中指出，布蘭利之所以在第八局就派上金炳賢取代席林，可能是為了想保留席林的體力，好讓他有機會擔綱第七戰（如有需要）的先發投手。布蘭利接受《紐約時報》記者恰斯（Murray Chass）訪問時，證實了這點，他告訴恰斯，為了可能出現的第七戰而保留席林的體力，「絕對有在他調度的考量當中」。《紐約郵報》（*New York Post*）記者馬杉（Andrew Marchand）也報導了差不多的內容，但他點出，布蘭利的說法有點自打嘴巴，因為布蘭利之前說過，他只專注在贏得當下的比賽，不會去考慮之後的事情；而很顯然地，「為第七戰先發投手做打算」，並不是「只專注在贏得當下比賽」時會出現的想法。（布蘭利在馬杉的報導中表示，媒體的事後諸葛是最沒有水準的報導，但從某個角度看，事後諸葛算是體育媒體的工作之一，它不可能消失。）

隔天晚上，布蘭利繼續做出不合理的決策：只因為第九局的情況符合「有救援成功機會」的條件，就把終結者金炳賢派上場。第四戰，金炳賢已經投了六十一球，那是他二〇〇一年最高的單場用球數，亦是其大聯盟生涯第二高的單場用球數。由於處在這個年代的我們，都已經知道疲勞會對投球表現和傷病風險造成巨大負面影響的道理，因此當時布蘭利的調度更顯得荒謬；同樣情況，若發生在今天，金炳賢應該至少可以獲得一天的休息，而不會連兩天出賽。進入第九局時，響尾蛇還有二比〇的領先優勢，但金炳賢上來後，先被第五棒的左右開弓打者波薩達（Jorge Posada）擊出二壘安打，然後再被第八棒的右打者布羅休斯（Scott Brosius）轟出追平比數的兩分砲，不出一會兒，響尾蛇維持一半比賽的領先就不見了。最終，洋基在第十二局攻下致勝分，以三比二氣走響尾蛇，因此取得系列賽聽牌優勢（三勝兩敗）。第六戰，兩隊將移師回到亞利桑納，響尾蛇有可能得在自家主場看著洋基奪冠。

但響尾蛇把第六戰贏了下來，以十五比二血洗洋基隊；緊接著，他們在第七戰演出逆轉秀：蛇軍第六戰先發投手強森，在第七戰後援了一點一局，讓響尾蛇進入九局下半時，仍只落後洋基一分，然後他們再靠著一支從名人堂投手李維拉手中打出的幸運小飛球安打，得到致勝分，奪得冠軍頭銜。關鍵的九局下半，布蘭利下達了兩次觸擊戰術：第一次，布蘭利收到了正面的效果，因為李維拉在嘗試封殺往二壘跑的跑者時，犯下要命的傳球失誤，導致無人出局兩人在壘的局面；這時布蘭利再下達犧牲觸擊的指令，執行者是代打者貝爾（Jay Bell，二〇〇一年的上壘率為三成四九，相當不錯），他成功完成被交付的任務，犧牲自己，把一二壘跑者送上二三壘。接下來三名打者的打席結果，分別是一壘安打、觸身球、一壘安打，就這樣，響尾蛇拿下隊史第一座、也是到目前為止唯一一座的總冠軍。

外界對布蘭利執教生涯的評價，有很大一部分被第七戰的第九局所定義。要是響尾蛇在九局下半沒有得分、洋基奪冠的話，肯定會有大量的文章和評論，去寫布蘭利是如何害響尾蛇沒拿到冠軍。不過事實是，響尾蛇成為最終的贏家，所以檢討布蘭利的聲浪，僅限於棒球分析界和重度球迷圈的討論。響尾蛇的獲勝，讓布蘭利獲得了「世界大賽冠軍總教練」的標籤，而這個標籤將會永遠貼在他身上。儘管響尾蛇奪冠的真正功臣是球員，而且他們還在總教練做出無數錯誤決策的逆境下獲勝，但這些都不重要了，因為布蘭利已經被冠上了冠軍教頭的名銜。直到二〇一八、二〇一九年，有媒體提到布蘭利時，還是會把二〇〇一年的世界大賽拿出來講，比如說，二〇一九年四月，擔任球評的布蘭利在轉播時，對教士球員馬查多（Manny Machado）和塔帝士（Fernando Tatis Jr.）說出帶有種族歧視意味的評語，後來媒體報導這件事，就有用「曾拿過世界大賽冠軍的前總教練」來代稱布蘭利。

響尾蛇的冠軍不是布蘭利贏下來的，而是球員。布蘭利所做的戰術和調度，不僅沒有幫助球隊，反倒還傷害了球隊。然而，棒球寫作的慣例，還是會把「布蘭利」跟「響尾蛇奪冠」這兩件事連結在一起，好像布蘭利也對那座冠軍貢獻了很多[5]，如此的內容和寫法，無疑是讓「過程」跟「結果」脫鉤了。

會導致這種謬誤的思維錯誤，當然也有名字，它叫作「結果偏誤」。我們都希望，好的過程會帶來好的結果，而壞的過程則會造成壞的結果，這樣我們就能從結果直接判斷，過程是好是壞。如果人生是全然的決定論[6]產物，那這樣的邏輯完全沒問題，但很顯然地，它不是。有時候你做對了每一件事，但還是會因為運氣不好而失敗；又有時候，你做錯了所有事情，但最終的結果卻是好的。所謂「認為好的結果必然是好過程的產物」，這種想法就是「結果偏誤」。

在《快思慢想》中，康納曼有一個章節是在談論過度自信所造成的偏誤和錯覺，而裡面也包含結果偏誤，他甚至用到了一個跟棒球有關的例子：棒球比賽中的三壘指導教練，為最常被「結果偏誤」和「事後諸葛」嚴厲批判的決策者之一（其他還有醫生、企業執行長、財務顧問、社工等等）。

5 通常在媒體報導中，球隊奪冠，很大的功勞都會歸在總教練身上；相較之下，有時候球員獲得的讚揚和榮譽，會達不到他們應得的程度。

6 決定論或決定主義（英語：determinism），又稱拉普拉斯信條，認為自然界和人類世界中普遍存在一種客觀規律和因果關係。一切結果都是由先前的某種原因導致的，或者是可以根據前提條件來預測未來可能出現的結果。其重要的觀點即是「有其因必有其果」或「凡是合乎理性的東西都是現實的，凡是現實的東西都是合乎理性的」。（摘編自維基百科）

當好的決策過程仍導致壞的結果時，我們很容易會去怪罪決策者，即便事後看可以很清楚發現他們的決策是正確的，但我們通常還是不願承認這點。這就是很明顯的「結果偏誤」……原本看起來經過縝密思考的行為決策，在事後看起來就變得粗心大意。

康納曼用另一個實際事件繼續說明結果偏誤。在二〇〇一年九月十一日恐怖攻擊事件[7]發生前的兩個月，美國中央情報局（Central Intelligence Agency, CIA）其實就已經接獲線報，得知蓋達組織（al-Qaeda）可能正計畫大型的恐怖攻擊，但時任中央情報局局長的泰納特（George Tenet）選擇向國家安全顧問萊斯（Condoleezza Rice）稟報，而沒有直接告訴總統小布希（George W. Bush）。大部分九一一事件後、針對情報失察所做的分析，都只聚焦在中央情報局跟其他情蒐單位所蒐集到、能指出恐怖攻擊正在醞釀的情資，而忽略當時還有其他大量與前述情資相抵觸、或是毫無關聯的資訊，考驗著情報人員的判斷力。

《隨機騙局》（*Fooled by Randomness*）[8]和《黑天鵝效應》（*The Black Swan*）的作者塔雷伯（Nassim Nicholas Taleb），曾在二〇〇四年於《紐約時報》的社論中，寫了一篇題名為〈學習預期意料之外的事〉（Learning to Expect the Unexpected）的文章。塔雷伯在文章中表示，九一一委員會（911 Commission）[9]可能會因為「後見之明的扭曲」，而浪費了一個重新思考如何為未來恐怖攻擊做更充足準備的大好機會。「齊克果（Søren Aabye Kierkegaard）[10]曾說過一個概念：歷史雖不斷向前進，但人們看歷史卻只能回頭看。」塔雷伯寫道。九一一委員會感覺在找很明確的責任歸屬，對於他們來說，從回顧歷史的角度切入，很容易就能發現情報工作當中的疏忽和失誤。塔雷伯認為，該委員會的成立目的，是找出為整起事件負責的人事物，而非從承認九一一事件非

7　九一一恐怖攻擊，是二〇〇一年九月十一日發生在美國本土的一系列自殺式恐怖襲擊事件，蓋達組織承認其發動此次襲擊；當天早晨，十九名蓋達組織恐怖分子劫持四架民航客機。劫持者故意使其中兩架飛機分別衝撞紐約世界貿易中心雙塔，造成飛機上的所有人和在建築物中許多人死亡；兩座建築均在兩小時內倒塌，並導致臨近的其他建築被摧毀或損壞。另外劫機者亦迫使第三架飛機撞向位於維吉尼亞州阿靈頓郡的五角大廈，此一襲擊地點臨近華盛頓特區。在劫機者控制第四架飛機飛向華盛頓特區後，部分乘客和機組人員試圖奪回飛機控制權，最終第四架飛機於賓夕法尼亞州桑莫塞郡的鄉村尚克斯維爾附近墜毀。四架飛機上均無人生還。世貿現場中，包含劫機者在內，總共有兩千七百四十九人在這次襲擊中死亡或失蹤。（摘編自維基百科）

8　本書中文全書名為《隨機騙局：潛藏在生活與市場中的機率陷阱》。

9　九一一委員會，正式名稱為「美國國家恐怖襲擊事件委員會」，於二〇〇二年十一月二十七日成立，也就是所謂的九一一事件調查委員會，該委員會的任務為「全面完整地說明，九一一襲擊事件的有關情況、準備並立即回應攻擊、提供防止未來襲擊的建議」。其主要結論是：美國中央情報局和聯邦調查局的失敗使得恐怖襲擊得以發生，如果這些機構的行動更明智、更積極，這些攻擊就有可能被阻止。

10　索倫·奧貝·齊克果是十九世紀的丹麥神學家、哲學家及作家，一般被視為存在主義之創立者。他認為人們並不能透過客觀性獲得真理，而真理只能透過主觀性呈現，所以他反對傳統哲學將真理當成客觀知識那樣地追求。他亦反對教條主義（包括反對基督教的教條主義），故不願將自己的思想寫成哲學理論，而是以文學作品的形式表達，並以多個不同筆名出版作品。（摘編自維基百科）

常複雜且牽涉廣泛的前提出發。九一一事件的複雜程度和策劃難度都非常高，高到幾乎不可能想像它真的被實現的可能，而這也是美國情報單位未能及早發現並阻止其發生的原因。事後來看，我們當然可以說，事件發生前，應該就要發覺恐怖攻擊正在醞釀、並予以阻止；然而，在事件發生之前的當下，我們真的很難預期這種如此罕見的歷史重大事件發生。如果我們具備那種覺悟，確實就有可能讓九一一事件胎死腹中，或至少減少傷害，但就是因為九一一事件的成真機率實在太低、讓人覺得太天馬行空，所以才使得策劃者有機可乘。

拜倫（Jonathan Baron）與赫希（John C. Hershey）在一九八八年刊出的論文《決策評價中的結果偏誤》（*Outcome Bias in Decision Evaluation*）[11]中寫道：「一個已經被嚴厲譴責的錯誤行為，之所以還是一而再再而三的發生，是因為大家都從結果出發，去評價該行為的意圖和過程。」他們引用一本一九七四年出版的書《經理人的決策分析》（*Decision Analysis for the Manager*）所提到的概念，寫道：「若用結果來評價決策者，那一定會出錯。」就算我們把所有事情都做對了，還是有可能失敗。就算球隊在選秀中，都選到對的球員，或是做了一筆看似對己方非常有利的交易案，仍有可能因為運氣不好、球員受傷，而迎來輸球或無緣季後賽的命運。畢竟，任何牽涉到「人」的決策，都會帶進一些不可預期的因素。這是「事後諸葛」的最根本問題。人很自然地會依據「結果」，去評價「決策」，而不去管決策的過程是否完備，忽略原本的過程可能有提高成功率的事實（即便結果是失敗的）。

拜倫跟赫希的論文，收錄了五個實驗的結果。在這些實驗中，他們給大學部學生看一些決策的描述和結果報告，然後請學生評價決策者的能力，以及決策的品質。兩位作者發現，在五個實驗中，學生的評價都有明顯的結果偏誤，於是他們用以下幾個推論來解釋結果偏誤不斷出現的現象：人們相信「運氣」和「高超的洞察力」是只有某些人才擁有的獨特特質，大多數人所採取的捷思法，都會認為「壞結果」證實「過程也是壞的」，而且最糟的是，那些受試的學生通常會因為決策結果跟某些資訊相牴觸，就選擇不相信決策者在做決定時知道那些資訊。拜倫和赫希最後的結論是：「人們會把『自己對決策結果的評價』跟『自己對決策過程的評價』搞混。」

結果偏誤也會扭曲我們談論非體育世界領袖的方式，以及對他們的評價。康納曼指出：「一家成功公司的執行長，可能會被描述為管理很有彈性、做事很有方法、決策十分果決。現在想像一下，假如一年過去了，該公司面臨許多失敗跟挫折，同樣的執行長可能就會被說成管理不通人情、做事沒有章法、決策優柔寡斷。」

一樣的現象，也會發生在棒球總教練身上。在棒球界，如果一支球隊打出超出預期的成績，總教練會是第一個被稱讚的人；反過來，要是一支隊伍沒能打出預期的水準，總教練也會是第

11 J. Baron and J. C. Hershey, "Outcome Bias in Decision Evaluation," Journal of Personality and Social Psychology 54, no. 4 (1988): 569–79.

一個被檢討的對象。每年大聯盟例行賽結束，美國棒球作家協會（Baseball Writers' Association of America, BBWAA）[12]的會員都會投票，選出各大年度個人獎項的得獎人，這些獎項包含美聯和國聯的最有價值球員、最佳新人（Rookie of the Year）、最佳總教練（Manager of the Year）等等，而每個獎都會由三十名投票人決定結果。一直以來，最佳總教練都是最充滿爭議、最難取得共識的獎項，因為我們幾乎不知道什麼才是評價總教練工作績效的合適方法，而棒球分析師也只大概知道，無論正面還是負面，總教練對球隊一季戰績的影響，其實都沒有那麼大，至少比傳統認知上來得小。

由於缺乏明確且有效的評價方式，加上很多投票人都會預設投給「率領球隊拿下比預期更多勝場」的總教練，因此在歷年最佳總教練的票選結果上，我們可以看到各式各樣事後諸葛的扭曲，以及結果偏誤，也會發現大家對於曾經獲獎的總教練，改觀的速度有多快。最佳總教練獎自一九八三年設立，至二〇一九年，共計有六十九位得獎者（一九九六年，美聯兩名總教練的得票積分相同，因此出現唯一一次兩人並列得獎的情況），其中有三十五位最終都被炒魷魚，或「被迫辭職」。最不可思議的，是這些「最佳總教練們」丟掉飯碗的速度。

- 有一人，在球季結束沒多久，美國棒球作家協會公布他得獎之前，即遭到解雇。（二〇〇六年，佛羅里達馬林魚隊〔Florida Marlins〕總教練吉拉迪〔Joe Girardi〕）

- 有六人在得獎後下個年度的季中或季末，遭到解職。
- 有十二人在得獎後的第二年季中或季末，被炒掉或辭職。
- 有八人在得獎後的第三年季中或季末，被炒魷魚。

共計有十九人在得到最佳總教練的兩年內，離開原球隊。若把得獎後的第三年也算進來，就有二十七人，佔所有得主的百分之三十九；換言之，每五位最佳總教練就有兩位，會在得獎後的三年內離職。如此高的三年內離職率，可能會讓某些獲獎的總教練內心覺得，乾脆跟已故好萊塢演員史考特（George C. Scott）[13]一樣，拒絕受獎好了。

會出現這種現象，有兩種解釋方法可以說明，而我覺得兩種都有其道理。（我自己也曾當過一次最佳總教練獎的投票人，但那不是一段特別美好的回憶。）第一是，投票的棒球作家本來就不擅長選出表現最好的總教練，因為我們真的不知道總教練對球隊勝負的影響有多少，也難以

---

12 美國棒球作家協會於一九〇八年成立，創始會員為一批棒球記者和作家，初衷是為了聯合起來對抗大聯盟老闆的不合理對待。該協會致力於維護棒球記者和作家的工作權益和採訪權限，要求球團設置媒體工作包廂並給予進入休息室採訪球員的資格，以及評選美國職棒年度各大獎項。

13 一九七〇年，史考特因主演《巴頓將軍》（*Patton*），贏得奧斯卡金像獎最佳男主角獎，但他卻拒絕領取，因為他認為奧斯卡獎本身和頒獎儀式都是誇張而不真實的。

估量那些我們知道總教練能影響的層面。正因如此，投票人傾向使用結果偏誤，去選那些率領球隊打出超乎季前預期戰績的總教練。球隊之所以能打出超乎季前預期的戰績，有可能跟總教練一點關係都沒有：好戰績也許來自幾個球員繳出突破性的成績，或是季前預期本來就是錯的。總教練有時候只是站在那邊，因為看起來很有威嚴，或是因為頭銜值得尊敬，所以就得到了讚揚跟榮耀。

第二個解釋是，球隊他們自己也不太清楚總教練的好壞確切該怎麼判斷，所以雇用某位總教練，或炒掉某位總教練的決策，通常都滿隨意且憑感覺的，缺乏實證和道理背書。這往往也涉及到事後諸葛的扭曲。球隊會想說，他們某季應該要贏多少場，但最終卻只贏了比較少的場次，因此要把這季表現未達預期的罪責，推到總教練身上。（正如歷史非常悠久的老職業運動諺語所說：你不能炒球員魷魚。）這是另一種方向的結果偏誤。我們常把球隊勝敗成績歸因於總教練，說某位總教練帶出如何如何的戰績，但事實上，真正下場打比賽的是球員，而對於比賽結果影響力沒有到很大的總教練，根本不應該被賦予那麼多勝敗成績的功勞或罪過。

在很多案例中，我們都已經看到，當總教練的子弟兵素質不佳時，球隊成績就不理想，而當他擁有夠好的球員陣容時，就能帶出佳績。關於這點，最顯著的例子莫過於托瑞。一九九五年球季初，托瑞遭到紅雀隊解雇時，生涯帶兵的戰績只有八百九十四勝、一千〇三敗，且僅率隊打進過一次季後賽，也沒有在季後賽贏過球。洋基於一九九五年球季結束後，逼使才剛贏得一九九四年美聯最佳總教練獎沒多久的休瓦特（Buck Showater）辭職[14]，選擇雇用丟掉工作不到一年的托瑞。為此，從小就成為洋基球迷的「棒球指南」作家席恩，在一九九七年版的《棒球指南年鑑》（*Baseball Prospectus Annual*）中寫道：「棒球界最佳的總教練之一休瓦特，被迫辭職丟了工作，而能力平平的托瑞則受到雇用，成為新任洋基總教練。」

一九九七年時，托瑞已經帶領洋基拿下一座總冠軍，後來他又率隊拿下三座，附帶兩座美聯冠軍，最終於二〇一四年受到棒球名人堂（Baseball Hall of Fame）資深委員會成員的一致肯定，獲選為名人堂的一員。席恩在一九九七年的評論沒有錯，因為當時確實沒有人覺得洋基「炒掉休瓦特、雇用托瑞」是明智的決定，也不覺得托瑞比休瓦特優秀；然而，托瑞的命運因為他承接了優異的洋基隊陣容而大幅改觀。當時的洋基，擁有四名會在未來入選名人堂的選手（基特、李維拉、雷恩斯〔Tim Raines〕、巴格斯〔Wade Boggs〕），以及多名長年表現出色的明星級球員，更別提一九九九年還有頂級王牌克萊門斯的加盟。或許托瑞確實有在他總教練生涯前三站（紐約大都會〔New York Mets〕、亞特蘭大勇士〔Atlanta Braves〕、聖路易紅雀〔St. Louis Cardinals〕）比

14 時任洋基老闆的史坦布瑞納（George Steinbrenner），向來以對總教練沒有耐性、不吝於更換總教練聞名。一九九五年，洋基在美聯分區系列賽遭到水手淘汰，令史坦布瑞納不滿，加上休瓦特不願意接受史坦布瑞納要求他開除打擊教練宕恩（Rick Down）的要求，以及其他諸多因素，休瓦特因而被迫辭職。

較不成功的經驗中，學到一些教訓，使得他來到洋基之後，發揮進步的帶兵功力，洋基才會打得那麼好；但也很有可能，在洋基的托瑞，跟在大都會、勇士、紅雀的托瑞沒有不同，之所以能帶出更好的成績，單純只是因為他的洋基子弟兵，是他帶過水準最高的球員。二〇一四年名人堂資深委員會的成員，顯然也受到了結果偏誤的影響，才會毫無異議地把托瑞選入名人堂。

如果「結果的好壞」跟「過程的品質」對不上，我們或許也可以問問看自己評價「過程」的方式，是否完善。也許決策者在做決定時，沒有獲得所有相關的資訊；也或許，我們並沒有決策者當時所具備的所有資訊。二〇一一年七月，太空人隊把他們當時陣中的最佳球員——外野手潘斯（Hunter Pence）——交易到費城費城人隊（Philadelphia Phillies），換取以內野手辛格頓（Jon Singleton）和投手寇薩特（Jarred Cosart）為首的四名小聯盟新秀入隊。當時我把辛格頓和寇薩特評為太空人農場裡，排名第一和第二的新秀。但那時候很多人都不知道的是，辛格頓有毒品藥物濫用問題，後來他多次被檢出使用大麻，而在小聯盟遭到禁賽。[15] 二〇一四年，已經兩度被禁賽的辛格頓，開始進行毒品勒戒，甚至稱自己是「毒品成癮者」。然而，二〇一八年一月，他又被檢出使用一種會使人濫用的藥物（大聯盟通常不會揭露被檢出陽性的選手，使用的藥物是甚麼），遭處禁賽一百場，而太空人也決定在他服球監時將他釋出。

二〇一一年那筆交易，對太空人來說是全然的失敗。他們幸運地在寇薩特陷入傷病麻煩和運動簽賭醜聞（非棒球簽賭）、導致其職業生涯毀壞前，把他交易掉，但沒有從潘斯交易案裡其他球員得到任何有意義的價值。賽德（Josh Zeid）和桑塔納（Domingo Santana），是該次交易中加入太空人球團的另外兩名球員；桑塔納後來被當成交易戈梅茲（Carlos Gomez）和法爾斯（Mike Fiers）的籌碼，但這筆交易同樣沒有帶給太空人什麼益處。如果辛格頓是定調太空人二〇一一年那筆交易成功與否的關鍵，那我們該如何評價他們的決策品質？

- 要是交易前，太空人已經知道辛格頓有濫用毒品藥物的問題（當時他尚未被大聯盟禁賽，而且身為媒體一員的我，也不知道這件事），那他們繼續提出並完成交易的決定就有瑕疵，因為這代表他們要不是忽略辛格頓成癮的狀況，就是沒有正確評估他的成癮，可能會對其上場時間跟表現造成什麼影響。
- 然而，要是太空人對此不知情的話，那他們可能就是做了一個好的決策，只是後續結果並不理想。有可能費城人也不知道辛格頓的問題尤有多嚴重，或是他們其實知道，只是沒有

15 大聯盟不會對四十人球員名單上、擁有大聯盟合約的球員，進行大麻藥檢，但是會對小聯盟球員進行包含大麻在內的其他各種毒品藥物檢測。如果小聯盟在這些物質的檢測中，被測出陽性，就會遭到處分。近年來，隨著大麻在美國許多州的合法性出現變化，我個人認為現在大聯盟所採的藥檢規定，也會在下一張勞資協議（預計在二〇二一年年底生效）被修改。

告知太空人這件事。（在這邊我沒有要指控費城人的意思，但過去確實有發生過其他案例是，交易球員的某一方沒有提供關鍵的球員資料，如傷病狀態和其他個人問題等等，因而造成爭議和怨懟。）如果真是這樣，那基於太空人當時能取得的資訊，他們可能確實做了一個產出不好結果的正確決定。「結果不好」不是因為太空人的決策錯誤，而是那些他們無法取得的資訊所造成的。

- 或者也有可能，太空人當初沒有做足對辛格頓的功課，或是有做調查但沒有發現任何異樣。這樣的話，就是情蒐機制運作的過程出現了紕漏，提供錯誤或不充分的資訊給決策者，使決策者基於有瑕疵的資訊，做出他以為正確的決定。這筆對太空人來說猶如一場災難的交易（他們送走陣中最佳的球員，換得的報酬對球隊的實質貢獻卻趨近於零），在很多種情境下，都是一個「過程沒錯、結果出錯」的決策。但在職業運動的世界裡，大家通常會習慣用「非黑即白」、「非好即壞」、「非成功即失敗」的二分法來評價交易，所以很難看得清交易背後的真實面貌和決策過程。

不管決策過程的真相為何，這筆交易的結果終究是對太空人不利。二〇一一年，太空人繳出全聯盟最差的戰績，後面兩年（二〇一二、二〇一三）也持續墊底。不過來到二〇一五年，事情出現了變化，他們漫長重建的努力總算產出了一些回報，並體現在戰績上，太空人搶下了一個美聯外卡的席次。二〇一七年，太空人更是直接贏得美聯西區的冠軍，然後在季後賽過關斬將，最終贏得隊史首座世界大賽冠軍。當年把潘斯送走的交易，對他們這段漫漫奪冠路是一個障礙，但他們終究還是拿到了總冠軍。回過頭看，太空人奪冠的結果，也沒有讓那筆交易變得比較成功；它是好的結果背後，一段不好的過程。

洛斯（Neal J. Roese）和佛斯（Kathleen D. Vohs）在二〇一二年，刊出了一篇題名《後見之明偏誤》（*Hindsight Bias*）[16]的論文，他們在其中討論一個以實證為基礎、能夠規避「後見之明偏誤」或「結果偏誤」的方法。這方法有個未經修飾的直白名字：設想相反情況（**consider-the-opposite**）。洛斯和佛斯解釋它的方式也很簡單：「『設想相反情況』指的是，鼓勵決策者去設想並解釋，那些沒有發生的結果，會在什麼樣的情況下發生。」回到前面布蘭利的案例，他在世界大賽下達了許多不該下的犧牲觸擊戰術，牛棚調度也出大問題，現在想像一下，要是當時洋基的李維拉成功關門，安然完成第七戰第九局的投球，既沒有傳球失誤，也沒有岡薩雷茲那支帶有很高運氣成份的一壘安打，響尾蛇因此輸掉世界大賽，那後續會是什麼情景？這是一個很好想像的相

---

16 N. J.Roese and K. D. Vohs, "Hindsight Bias," Perspectives on Psychological Science 7, no. 5 (2012): 411–26, doi:10.1177/1745691612454303.

反結果，因為第七戰雙方真的咬得很近，任何一件事出現變化，勝負都可能扭轉。假如你相信「多世界理論」（many-worlds hypothesis）[17]，那二〇〇一年世界大賽第七戰的發展，就可以開枝散葉成多個不同的平行世界，而其中一定有一些後來的結局是，洋基沒有丟失領先、拿下他們六年來的第五座總冠軍。

要是響尾蛇在擁有兩大王牌先發投手——強森和席林——的頂級發揮下，依然輸掉世界大賽，那後續的輿論勢必會圍繞在「他們到底怎麼輸的」，而且肯定會公審布蘭利一番。布蘭利會成為許多人指責的對象，而他也確實提供了不少讓大家挑毛病的材料，包含不斷在岡薩雷茲之前下達犧牲觸擊，以及對金炳賢的錯誤調度。如果你所設想的平行世界，只改變第七戰最後一局的結果，那你應該會發現布蘭利的一系列決策，是造成響尾蛇輸掉的最大原因，然後後續的球迷討論和媒體報導，也都會把焦點放在布蘭利的調兵遣將上。

在同一篇論文中，洛斯和佛斯也研究了：到底某個領域的專業技術，是否能避免「後見之明偏誤」的發生？換言之就是，如果你是某個領域的專家、懂得非常多，在做該領域相關的決策時，是否比較不容易犯後見之明偏誤？他們發現，在某些情況下，「專業技術和知識感覺起來能夠抵消一點後見之明偏誤」（這句話其實有說等於沒有說，真正的重點是下面那句），「但它本身並沒有辦法解決後見之明偏誤的問題。」從洛斯和佛斯的研究可以得知，只要是人，無論是誰、什麼背景，都很容易陷入後見之明偏誤的陷阱。兩位研究人員也引用了一份二〇〇四年的整合分析研究（meta-analysis study），該論文探討了許多其他針對相同主題所做的研究，也發現「專業技術和知識」跟「後見之明偏誤」之間，沒什麼關聯，一個人的專業沒辦法減少他在該領域犯下後見之明偏誤的機率：「我們的推論是，雖然專業技術和知識，能減少因『記憶扭曲』所造成的後見之明偏誤，但同時也會增加『可預見性』所造成的後見之明偏誤。」

用白話文來解釋他們的假說，就是專家比較不容易記錯自己的預測和判斷，但卻比較可能誤以為自己能事先判斷某個結果或事件的發生。因此，就算成為某個領域的專家，也不會讓你完全免疫於後見之明偏誤的影響，只是會改變後見之明偏誤影響你的方式而已。

球迷的思想也處處充滿結果偏誤的蹤影，因為在「過程」往往被藏在幕後的情況下，實在太容易只看「結果」就下論斷，或是評判決策者。二〇一九到二〇二〇年的休賽季，前費城人隊總教練凱普勒（Gabe Kapler）在帶兵兩季都未能率隊挺進季後賽後，遭到解雇，並且被舊金山巨人隊（San Francisco Giants）延攬，成為巨人隊新任總教練。凱普勒帶費城人兩年，都沒能打進季後賽，這是否代表他執教能力不足？還是其實「球員能力不足」才是費城人打不進季後賽的主因？如果你是巨人球迷，應該會想搞清楚前面那兩個問題，因為它們的解答會形塑你對「球隊雇

17　多世界理論，屬於量子力學的範疇。它假定存在無數個平行世界，並以此來解釋微觀世界的各種現象。多世界理論認為，每個平行宇宙都有一個確定的狀態，而我們只是在其中的一個特定宇宙。（摘編自維基百科）

用凱普勒」的想法，以及你對自家管理部門決策的信心。雪靈頓（Ben Cherington）被迫離開紅襪的四年後[18]，匹茲堡海盜隊（Pittsburgh Pirates）找上門，雇用他為新任球隊總管。雪靈頓領導紅襪管理部門期間，紅襪曾拿下二〇一三年冠軍，卻也在二〇一二和二〇一四年於分區墊底。如果你是海盜球迷，你該因為他曾督導出冠軍隊，而覺得他是好總管，還是該因為他的球隊曾兩度在分區墊底，而覺得他是爛總管呢？或是應該綜合考量，定調他為表現「不上不下」的總管？無論是簽自由球員、做交易、雇用管理部門人員，你知道雪靈頓過去做重大決策的背後，所習慣的決策過程是甚麼嗎？

前面那兩件人事雇用案發生的當下，我都曾公開表示支持，因為我認同凱普勒和雪靈頓，他們過去在各自崗位上所採取的決策「過程」，也相信他們都能從過去的錯誤中學習，並在被賦予第二次機會時，繳出更好的表現。單純從他們在位期間的球隊表現結果做評判，沒辦法真正讓人瞭解他們完整的樣貌：他們的特長、缺點，以及或許是最重要的一點──「做事的能力」。

18 二〇一五年，紅襪創建新的管理部門職位──棒球事務總裁，並任命鄧布勞斯基（Dave Dombrowski）擔任該職務，這項安排使原本領導紅襪管理部門的總管雪靈頓，被迫要退居二線，無法再有最終決策權。紅襪原本希望雪靈頓能留在球隊裡，扮演輔助鄧布勞斯基的角色，但雪靈頓最終選擇辭職，另謀他途。

第四章
這樣做才對，因為我們之前都是這麼做的
大家都這麼想，不代表就是正確的：團體迷思（groupthink）如何影響我們的判斷與解讀

「謊言飛馳，真相卻只能跛足其後。當人們終於醒悟之時，早已為時已晚。」

——愛爾蘭諷刺文學大師強納森・史威福特（Jonathan Swift）

打線裡的保護效應在大聯盟並不存在。所謂的「打線裡的保護效應」，指的是一名打者，會因為他後面棒次打者的素質不同，而打出不一樣的表現。如果你有讀過我的《棒球聰明看》，就

會知道我引用了那些資料去解釋[1]，為什麼這個效應實際上在大聯盟不會發生。雖然我很喜歡破解迷思，但我在這裡提到它，不是想再打破這個迷思一遍，而是想要探討這種錯誤的觀念，還有其他類似的棒球迷信，為什麼在已經被實證戳破的狀態下，依然存在，沒有消失。

讓我先來介紹一下何謂「打線裡的保護效應」：若甲球員是一隊上最強的打者，而且通常都打第二棒，也就是陣中最佳打者應該打的棒次（關於這點，也有其他的迷思），那第三棒應該排誰？認為「打線裡的保護效應」存在的人會說，如果你把一個能力較差的乙選手排在甲球員的下一棒，那對方投手就會對甲球員投得很閃躲，因為他寧願投出保送，也不願被打出強擊球，而且閃過了甲球員，就會輪到比較弱的乙選手。相反地，假如你把一名能力較強的丙打者擺在甲球員後方，對方投手就只能正面對決甲球員（因為不想對甲球員投出保送，被迫在壘上有人時面對丙打者），讓甲球員能看到更多好球、更多直球，或是出現其他會使甲球員有更高機率把球打強、上壘、打進分數的變化。

這個現象並不存在，至少在大聯盟沒有（我從來沒有看過小聯盟或業餘層級，有人針對此議題做研究或數據整理），而且這件事已經被公諸於世至少有二十五年之久了。二〇〇六年，「棒球指南」出版了一本文章精選集——《數字剖析棒球》（*Baseball Between Numbers*），其中收錄了許多破除打線保護效應迷思的文章。我在許多大聯盟管理部門和大聯盟總教練辦公室的書架上，都曾看到此書的蹤影，但這並沒有讓打線保護效應的迷思就此消失，許多人，甚至包含那些應該很清楚打線中沒有保護效應的專家，直到最近還是會提到「打線裡的保護效應」，或是用它來說明一些決策的理由：

- 前紅人隊和華盛頓國民隊（Washington Nationals）總管波頓（Jim Bowden），在一篇於二〇一九年八月刊出的文章中寫到，卡斯提亞諾（Nick Castellanos）「在老虎時沒能徹底釋放他的才能，因為他當時的隊友沒有在打線中提供他什麼保護。」
- 同年九月，時任小熊總教練的麥登（Joe Madden），在說明把史瓦柏（Kyle Schwarber）從第五棒調動到第二棒的決定時，解釋道：「我認為史瓦柏值得更多的打線保護。」
- 大聯盟官網記者戈尼克（Ken Gurnick）在同年五月寫的一篇文章，更是完全奠基在「打線裡的保護效應」真實存在的基礎上。文章提到，由於棒次在貝林傑（Cody Bellinger）之後的道奇打者不夠好，所以他常被投手閃躲，而為了解決這個問題，總教練羅伯茲（Dave Roberts）調整了打線，「把弗瑞茲（David Freese）和孟西（Max Muncy）排在貝林傑後

1　在《棒球聰明看》中，本書作者洛爾指出，已經有很多數據實證顯示，在大聯盟，打線裡的保護效應並不存在。甲打者下一棒的素質好壞，都不太會影響甲打者的整體火力產出。若甲打者很強，下一棒打者很弱，那可能會增加甲打者的保送；反之，若下一棒很強，則可能增加甲打者擊出安打的機會。但總的來說，甲打者整體的攻擊產出，不會因為下一棒的素質而有差異，除非下一棒弱到「投手打擊的程度」，才會有些許差別。

面，希望能提供貝林傑多一點保護」。除此之外，這篇報導裡面，還充斥著許多依據小樣本數據和資訊所下的結論。

- 老虎隊內野手卡布雷拉（Miguel Cabrera），未來退休後幾乎篤定會入選棒球名人堂。二〇一九年，他打擊成績嚴重衰退，照理來說，這主要起自他的年紀（三十六歲）和身體老化帶來的影響，但他卻怪罪到打線保護不夠上：「你們還記得菲爾德（Prince Fielder）嗎？那你們知道現在是誰排在我後面打擊嗎？這兩者之間的落差，可是滿大的。」[2]

這些只是我在寫書這段期間（我打這段文字時，二〇一九年賽季還剩幾週就結束了），快速從當季挑選出來的例子。它們當然不僅限於目前這個在美國史上，算是非常不理智的年代才能看到，在更之前也看得到。二〇一五年，棒球數據網站「FanGraphs」的專欄作家羅瑞拉（David Laurila）訪問了一些球員和總教練關於「打線裡的保護效應是否存在」以及「保護效應是否會影響他們在某些打席的策略」的議題，記錄下他們的說法，並寫成一篇文章。球員們的回應不盡相同，但龍戈利亞（Evan Longoria）、波瑟羅（Rick Porcello）、特雪拉（Mark Teixeira）都堅定地相信打線裡的保護效應確實存在，其中龍戈利亞和波瑟羅更認為這問題根本沒有存在的必要。龍戈利亞說：「我覺得這問題滿蠢的，它根本不需要什麼解釋。如果你的下一棒是卡布雷拉，那你肯定能看到更多可以出擊的球；反之，要是你身後的打者是剛上大聯盟不久的菜鳥，那情況一定會不一樣。」而波瑟羅則說：「我覺得任何看過棒球的人，都知道打線裡的保護效應是真的。」相較之下，現在在「ＥＳＰＮ」擔任賽事球評的特雪拉，說法就比較慎重：「這其中存有許多不同的變數。一般的觀念當然會告訴你，要是你的下一棒是強打者，那你會看到比較多好打的球。但在當今的棒球比賽中，左右投打對決之間的因素實在太多了。」

雖然近年來，各隊管理部門都已逐漸破除打線保護效應的迷思，但在球員休息室內，這樣的觀念仍非常普遍，且受到推崇，我寫書的這年（二〇一九年），有些總教練跟麥登一樣，仍會引用打線保護的概念，來為自己調整打線的決策做辯護。（六月初，麥登也曾引用打線保護的概念，來說明為何拜耶茲[3]打出兩場好比賽。他說是因為那兩場比賽，拜耶茲的下一棒都是Ｃ·岡薩雷茲〔Carlos Gonzalez〕。[4]）從這些案例中，我們可以推論，至少有一部分的總教練在設計打線時，會應用到打線保護效應的概念。同年八月二十日，皇家隊總教練尤斯特（Ned Yost）跟記者說，他之所以把強棒索勒爾（Jorge Soler）調到第二棒，是希望能提供他多一點打線保護，因

2　重砲手菲爾德曾在二〇一二和二〇一三年效力老虎，那兩季他幾乎都打第四棒，也就是卡布雷拉的下一棒，總計累積五十五轟、攻擊指數ＯＰＳ達〇點八七八，表現優異。二〇一九年，卡布雷拉仍大多打第三棒，但該季老虎隊第四棒的整體攻擊指數ＯＰＳ僅〇點七〇六，在全聯盟排倒數第四，非常差。

3　Javier Baez。

4　然而，那一季Ｃ·岡薩雷茲在小熊，只打出打擊率一成七五、攻擊指數點六〇六的差勁成績。

為在那之前的一段期間，打索勒爾下一棒的卡斯伯特（Cheslor Cuthbert）三十五打數沒安打，完全沒有給索勒爾任何保護。（卡斯伯特的連續無安打紀錄甚至延展到四十打數，直到八月二十四日，他才好不容易打出一支二壘安打，終結安打荒。）尤斯特和麥登都是曾經帶領球隊拿下世界大賽冠軍的總教練，麥登甚至還在二〇一五年獲得國聯最佳總教練的肯定。雖然讀到這裡的大家，都知道最佳總教練獎代表的實質意義不大，但我提到的這兩位總教練，仍可說是該領域的翹楚，但他們卻都相信打線保護效應的迷思。

所以為什麼打線保護效應的迷思至今依然存在？一部分的原因是，不管你是球員、教練、球探，還是其他任何在職棒界由下而上慢慢打拚的人（無論場上還是場下的人員，都算在其中），在工作、奮鬥的過程裡，肯定都會不斷被灌輸這個概念。因為所有人都相信它是真的，所以我也相信它是真的，然後再告訴其他兩個人它是真的，而這兩個人再去跟另外四個人說它是真的，就這樣不斷相傳下去。宏觀來看，棒球圈並不是什麼非常大的群體，也不是成員背景最多元的圈子（如今，大聯盟管理部門裡女性和黑人的數量，仍然非常少），因此即便早就有公開且容易找到的資訊驗證了它們不對，錯誤的觀念和迷思還是持續地被重複、被推崇。

為什麼人會在錯誤的觀念和迷思被顛覆、戳破後，持續相信它們呢？難道這真的只是因為，我們聽到它們被當作真相傳誦多次之後，就選擇相信它們是事實，甚至是不可撼動的真理？

沒錯，還真的就是這樣。這就是所謂的「真相錯覺效應」（illusory truth effect）[5]，而且它所造成的問題，不僅限於運動世界，範圍擴及其他諸多領域，尤其在當今這個充斥假新聞、假資訊的年代裡，更是如此。

在一九七七年的一篇論文中，來自天普大學（Temple University）和多倫多大學（University of Toronto）的三位研究人員首次提出「真相錯覺效應」。雖然當時他們沒有為它取這個名字，但他們首先發現了這個效應。這三位研究人員指出，受試者在數週的實驗期內，被告知多個貌似合理的陳述多次之後，不管那些陳述的實際真實性為何，都會比較傾向認定那些陳述為「真的事實」：「一個似是而非的陳述，在經過多次的重複之後，人會因此增加他們對該陳述的信任程度，也會比較願意相信該陳述是事實。」[6]

現在思考一下這點：無論真相為何，愈常聽到某個陳述，你就愈會覺得它是真的。然後再去想一下過去幾個月和幾年間，那些經常能在美國重複聽到的錯誤資訊和假消息：演化論「只是一種學說」（這種說法很誤導，因為科學學說都是已經經過直接觀察所驗證的，而演化論則是早就

5　真相錯覺效應就是，人們傾向認為聽過的是真的（即使沒意識到聽過），而不管該陳述實際上是否有效。換言之，人容易相信熟悉的話勝過陌生的。（摘編自維基百科）

6　Lynn Hasher, David Goldstein, and Thomas Toppino, "Frequency and the Conference of Referential Validity," Journal of Verbal Learning and Verbal Behavior 16, no. 1 (1977): 107–12.

經過多次的反覆驗證，證明真實無誤。）；食物碰到地板或不乾淨的表面後，五秒內撿起就不會變髒（這種「五秒理論」是錯的，因為食物在碰觸到其他表面的那一瞬間，就會沾黏、吸附微生物和微粒。就算你在五秒內就把它撿起，也為時已晚。）；人類只用到了大腦的百分之十（這完全是一個謬論。）；吃辛辣的食物會造成潰瘍症狀（一種叫作「幽門螺旋桿菌」〔Helicobacter pylori〕的細菌，才是潰瘍的罪魁禍首。）；補充維他命C能夠避免一般感冒（這點早就已經被推翻不只一次，但維他命C的補充品依舊賣得很好。）；甲食物，或乙營養素，會增加心臟病／癌症／糖尿病的風險（這些說法幾乎都過度簡化，事實的全貌通常不是如此，而且許多明明對大多數人來說，不會造成健康危害的食物，像是雞蛋，都會因此被莫名地污名化。）

剛才提到的一九七七年研究，他們當年所採取的研究方法相當簡明。在為期五週的實驗期內，受試者會接受三次測驗，每一次，他們都會接收六十個關於不同領域的陳述（有真有假），並被要求評比每個陳述的真實性，標準為一到七分。每次測驗中，有三分之一的陳述會重複出現，而其他三分之二則只出現一次。實驗結果發現，跟沒有被重複的陳述相較，受試者較傾向給予重複過的陳述，更高的真實性分數，特別是到第三次測驗時，這現象最明顯，就算那些陳述是假的，也是一樣。第二次測驗的時間，是在第一次的兩週之後；雖然只是第二次，但受試者也會因為重複聽到某一陳述，而提高他對該陳述真實性的評比。

更令人驚訝的是，就算具備某領域的專業知識，也難以阻擋「真相錯覺效應」。另一篇發布在二〇一五年《實驗心理學期刊》（*Journal of Experimental Psychology*）的論文[7]指出：「就算受試者對某個領域十分瞭解，他還是會受到真相錯覺效應的影響。」這份研究也引用了一份更早發表的論文[8]，該論文發現「重複聽見某個陳述」會使大腦更容易去「處理」該陳述的資訊，此外，「人們會認為字體對比明顯的資訊（粗體或顏色不同），真實性比字體對比不明顯的高。」因此，大聲說話，或是用粗體呈現資訊，就能提高可信度。

這篇發表於一九九九年的論文，做了兩項實驗，結果顯示，受試者會把「大腦比較容易處理」這點當作第一指示，甚至因此忽略掉背景知識。研究人員發現，受試者有時候會因為「流暢的資訊處理過程」而忽視他們的先備知識；換句話說，當他們接收的資訊被重複多次，或是比較容易理解，先備知識就會被忽略。一個能解釋這點的假設理由是：如果要人們去思考跟他們過去所學有關的東西，那他們勢必得花力氣從原本的知識基礎中去回想，這樣做的門檻比較高，所以人們很少在這種情況下，做資訊來源監控，難以回憶起自己是從哪裡得到這些知識基礎；相反地，對於他們正在閱讀或剛得知不久的資訊，資訊來源的評判就變得容易許多，人們也比較願意

---

7 Lisa K. Fazio, Nadia M. Brashier, B. Keith Payne, and Elizabeth J. Marsh, "Knowledge Does Not Protect Against Illusory Truth," Journal of Experimental Psychology: General 144, no. 5 (2015): 993–1002.

8 Rolf Reber and Norbert Schwarz, "Effects of Perceptual Fluency on Judgments of Truth," Consciousness and Cognition 8, no. 3 (September 1999): 338–42.

去做。第二個假設的理由是：跟「透過回想知識基礎，挖出足以反駁剛得知資訊的相反論證，然後再證明它是假的」比起來，直接接納剛得知的資訊、把它定調為真的，實在容易多了。

該論文的研究人員也發現，只要陳述的內容跟受試者內存的知識基礎，有「部分相配」之處，受試者就能感到滿足。舉例來說，他們問受試者：「請問摩西（Moses）把動物帶上方舟時，每種各帶了幾隻？」結果受試者通常都會直接回答問題，好像該問題沒有任何瑕疵。這是因為那問題的內容，跟我們對於《聖經》（*Bible*）故事的既定瞭解，部分相配，也就是「有動物被帶上方舟」的部分；此相配的部分，足夠使受試者忽略他們的先備知識，也就是「當時在方舟上的人物不是摩西，而是諾亞（Noah）」，因此他們沒有點出問題的瑕疵。

這個例子所帶出的現象，無疑能反映在當今世界的現實上。已開發國家，目前正在對抗新一波關於疫苗安全和有效性的假訊息散布。這波假消息對社會和公共衛生的危害十分巨大，而且散布它們的人，也開始在開發中國家宣傳這些不實資訊，而比起已開發國家，開發中國家更禁不起這種假消息的流傳，因為他們本來就缺乏避免高傳染性疾病（例如麻疹）大規模散播、惡化為全國性傳染病的基礎建設。如果只是不斷重複謊言，就能說服人們相信謊言為真，或者至少開始半信半疑；當三人成虎不只是一句成語，而是真實，那我們需要完全不同的應對策略，來對付那些散布假消息的人。

我撰寫這段文字的時間點，是二〇一九年九月，這一年到目前為止，光美國就已經出現一千二百四十一個麻疹,[9]確診案例。十九年前，美國宣布他們已經完全消除了麻疹病毒，當時的麻疹感染率已經降到低於百萬分之一（也就是平均每一百萬個美國人，不到一人會感染麻疹）[10]；但十九年後的今天，我們又看到一波麻疹感染潮。造成這次麻疹重新來襲的主因，就是假資訊的散布，它最早起自一九九八年刊出的一份不實研究，該研究宣稱「麻疹腮腺炎德國麻疹混合疫苗」（Measles mumps and rubella vaccine, MMR）可能會造成嬰幼兒患上自閉症譜系障礙（autism spectrum disorder）[11]。

在我進入下一步探討前，我想先把一個重要的知識說清楚：MMR疫苗不會導致自閉症。事實上，沒有任何疫苗會導致自閉症，也沒有任何疫苗「能夠」導致自閉症。自閉症的起因，跟基因有比較大的關聯，而且從胎兒在母體發育的過程中，就能觀察到未來可能導致自閉症的基因徵兆。那些說疫苗會引發自閉症的人明顯是錯的。他們或許是在公然說謊，也可能是接收到錯誤的資訊，但無論如何，他們是錯的，而已經知道疫苗不會造成自閉症的人（包括正在讀這段的你），應該要多傳布正確知識，這點也非常重要。

---

9 麻疹雖然是人類史上傳染性數一數二的病毒感染疾病，卻可以經由疫苗注射達到完全預防的效果。

10 感染率不會完全歸零，因為還是有美國人會去美國境外旅遊、在異地感染麻疹。

11 自閉症譜系障礙是一種心理狀況的譜系障礙，它描述了一個被歸類為神經發展症候群的症狀群範圍。被診斷為自閉症的人必須存在下列兩個症狀：缺乏社交溝通與社交互動；侷限的、重複的行為、興趣或活動。（摘編自維基百科）

那份不實論文如今已遭到撤回。對於它的主要作者維克菲爾（Andrew Wakefield）來說，要是該份論文獲得認可，他就能成為那個找到自閉症致病原因的人，而這勢必會使他聲名大噪，所以自然會想把論文的資訊多散布出去；此外，他也受到一群因為這整起事件而考慮對疫苗製造商提告的律師資助，因此更有誘因去散布這些資訊。後來，維克菲爾的研究被發現更多問題。他在研究中宣稱患有退化性自閉症的兒童有九位，但事實上只有一位真的被診斷出患有該病症，而且他也沒有在文章中說明，有幾位兒童在接種疫苗前，就已經有發展遲緩的問題。

在一個理性的社會中，維克菲爾研究遭到撤回後，這個爭議應該就會結束了，但後來的發展並非如此。一名叫作迪爾（Brian Deer）的《星期日泰晤士報》（*Sunday Times*）記者，於二○○四年開始揭露維克菲爾研究的舞弊和不實；二○一○年，醫學界權威期刊《刺胳針》（*The Lancet*）[12]撤下維克菲爾的研究；同年，英國也吊銷維克菲爾的醫師執照。這麼多對維克菲爾的嚴正否定，都無法阻止「疫苗會造成自閉症」的錯誤資訊持續散布，多年來，它已經在許多平台和管道不斷被重複，誤導許多人。直到今天，你都能在新聞媒體上，看到報導把「疫苗導致自閉症」這件事定調為「爭議」，暗示著仍有人懷疑疫苗可能會引發自閉症[13]。現在很多家長仍會不顧其他更專業的醫學建議，堅持拒絕為孩子接種疫苗。美國疾病管制與預防中心（Centers for Disease Control, CDC）的資料估計，二○一七到二○一八學年度，全美一共有超過二十萬名的幼稚園孩童，沒有接種MMR疫苗。

不管是「疫苗會引發自閉症」還是「打線裡的保護效應確實存在而且有用」，一旦一個不斷被重複的迷思，深植在某人的腦海中，就很難被根除。就算你拿出事實和證據去跟那人解釋，也很難完全破除他的迷思。二〇一七年有一份研究，探討三個試圖改變反疫苗者想法、最終卻都失敗的說服策略，結果發現，向反疫苗者展示關於疫苗的正確資訊，「經常會造成反效果，反倒會加深那些反疫苗者對疫苗的錯誤觀念，進一步減少他們接種的意願。」[14]

沒錯，令人難過的現實是，告訴觀念錯誤的人關於疫苗的事實，只會讓他們覺得自己所誤信的觀念更加正確。

---

12 《刺胳針》是世界上最悠久及最受重視的同行評審醫學期刊之一。它與另外三份國際醫學期刊《新英格蘭醫學雜誌》（*New England Journal of Medicine*）、《美國醫學會雜誌》（*Journal of the American Medical Association*）、《英國醫學雜誌》（*British Medical Journal*）是一般公認的國際四大醫學期刊。（摘編自維基百科）

13 關於這個有害迷思的完整歷史，以及媒體成為錯誤資訊幫兇的過程，可以參閱侯特茲（Peter Hotez）撰寫得非常好、提供非常多資訊的著作《疫苗沒有造成瑞秋的自閉症》（*Vaccines Did Not Cause Rachel's Autism*）。

14 S. Pluviano, C. Watt, and S. Della Sala, "Misinformation Lingers in Memory: Failure of Three Pro-Vaccination Strategies," PLoS ONE 12, no. 7 (2017): e0181640.

《棒球聰明看》也有提到「強心臟打者」（clutch hitter，指在關鍵時刻打得特別好的打者）的迷思，而我在書中，也引用其他前輩的研究成果，來說明為什麼「強心臟打者」並不存在、只是個迷思。「強心臟打者」跟「疫苗迷思」一樣，像極了打不死的蟑螂，就算你想盡辦法把牠殺死，使出最先端的殺蟲方法，牠還是會頑強地存活，而且活性不減，隨時都會從房間的某個角落竄出，提醒你牠的存在。

全國廣播公司費城體育網（NBC Sports Philadelphia）的記者賽德曼（Corey Seidman），就曾以很有說服力的說法來嘗試破除「強心臟打者迷思」，就算不是棒球迷應該也能理解他的含義：

> 不是所有人都相信「特別會在關鍵時刻發揮」的能力。那些已經打了一輩子棒球或看了一輩子棒球的棒球人，會說他們一眼就能大概判斷出，某球員是否具備擅長在關鍵時刻表現的特質，而且準確度通常還不錯。
>
> 但也有很多人認為，「特別會在關鍵時刻發揮」的能力並不存在，或至少很難被適當地量化評估。這些人相信，不管外界把某球員包裝成「心臟有多麼大顆」、「關鍵大場面的表現有多麼出色」，球場上發生的任何事件還是很隨機，不會有太多特定的規律或很好預期的發展。

我屬於後者陣營，而且立場相當堅決，因為實證已經顯示，「某些球員在高張力情境總是表現特別好」的現象，並不存在。賽德曼在他的文章中分析，截至他文章截稿的當下，哈波（Bryce Harper）是大聯盟二〇一九年在關鍵時刻打得最好的打者，但這並不代表哈波具備「在關鍵時刻特別能打」的能力。

棒球分析網站「記錄表之外」（Beyond the Box Score）的寫手布瑞南（Patrick Brennan），在二〇一九年八月又做了一個強心臟打者的分析（在他之前已經很多人做過了），找出二〇一四至二〇一九年間，四百三十四名曾連兩季都累積至少三百個打席的打者，並剖析他們的數據，結果……沒有發現什麼新東西。一名打者在一個球季內的「關鍵情境表現」，沒辦法預測他下個球季在關鍵情境的發揮；簡單來說就是，假如甲打者在二〇二〇年打出非常好的關鍵時刻數據，不代表隔年他能打出類似的成績。布瑞南在文章中的結論寫得毫不拖泥帶水：

> 「關鍵時刻打得很好」不是一個能夠穩定重複的技術。綜觀各選手的數據可以看到，高張力情境下的表現，還是非常不穩定、沒有模式可言。總而言之，「特別會在關鍵時刻發揮」不是一種能被重複應用的技術，它只是會攪亂我們對選手實力看法的打擊數據隨機分布。沒錯，它可以是個有趣的數據項目，但絕對不能用來評價選手的實力。

但，「關鍵時刻的表現」還是經常被用來評價球員的實力和價值。二〇一八年十二月，棒球名人堂的「當代棒球」委員會（Today's Game committee）開會投票[15]，決定把貝恩斯（Harold Baines）選進名人堂，此舉震驚棒壇。貝恩斯是一名不錯的球員，但過去從來沒有被視為名人堂等級選手，無論是他在役時期還是退休之後，都是如此。過去曾擔任過貝恩斯總教練、同時也是該屆當代棒球委員會成員的拉魯薩（Tony La Russa），在辯護委員會的決定時，不斷重複提到「特別會在關鍵時刻發揮」的能力：「我還在運動家的時候，有一年（一九九〇年）我們想找一名強心臟打者來補強打線，後來得到了麥基（Willie McGee）和貝恩斯的加盟。貝恩斯一直有不錯的關鍵時刻發揮能力……我還記得一九九二年，艾克斯利（Dennis Eckersley）連續救援成功紀錄被傑佛瑞斯（Gregg Jefferies）打破之後的下個半局[16]，也就是九局下半，貝恩斯揮出一發三分砲，率領球隊獲勝。他真的是一名心臟非常大顆的打者。」當已退役大聯盟球星歐提茲（David Ortiz）在二〇一九年六月遭到槍擊受傷時，新聞報導介紹他的背景，也提到了「關鍵時刻打得特別好」的能力：「歐提茲效力紅襪隊長達十四季，並在期間大放異彩，成為著名的強心臟打者。」等到歐提茲加入基特的行列，獲選進入名人堂，你將會不斷聽到「他倆都是特別會在大場面發揮的強心臟打者」的盛讚。然而事實上，他們真的不是強心臟打者；不管在什麼情況下，他們都是很優異的打者，並沒有在大場面時就變得比較厲害。簡單來說，他們在關鍵時刻的發揮，跟平常張力沒有那麼大的情境其實差不多，但由於他們本身就是很好的打者，所以在高張力情境的表現，也會比一般打者好。

二〇一六年國聯最有價值球員布萊恩（Kris Bryant），在其職業生涯前期被貼上了「經常在大場面軟手」（unclutch）的標籤，一部分的原因在於，在「FanGraphs」的「打者關鍵值」數據[17]

15 美國棒球名人堂的入選機制共分為兩種。第一種是大家平常熟知的棒球作家票選制度，只要是在大聯盟打超過十年球、退休超過五年、且通過名人堂委員會初步篩選的球員，都具有候選資格，隨後再經五百多位符合年資的棒球作家進行一年一度的票選。最終得票率超過百分之七十五的候選人，就能入主名人堂。媒體平時關注度較高的名人堂票選，都是此一制度。而另一個入選管道，就是透過名人堂資深委員會（veterans committee）所舉辦的特立選舉。資深委員會特立選舉的目的在於，讓非球員的卓越棒球人士，如總管、裁判、教練、播報員、記者，也有機會能夠受到名人堂的表彰，並讓某些失去候選資格的遺珠球員，還有被重新考慮的機會。二〇一五年夏天，資深委員會選舉的制度經過一次大變革，企圖改善之前入選門檻太高、幾乎無人入選的弊病。現行制度是每年都會至少舉辦一次選舉，並將選舉分成四種年代類別：當代棒球（Today's Game，一九八八年至現在）、現代棒球（Modern Baseball，一九七〇至一九八七年）、黃金年代（Golden Days，一九五〇至一九六九年）以及早期棒球（Early Baseball，一八七一至一九四九年）。當代棒球和現代棒球時期的選舉，每五年都會舉辦兩次，黃金年代時期的選舉每五年舉行一次，而早期棒球時期則是每十年舉行一次，會這樣安排，是希望能夠消化一九七〇年代後，名人堂遺珠多如過江之鯽的問題。

16 一九九二年八月九日對上皇家隊的比賽中，運動家艾克斯利在九上登板，要替僅一分領先的綠帽軍關門，卻被傑佛瑞斯掃出扭轉超前的一壘安打，苦吞救援失敗。在那之前，艾克斯利已經跨季連三十六次救援成功。

17 即Clutch stat，是一個會隨著比賽張力增加，而給予表現加權的數據，因此當球員在張力較高的情境下敲出安打，在此數據中會得到比較高的數值。

上，他在二〇一六和二〇一七年兩個球季，都繳出國聯最差的數字。認為布萊恩不適合在大場面發揮的人都會說，連兩年都繳出最爛的打者關鍵值，這樣足以證明他是「軟手型打者」了吧？但布萊恩在大場面軟手的情況就只有那兩年特別極端，其他年份都沒有類似的趨勢：用同樣的「打者關鍵值數」據來看，布萊恩二〇一五年的數值遠比平均值高，而且截至二〇一九年九月十五日止，他是二〇一九賽季國聯心臟第十二強的打者。二〇一九年八月，《芝加哥太陽報》（*Chicago Sun-Times*）記者威頓邁爾（Gordon Witenmyer）在一篇專欄文章[18]中，就嘲諷了一下很多人對布萊恩胡亂貼「大場面軟手」標籤的現象，以下面這句話來作為說明布萊恩如何被批評的段落開頭：「他們都說布萊恩沒有強心臟的基因，場面很關鍵時就是打不出來，是一個容易軟手的球員。」

從情緒面上來看，「某些打者具備在關鍵時刻忽然提升表現水準的神奇力量」，這種想法十分吸引人，可以建構出我們喜歡球員的傳奇故事，但數據跟客觀事實並不支持強心臟打者的存在。我看過破除強心臟打者迷思最有力道的論述，出現在《透析棒球的那本書》（*The Book*）[19]這本書中，它的三名共同作者發現，就算某些打者真的具備強心臟，程度也非常微小，不足以影響任何決策。換句話說，強心臟打者基本上不存在，就算有也不具任何實質影響力。然而，每當談論到比賽表現、決策過程，總教練、球員、媒體記者還是會經常提到「強心臟打者」這五個字。

現實是，就算人們具有先備知識、被提示過眼下的資訊可能有錯、或是曾經獲取過正確的訊息，只要錯誤的資訊比較容易理解，讓人的大腦很好處理吸收、保留儲存，人們到最後還是會倚賴那些錯誤的資訊；反之，正確的資訊若被以不清楚的方式呈現，或是解釋方法太過複雜，人們就不容易接受它們為事實。[20]雖然科學家至今仍在研究自閉症的確切成因為何，但到目前為止的證據都顯示，它應該跟數十種不同的基因有關，而且當胚胎還留存在子宮的時候，就會顯露跡象。對人的大腦而言，即便「疫苗會造成自閉症」百分之百是錯的，但因為它很好理解、處理起來很簡單、不需要太複雜的思考，所以比較容易採信。同理，要跟人們解釋為什麼強心臟打者不存在，是一個複雜的過程，要先介紹一些統計學的概念，例如「隨機分布」（random distribution）的現象不會是均勻的（一個具有三成打擊率實力的打者，不會真的每十個打數都敲出三支安打，也不會每個月都正好打出三成的打擊率），然後再說明打者的表現，在一個球季，甚至多個球季

18 威頓邁爾也在該篇文章中評論到時任小熊總教練麥登，說他不顧實證研究，仍相信強心臟打者的存在。

19 此書全名為《透析棒球的那本書：用數字來驗證各種棒球想法和思維》（*The Book: Playing the Percentages in Baseball*）是一本用實證數據來分析各種棒球現象、回答各式棒球問題的專書，由探戈（Tom Tango）、力克曼（Mitchel Lichtman）、多芬（Andrew Dolphin）等三人共同撰寫，出版於二〇〇八年。本書作者洛爾提到的論述，為第九十七頁到一百一十五頁的內容。

20 See David H. Rapp and Jason L. G. Braasch, Processing Inaccurate Information (Cambridge, MA: MIT Press, 2014), pp. 3ff.

的過程中，會出現一些正常的隨機波動，這些波動所造成的統計雜音，會讓打者在某一段期間，看起來像是具備強心臟的特殊能力，但實則不然。由於解釋這些東西太複雜，人們採信的門檻較高，所以真的理解且堅持這些正確資訊的人並不多；相反地，為數據隨機波動所造成的短期高峰或低谷，提供一些看似合理的成因和解釋，對於人們比較好理解（事出必有因的概念），採信門檻較低，所以大家更願意相信「強心臟打者」、「大場面軟手」等說詞。

前面我提到的那份二〇一七年研究（探討三個試圖改變反疫苗者想法、最終卻都失敗的說服策略），它的作者們提出了幾個解釋人們為什麼寧願在聽聞真相後，繼續相信錯誤資訊的原因，其中一個看起來跟這段討論特別有關聯。他們指出，人一旦開始相信某件事情，之後獲取新資訊時，都會用符合他們所信的方式來解讀；如果新資訊與他們所信相違背，就會直接完全否認新資訊，不願意承認新資訊的真實性。不管是甚麼領域，當破壞原有信念的實證出現時，人們護航原有信念的能力是很強的，不容易接受被推翻的事實。

更不幸的是，那些作者還發現，要是有人為了破解迷思而去重複那些迷思，例如運用「把迷思跟真相擺在一起做對比」的手法，只會造成反效果；誤信迷思的人只會因此更堅信錯誤的資訊。這是因為，「重複」會加深誤信者對迷思的熟悉度和印象，進而使迷思感覺起來更值得相信、傳布得更廣，雖然看似很不合理，但事實就是這樣。人們傾向把「不斷被重複的事情」當作事實，而這就是真相錯覺效應的體現。真相錯覺效應，使那些為了破解錯誤資訊而不斷提到那些錯誤資訊的人，製造出跟他原先目的背道而馳的效果，因為誤信錯誤資訊的人，只會因此陷得更深。如果有一個人堅信自己最喜愛的球員是強心臟打者，而你為了破除他的這個迷思，而不斷去跟他提強心臟效應並不存在，如此做法到頭來反而會增加那個人原本的信念。這個人可能會試圖發想更多新的解釋方法，將你提供的新資訊合理化，以符合他原本的信念框架。

此等現象普遍存在於體育迷之間，還有媒體從業人員。有些記者和作家，甚至會重新定義詞彙，以保全他們的信念。當紅襪強打歐提茲宣布他將於二〇一六年賽季結束後退休時，一大堆描述他為「強心臟打者」的報導，再次如雨後春筍般冒出，包括《波士頓環球報》（*Boston Globe*）所刊出的清單式報導〈十三個歐提茲定義強心臟的時刻〉（13 moments when David Ortiz defined clutch）、美國福斯體育台官網（FoxSports.com）上的〈十個歐提茲在紅襪隊定義強心臟的季後賽時刻〉（10 times David Ortiz defined clutch in October for the Red Sox），以及一篇刊登在媒體網站「MassLive」上、題名為〈關鍵先生〉（Mr. Clutch）的文章。這些報導都是用一些歐提茲在高張力情境下所擊出的特定安打，來說明他的「強心臟特質」，但這明顯是「擇優挑選」（cherry-picking）的結果（只選那些你喜歡的資料，並捨棄那些你不喜歡的），專挑歐提茲生涯在十四場世界大賽賽事的好表現來看，而忽略他在其他季後賽系列賽或是例行賽，比較差的高張力情境成績。在波士頓，不管是球場上還是球場下，歐提茲都受到眾人愛戴，曾與紅襪共赴三屆世界大賽、在二〇一三年波士頓馬拉松爆炸案發生後發表激勵人心的演說，並且和新英格蘭愛國者隊

（New England Patriots）[21]的球星葛隆考斯基（Rob Gronkowski），一同參與非常具有「新英格蘭地區」風格的「Dunkin' Donuts」[22]廣告拍攝。無論什麼情況下，歐提茲都是一名傑出的打者；在高張力的關鍵時刻，他的打擊表現沒有變得特別強，也沒有變弱。然而，由於「歐提茲」和「強心臟」這兩個詞彙的組合，已經被重複太多次，所以「歐提茲是強心臟打者」早已成為美國職棒界大家都理所當然認同的觀點。

職業運動裡的真相錯覺效應，對人們生活帶來的實際負面影響不會太大，但在醫學領域可就不是這樣了。現在醫界還是有人正在做研究，去找出能更有效對抗疫苗假消息的方法、戳破癌症與自閉症假療法的謊言、揭露江湖術士以假科學誘騙絕望病人和家屬的詐欺手段。二〇一五年，維克菲爾發表錯誤研究的十七年後、也是該研究被撤回的五年後，蓋洛普公司（Gallup）[23]做了一份調查，發現有百分之七十三的受訪者，至少曾經聽過「滿多」關於「疫苗有缺陷」的說法（疫苗沒有缺陷）；有百分之五十二的受訪者表示，他們個人「並不確定」疫苗是不是自閉症的成因之一（疫苗絕對不是）；另外有百分之六的人說，疫苗是造成自閉症的原因之一（看到這裡，我只能用頭敲桌子來表達我的無奈和沮喪）。二〇一八年，一份受到美國微生物學會（American Society for Microbiology）贊助、由醫療科學研究單位「研究美國」（Research America）所執行的研究顯示，百分之四十八的受訪者說他們「不信任」流感疫苗（流感疫苗能有效減低人患上流感的機率），還有百分之二十九的人認為，「家長有沒有幫孩子打疫苗」這件事並不重要

（這很重要，除非你喜歡看到孩子染上明明可以避免掉的疾病，而承受到不必要的痛苦）。

有一些領域，會因為缺乏散布正確資訊所需的基礎建設，導致主管單位難以有效打擊錯誤資訊。二〇一九年在剛果民主共和國（Democratic Republis of the Congo）[24]基伍地區（Kivu region）爆發的伊波拉（Ebola）病毒疫情，就因為假資訊和錯誤觀念而變得更加嚴峻；有研究調查[25]指出，當時每四位當地居民就有一位，認為疫情不是真的。此外，那份研究也發現，民眾對於政府有關當局處理疫情的不信任度，大概落在百分之七十（對地方政府）到百分之九十八（對中央政府）之間。對抗伊波拉病毒的流行，本身就已經更困難了，但整個抗疫過程又因為假訊息的流傳和民眾的不配合，而更加難關重重。

21 新英格蘭愛國者是美國國家美式足球聯盟（ＮＦＬ）在麻薩諸塞州福克斯堡的一支球隊。愛國者在一九六〇年作為美國橄欖球聯盟的一個創始成員成立，後來在美國橄欖球聯盟和國家美式足球聯盟合併後成為大聯盟的成員。（摘編自維基百科）

22 一家連鎖甜甜圈業者。

23 蓋洛普，是一間以調查為基礎的全球績效管理諮詢公司，於一九三五年由喬治・蓋洛普（George Gallup）所創立。該公司以其於世界各國所做的民意調查而聞名。（摘編自維基百科）

24 一個非洲國家。過去超過二十年來，內戰幾乎沒有間斷過，因此整個國家民不聊生、十分貧窮、缺乏公衛基礎建設。

25 Patrick Phinck et al., "Institutional Trust and Misinformation in the Response to the 2018–19 Ebola Outbreak in North Kivu, DR Congo: A Population-Based Survey," Lancet, March 27, 2019.

若要反制自我的真相錯覺效應，毋須什麼大道理或複雜手段，只要對自己的想法和意見採取客觀的態度即可。當你聽到違反自己觀點的資訊時，要保持開放心胸，不要排除自己觀點出錯或還能修正的可能性。好好檢視一下新資訊的來源，以及你原本觀點究竟是怎麼形成的：是不是經由可靠的消息來源所推導出、還是只是一些你經常「聽到」的觀念？比如說傳統思維、民間故事、或是早就被新科學研究推翻的過時理論等等。要時時刻刻謹記，我們的思維永遠都會偏好那些我們常聽到的資訊，哪怕它們是錯的，也會深植人心；同時，也要經常多花一點心思去質疑那些我們原本所相信的事情和觀念。我們都必須採取「校閱人」的思考模式：校閱人的工作就是詳讀書本或文章的草稿，找出裡面可能出錯的地方，拿到日常思考中，就是反覆檢視自我思維，嘗試挖出原本沒注意到的盲點和錯誤。

更難的一件事是：說服那些錯誤觀念已根深蒂固的人，接受新的觀點、採納與他們信念不同的意見。例如，要相信「打線裡保護效應」的人，捨棄這種觀念；要認為疫苗風險太大、不願意接種的人，提升對疫苗的信心；要否認氣候變遷存在的人，相信氣候變遷不是騙局等等。現存關於對抗「疫苗疑慮」（vaccine hesitancy）[26]的研究都顯示，反制疫苗疑慮的現象並不容易。如果直接提供相關研究證據，去糾正有疫苗疑慮的人，經常會造成反效果，導致他們更加固執、更堅信錯誤的觀念。[27]兩位歐洲研究人員在二〇一五年刊出的一份認知科學論文揭露，對有關當局（特別是那些科學研究機構）的信心磨耗，是致使人們反對疫苗和不相信其他事實論述的重要原因。

如果要告知人們CDC、AAP[28]所提出的資料顯示疫苗安全且有用，除非那些人原本就信任CDC、AAP、或其他相關單位，否則他們只會覺得新資訊不值得相信，而自己原本的觀念才是最正確的。

以棒球的例子來講，如果你原本就覺得我是值得信任的消息來源，那當我嘗試說服你「強心臟打者」或「打線裡的保護效應」只是迷思時，你就會比較容易相信我。（有些人會不認同這樣的說法，但至少在這裡我們採納它。）要是說話的人是現役大聯盟總教練或是退役球員，大家也會比較願意相信他們的說法。另一個棒球界常見的迷思是「手感很燙」（hot hand），這種想法的概念是，選手現在的狀態帶有預測成份，近期表現很好的人接下來也會發揮得很好。紅襪總教練寇拉（Alex Cora）在他第一年帶紅襪時，就率隊奪得二〇一八年的總冠軍，他曾說，他從不讓「手感很燙」的效應，影響他的調兵遣將、打線安排。如此做法贏得塔夫茨大學（Tufts

26 疫苗疑慮是指，對於按照推薦時刻為孩童接種疫苗有所抗拒或擔憂的現象。儘管有疫苗可用，但民眾遲遲不願或拒絕接種疫苗，可能會導致某些原本可用疫苗加以預防的疾病，防治破功。

27 H. Miton and H. Mercier, "Cognitive Obstacles to Pro-Vaccination Beliefs," Trends in Cognitive Sciences 19, no. 11 (2015): 633–36.

28 美國兒科學會（American Academy of Pediatrics, AAP）是美國的兒科研究學會。該學會由三十五名兒科醫生於一九三〇年成立，以確立兒童衛生保健標準為宗旨。

University）國際政治教授德瑞茲納（Daniel Drezner）的讚許，當年紅襪在打季後賽時，德瑞茲納就稱讚寇拉不受「近因偏誤」（recency bias）[29]的影響、不會只因著選手近期的表現做決策。雖然訴諸權威（依照某人的資歷背景去判斷他說的話是否可信）不一定全然正確，也可能是一種謬誤，但我們能將之利用在對大家都有利的地方：在需要宣達重要訊息時，派出值得信任、具有足夠權威的有關單位來說話。

第二個對抗真相錯覺相應的方法是，提高後果的重要程度、影響力，或是直接向人們展示事態已經有多麼嚴重。二〇一八到二〇一九年，當奧勒岡州、華盛頓州、紐約州、明尼蘇達州等地都爆發麻疹疫情時，有疫苗疑慮的人明顯減少；此外，以華盛頓州克拉克郡為例，MMR疫苗的需求在那一年間提高到五倍之多。由此可見，當麻疹從理論上的威脅化為真實的危機時，許多人都會認清疫苗的用處。向家長們呈現像麻疹這種疾病可能會帶來的傷害，也是一種有效的手段：麻疹可能會造成失聰、腦部傷害，而且平均每一千名患者就有一人會死亡；更可怕的是，感染麻疹病毒的好幾年之後，還有可能發生亞急性硬化性全腦炎（SSPE）[30]，導致大腦腫脹，甚至死亡。

當然，職業運動場域決策所帶來的後果影響力，不像醫療界那麼巨大——一整季都把打線排錯，算下來也不過就是少得幾分，死不了人——但大聯盟球隊的相互競爭，就是在於連微小的競爭優勢也不放過，就跟金融世界裡的套利者[31]一樣，需要錙銖必較，因為那多出來的五分，可能就會讓你拿到越過季後賽門檻的那一勝。告訴人們，他們會因為不接收新知而遭受什麼樣的損害，他們就有可能提高對新資訊的包容度。

大聯盟總教練設計打線時，往往是基於幾個簡單的問題，像是：「今天該讓小明還是小王守二壘？」、「小明今天應該打第三棒還是第六棒？」此外，他們也得先參考球探資料和數據再做決定，像是，該怎麼依據對方先發投手的特性，安排誰上場。舉例來說，小王是一名左打者，而小明則是一名右打者，當對方派出的先發投手是左投時，總教練可能會選小明先發，因為小明對上左投有慣用手上的優勢。如果一直相信某種迷思，就會冒比較大的風險。這些經由迷思所做出的決定，很可能不比對手依據數據資料所做出的決策好；一直相信迷思，也可能讓決策者摒棄那些跟他原先觀念相牴觸的資訊：例如，總教練認為小王近期表現很好，所以選擇安排小王先發，

29　近因偏誤指的是，人們在判斷事物發展趨勢時，會認為未來事件將會和近期體驗高度類似。

30　亞急性硬化性全腦炎（Subacute sclerosing panencephalitis）是一種感染麻疹病毒後的腦炎併發症，也是一種會致命、漸進性，造成中樞神經廣泛去髓鞘的慢性中樞神經退化性疾病，通常在感染麻疹病毒後七到十年間發生。（摘編自維基百科）

31　套利者是指利用「股指期貨市場和股票現貨市場（期現套利）、不同的股指期貨市場（跨市套利）、不同股指期貨合約（跨商品套利）或者同種商品不同交割月份（跨期套利）」之間出現的價格不合理關係，通過同時買進賣出以賺取價差收益的機構或個人。（摘編自ＭＢＡ智庫）

而非小明，摒棄掉慣用手的優勢，這麼做就會減低該隊在該場比賽的最大進攻潛能。這種決策瑕疵，在一場比賽當然不算什麼，就算一整個例行賽累積下來，影響力或許也不大，但在季後賽，每一場額外勝利的價值可都是非常顯著，而錯用球員、錯排打線、沒有球員效益極大化的結果，很可能就是「贏得一個季後賽系列賽」跟「輸掉一個季後系列賽」的差別。

第五章

沒被鎂光燈照到的失敗者

忽視基本率（base-rate neglect）以及為什麼在選秀首輪挑高中投手依然是不智之舉

「如果你一直做之前做過的事，那你就只能得到之前得到過的東西。」

——一九八一年十月，潔西・波特（Jessie Potter）在「女性面對面」會議（Woman to Woman conference）中的演講所說

如果你問任何一個資深大聯盟球探或球隊主管，美國職棒選秀裡風險最高的球員是哪一群，相信絕大多數的人都會回答「高中投手」。球速飛快且未滿二十歲的高中投手，感覺起來前程似錦、十分誘人，但他們通常在生理和心理上，都還沒發展完全，轉職業後走偏的機率頗高，因此

長久以來，一直被視為高風險的選項；即便如此，每一屆選秀的第一輪，都還是會有二到十名高中投手雀屏中選，因為一直會有人覺得，高風險投資的潛在高報酬，值得讓他們冒這個險。部分球隊的管理部門，幾乎完全不碰高中投手，像暢銷書《魔球》（*Moneyball*）中那支二十一世紀初期的運動家隊，還有我服務過的多倫多藍鳥隊（**Toronto Blue Jays**），不過這樣的策略並沒有維持很久。二〇〇五年，《魔球》出版的兩年後，擁有兩個第二輪選秀順位的運動家，把那兩個順位都拿去選高中投手，最終那兩人都沒打上大聯盟。（二〇〇一年，獲得額外第一輪選秀順位的運動家，用該順位去選高中投手邦德曼〔**Jeremy Bonderman**〕，但自那之後，他們就再也沒有用首輪順位去選高中投手了。）

之所以會出現這種現象，原因其實滿明顯的：在第一輪被選進的高中投手，比起其他球員類別（高中野手、大學投手、大學野手）更容易失敗之外，未來潛力的天花板也沒有特別高。這並不代表，在第一輪選高中投手就一定是錯的，但選秀時，應該要把高中投手擺在後面一點的輪次和順位，因為他們未來無法升上大聯盟、或上大聯盟後投不出首輪價值的機率偏高。如果握有首輪選秀順位的你，現在面臨一個二選一的抉擇：一邊是高中投手，另一邊則是其他類別的球員，且你認為他倆的未來潛力都差不多，此時你還是應該去選那個「其他類別的球員」。

這些資訊並不新，而且最近的研究數據也再次印證了它們的正確性。即便如此，還是有球隊繼續在選秀首輪押寶高中投手。資料顯示，各隊應該不要在那麼前面的輪次和順位，選高中投手，但直到二〇一九年選秀（高中投手被選數量接近歷史新低）之前，都沒有明確實證指出大聯盟球界整體減少對高中投手的押寶行為。

只專注於眼前的個案，而忽略掉該個案所屬的更大類別，以及其相關資訊，這種行為被稱作「忽視基本率」。「忽視基本率」的現象，通常會發生在，明明有許多證據都顯示某一趨勢，但你卻選擇忽略、然後只關注在眼前某一特定案例的時候。你之所以只關注在該特定案例，是因為它發生時間點比較近、比較好記、或它是你第一個發現的案例，而過程中你也忘了或根本沒有想到，要去檢視長期下來更多的相關案例、更大的資訊樣本。某一特定案例所呈現的資訊可能會誤導人，而更多相關案例所帶出的資訊，應該會比較具有代表性、預測性，因為它們的樣本比較大。你明明知道整體而言，高中投手比其他類別的球員更容易失敗，但管他的，現在眼前這個小明，一定比較特別、是個特例吧？小明這個特例，應該能證明某個新規則或模式的存在？[1]你的球探非常確定小明與眾不同，而你也很信任你的球探，應該錯不了吧？

確實，有時候真的會讓你選到特例。二〇〇二年，皇家隊用第六順位選進葛蘭基[2]，他們當

1 為了確保我沒有漏講，我想要強調，這種說法不是事實。特例沒辦法證明某一種規則與模式的存在，因為如果真的能做到這件事，它們就不會是「特例」了。

2 Zack Greinke。

時認為，雖然葛蘭基年僅十八歲，但各種條件都非常成熟，與大學投手無異。皇家對葛蘭基的看法沒有錯，也沒有錯估他的潛力；我在寫這段文字的時候，葛蘭基仍然是二〇〇二年選秀所有被選球員當中，在大聯盟累積出最高價值的選手，而且他領先第二名的漢默斯（Cole Hamels，他也是高中畢業就被選的投手）也有一段距離，因此等到蓋棺論定，他應該就會是二〇〇二年選秀梯次的最有價值球員。雖說如此，葛蘭基真的就是一個特例，他不能代表高中投手群未來發展的普遍趨勢。用選秀首輪順位去選高中投手，依然是風險非常高、報酬卻滿普通的賭注，而未來我們應該會看到愈來愈少高中投手在首輪被選。

大聯盟的選秀跟北美其他兩大職業運動聯盟（NFL和NBA[3]）不太一樣，他們允許球隊選那些已經高中畢業、但尚未註冊進入大學的球員。若棒球員想具備被選資格，他必須滿足以下任一條件：獲得高中文憑（或是即將畢業）、在一所四年制大學念滿三年、在一所兩年制的短期大學念滿一年、選秀前年滿二十一歲、選秀後四十五天內會滿二十一歲。規則好像很多很複雜，但對大多數球員來講，其實很簡單，就是高中畢業後，即可與大聯盟球隊簽約，或是選擇繼續去念四年制大學，等到念完大三，再重新獲得被選資格。[4]

這種制度，使得大聯盟球團，上至總管下至球探，都面臨一個挑戰：把通常年僅十七、十八歲的高中球員，拿來跟二十一或二十二歲的大學選手做比較。這兩者之間的差異，還稱不上「蘋果比橘子」，而是比較像「紅蘋果跟青蘋果」的區別。它們有滿多地方都很相似，但大家對於富士蘋果和澳洲青蘋的看法和感覺，可能都不一樣。（這邊就不提金冠蘋果了，我覺得它們並不好吃，而且烤一烤會變得很軟爛。）若現在有一名天才型的十七歲球員，以及一名天花板沒有到很高、但預計一年內就能上大聯盟做出貢獻的二十一歲選手，站在你的面前，要怎麼判定他倆哪個長期的價值會比較高，還真的不簡單。

以投手來說，比較時所需考量的因素又更多了。一般認為，高中投手的年紀，就生理上還沒發展完全，他們到大學的年紀應該還會繼續長，所以如果高中畢業就進職業，受傷風險較高；除此之外，四年制大學通常會有自然汰除球員的機制（有可能是球員身體自然的磨耗，或是部分大學教練仍會為了很快就會被忘記的比賽，而狂操投手，導致球員沒辦法繼續打棒球），可以幫職業隊淘汰掉不適合的球員，因此能通過四年制大學考驗的選手，未來在大聯盟開花結果的機率也比較大。

由於要考量的因素多，這個問題對大聯盟各隊的管理部門而言，都需要反覆推敲、辯證。棒

3　NBA（National Basketball Association）是國家籃球協會，為北美男子職籃聯盟，競技水準被視為全世界最高。

4　在接下來的討論中，當我提到「大學球員」時，指的是那些來自四年制大學的選手。沒錯，有很多大聯盟球員都來自兩年制的短期大學、社區大學，但他們當初在選秀時，很少在首輪就被選到。從一九八五到二〇一五年，這麼多選秀當中，一共只有十六名來自兩年制大學的球員，在首輪被選中。

球界長期以來的傳統觀念告訴我們，雖然高中投手的風險大於其他球員類別，但他們潛在的高報酬值得球隊冒高風險。曾經有長達五年時間都是全世界最強投手的柯蕭（Clayton Kershaw），就是以高中生身份在選秀被選中的投手（在二〇〇六年選秀第七順位被洛杉磯道奇指名）。葛蘭基被選中之後的整體發展，可說是非常成功，而漢默斯、肯恩（Matt Cain，跟葛蘭基和漢默斯同屆被選，在第一輪第二十五順位）也不遑多讓。（二〇〇二年選秀前四輪，產出了六位後來在大聯盟累積至少二十WAR值的高中投手，除了前面提到的三位，還有卡茲米爾〔Scott Kazmir〕、J．強森〔Josh Johnson〕、萊斯特〔Jon Lester〕。）支持選高中投手的那派，會舉前面這些投手佐證他們的立場，並且用以下的論述來說服他人：「要是不選高中投手的話，就永遠沒辦法得到柯蕭、葛蘭基、哈勒戴（Roy Halladay）這種球員喔。」

Baseball-Reference網站有大聯盟史上所有選秀結果的資料，而且每個球員的名字都有他們生涯數據頁面的連結，因此要回答前面所提到的問題，就變得十分簡單，只要設定好我們所需的標準就好。在選秀首輪就選高中投手到底合不合理？換言之，在首輪選進高中投手的基本成功比率，是否跟在首輪選進其他類別球員一樣、或者更高？

答案當然是否定的，否則我們起初也不會討論這個問題。沒錯，歷年來，確實有成功投上大聯盟且大放異彩成為明星的高中投手，但這些案例的發生頻率實在太低，低到我們可以有信心地說，在沒有其他額外條件或資訊的情況下，把選秀首輪順位花在高中投手身上，並不是聰明的策略。

二〇一二是最近一個，選秀首輪出現大聯盟生涯累積至少十WAR值高中投手的年份，於是我便以那年為基準，向前推到一九八五年，去看這二十七年間所有的選秀首輪資料，並拿高中投手的大聯盟數據，跟其他類別球員做比較。舉例來說，這些首輪球員中，有多少比例最終能跨過在大聯盟累積至少十WAR值的門檻？

由於受傷率較高的關係，投手達不到預期或徹底失敗的情況，明顯比打者多，因此表格中兩個投手類別（高中投手、大學投手）的數據，都比表現較差的打者類別（高中打者）還要糟糕，並不讓人意外。值得注意的是，高中投手的成功率真的很低；這些數字擺在眼前，實在很難相信現在高中投手竟然還是那麼常在首輪被選。

如果我們把範圍限縮在那些最高等級的選秀球員，結果又是如何呢？這邊說的最高等級，指的是在選秀前十順位被選中的球員，一般來說，只有最菁英的高中投手才會在前十順位被選，這些球員比較不容易失敗，而且潛力天花板也相當高，照理來說，應該有機會繳出比較好的整體數據吧？

1985至2012年	大聯盟生涯WAR值超過10的球員數量	被選球員總數	百分比
高中投手	26	159	16.4%
大學投手	59	240	24.6%
高中打者	57	219	26%
大學打者	64	179	35.8%

在前十順位選高中投手，顯然不是最理智的決策。它雖然有可能會帶給你高報酬，但相對地，它的失敗率也很高，高到不值得你冒這麼大的風險；與其在前十輪押寶高中投手，還不如賭其他類別的球員，不僅風險較低，成功率也高出許多。

在那十位算是成功的前十順位高中投手中，有一些是非常頂級的明星球員。有兩位未來應該都會入選名人堂：柯蕭和葛蘭基。毫無疑問，道奇（柯蕭）和皇家（葛蘭基）在這兩個順位上，都得到了豐厚的回報。另外兩位是貝基特（Josh Beckett）和邦加納（Madison Bumgarner），他倆生涯都累積超過三十的WAR值，而且選中他們的球隊（佛羅里達馬林魚選中貝基特；巨人選中邦加納）後來拿下世界大賽冠軍時，他們都是重要功臣。貝基特甚至還在被交易到紅襪後，在那裡又拿了一枚冠軍戒。

還有一位值得一提的是伍德（Kerry Wood），他可說是近代棒球史上最令人感到惋惜的球員之一。伍德上大聯盟的第一年，就投出大聯盟史上僅第二次的單場二十次三振，並且拿下該季的國聯最佳新人獎。隨後他的手肘受傷，導致一九九九年整季報銷；隔年傷癒歸隊雖然投

1985至2012年	大聯盟生涯WAR值超過10的球員數量	在前十順位被選球員總數	百分比
高中投手	10	47	21.3%
大學投手	29	92	31.5%
高中打者	28	72	38.9%
大學打者	32	64	50%

得跌跌撞撞，但從二〇〇一到二〇〇三年，他又投出佳績，連三年都落在聯盟平均水準之上，其中二〇〇三年他還成為大聯盟三振王，並幫助小熊打進季後賽，最後只差五個出局數就能挺進世界大賽。不幸的是，由於從高中時期起一路到二〇〇三年，都被過度使用（伍德在選秀被小熊選中時，高中棒球賽季還沒結束，沒隔幾天，他所屬的校隊要打單日雙重賽，他被指派一天先發兩場；二〇〇三年例行賽，伍德最後六場先發的其中五場，小熊總教練貝克〔Dusty Baker〕都讓他投超過一百二十球），伍德作為堪用先發投手的生涯，在他二十八歲那年就結束了。整體看來，伍德仍是成功的選秀結果：他在一九九五年選秀第四順位被選中，並在被選後的九年間，在大聯盟累積二十二點三的WAR值；但他同時也是一個，能用來說明在高順位選高中投手（或任何投手）風險很高的警世案例。

在那十名算是成功的投手之外，也就是剩下那三十七位在前十順位被選中、但大聯盟WAR值不及十的高中投手[5]，就充斥著非常多你可能從來沒聽過、或只聽過一兩次的名字，像是哈伯古德（Matt Hobgood）、葛魯勒（Chris Gruler）、艾維茲（Clint Everts）、葛瑞芬（Colt

5 這三十七人中，還包含三個最終沒有簽約的球員。選高中球員的另一個風險就是，他們可能會選擇先把職棒擺一邊、去念大學。除此之外，還有另一個叫作米利恩（Doug Million）的選手，他在一九九七年於位在亞利桑納的秋季指導聯盟（fall instructional league）中，因哮喘發作去世，得年僅二十一歲。

Griffin）、斯多道卡（Mike Stodolka）、惠特蘭（Matt Wheatland）、菲力普斯（Mark Phillips）、托瑞斯（Joe Torres）、戈德利（Josh Girdley）、布萊德利（Bobby Bradley）、普萊斯利（Kirk Presley）等等，而這些人所擁有的大聯盟出賽場次加起來，正好是零。

要在高中投手成功率如此低的情況下，堅持用高順位選高中投手，需要帶有荒誕成份的思維和心態：沒錯，用高順位選高中投手的失敗率很高、機會成本也很高（如果拿相同順位去選野手，成功回收該順位價值的機率明顯較高），但我們還是覺得眼前這傢伙是特例。某種程度上，這就像是在說，我們很信任球團裡上至總管下至球探的評估人員，他們能精準判斷出哪些球員是「不屬於基本率」的特例。這是有可能發生的：如果某些球隊、球探擁有獨家的球員評估工具或機制，或許就能使他們能在大批高中投手中，發現成功率較高的新秀。然而，在我檢視的二十八屆選秀首輪結果中，只有三隊選過三位WAR值超過十的高中投手，而且沒有球隊選到四人或更多。在那三隊中，只有藍鳥隊算沒有失敗過，這二十七年間，他們在選秀首輪選了五名高中投手，其中兩位沒有簽約，而另外三位——一九九〇年的卡瑟（Steve Karsay）、一九九三年的卡本特（Chris Carpenter）、一九九五年的哈勒戴——後來在大聯盟都累積超過十的WAR值。就算如此，這麼小樣本的成功案例也不具代表性，可見到現在，還沒有球隊能找出分辨高中投手未來是否能成功的秘辛。

我去問了一些大聯盟球隊管理部門的主管，為什麼他們仍持續用首輪順位選高中投手，或是他們覺得為什麼其他球隊仍在這麼做。有一人直言，單純就是因為「固執」，其他人也不需要多花力氣去說服他們改變想法，反正沒用。另一個曾在選秀首輪挑高中投手的主管則說：「我覺得很多人還是覺得，他們會選到特例。棒球界一直以來的邏輯是，如果你不在選秀首輪選高中投手，就有可能錯失像柯蕭或邦加納那樣的投手。但我自己，肯定已經從過去的經驗中學到教訓了。」

大聯盟業餘球員選秀，是一個多少受到控制的環境，讓各個大聯盟球隊可以執行他們在選前的評估和預測：這些球隊運用傳統球探加上現代的分析工具，去評價那些符合被選資格的球員，預測他們成為職業球員後的長期潛力，通常還會大致算出他們能帶來的潛在價值，以及實現那些價值的可能性。儘管愈來愈多證據都顯示，人類非常不擅長做預測（尤其是不需要負責任的話，更不準確，這種情況通常會出在電視主持人、廣播主持人、隨選廣播〔podcast〕主持人的身上），但無論在棒球圈、其他職業運動、還是商業世界，這樣的機制依然是典範。（身為一個做預測的作家，我需要承擔一定程度的責任，而且我寫出來的東西，大家很容易就能找到；此外，我也承認，我每年九月寫的球員預測專欄裡面，都會有一些失準的評估。就算是這樣，我毋須面對因為預測大幅失準而直接丟飯碗的風險，因為我的雇主沒有把錢投資在我做的預測上，而是把我的預測拿去販賣，進而賺錢。）

賓州大學（University of Pennsylvania）政治學與政治心理學教授泰特拉克（Philip Tetlock），寫了不只一本關於推估和預測的書，談論為什麼人類是一個不擅長做預測的物種，並提出該做哪些事情才能提升我們的預測能力。在《專業政治判斷》（*Expert Political Judgment: How Good Is It? How Can We Know?*）這本書中，泰特拉克寫到了一個長期實驗。該實驗請一些專家針對世界大事做出超過三萬個預測，結果發現，政治專家「通常認為自己對未來很了解，可實則不然」，此外，從整體數據來看，「專家預測的結果，是比隨意射飛鏢來決定預測結果的黑猩猩準確沒錯，但準確的程度沒有多出多少，而且在其所屬的專業領域之外，專家的預測準確度還比較低」。（對於這種實驗結果，媒體常常會把專家描繪成，專業能力跟隨意射飛鏢的黑猩猩差不多，但這樣的說法也是錯誤的。）泰特拉克還發現，自動化的預測系統對於未來的預測，通常會跟過去已發生的結果很像，而這種預測也比專家準確。因此，如果你想知道一名球員明年大概會打得如何，看看他去年和前年的數據，就能有個大致的端倪。

泰特拉克的下一本書《超級預測》（*Superforecasting*）[6]，則是從另一個角度看預測，想回答的是以下這個問題：「為什麼有些人就是能一直做出比其他人更好的預測，並因此搶得先機？」在書中，他提出一個思想實驗讓讀者自己動腦想想看：請推估一個姓氏為瑞澤提（Renzetti）家庭，會有多大的機率養寵物。品質不佳的預測，會先從詢問關於該家庭的問題開始，瞭解該家庭的成員之後，再去推算他們養寵物的機率；反之，好的預測，應該直接從被泰特拉克稱作「外部視角」（outside view）的角度切入，問以下這些問題：「該家庭成員中，有多少比例擁有寵物？」、「跟瑞澤提家住相同型態房屋或公寓的家庭裡面，有多少比例有養寵物？」

在經濟學家眼中，泰特拉克提到的外部視角，其實就是「基本率」。從外部視角切入問題，就算沒有新資訊的挹注，你還是能做出比較好的預測。好的預測，可以作為後續更多預測的錨定基準；所謂的錨定基準就是錨定效應[7]的基準值，這點我在第一章有提到，不過與第一章大部分的例子不同，用在此情境下，對你來說是好事，因為這個錨定基準是有意義而且具預測性的。用這種數字當作錨定基準，能讓之後的預測走在對的方向上。

康納曼和特沃斯基[8]一起合作的期間，曾多次討論關於基本率的理論和謬誤[9]，並且可能就是在那過程中，使「基本率」一詞廣為流傳。一九七三年，他們發表了一篇名為《論預測的心理學》（*On the Psychology of Prediction*）的論文，當中他們寫道：「如果某人永遠不會出錯，那他

---

6 本書中文版全名為《超級預測：洞悉思考的藝術與科學，在不確定的世界預見未來優勢》。

7 這邊再來複習一下錨定效應：有人在你面前展示一個數字，即便接下來他問你的問題，跟這個數字毫無關聯，你的答案還是會受到那個數字的影響。而那個數字，就是錨定基準值。

8 Daniel Kahneman和Amos Tversky。

9 A. Tversky and D. Kahneman, "Evidential impact of base rates," in D. Kahneman, P. Slovic, and A. Tversky, eds., Judgment under Uncertainty: Heuristics and Biases (Cambridge: Cambridge University Press, 1982), pp. 153–60.

就能夠忽略基本率。」換言之，做決定時，不是不能忽略基本率，但前提是你是一個全知的人。當然，現實是沒有人是全知的，而這世界上唯一具有全知能力的，只有神；所以萬能的天神可以不管基本率，但身為凡人的我們，若想做出聰明的決策，還是得仰賴數據、資料。

透過多個調查，康納曼和特沃斯基發現，對於沒有額外輔助資訊的問題，應答者會使用特定的基本率來回答，但會預設以他們已知的一些知識和內情，來作為推估和預測的基礎。在棒球圈裡，這種情況屢見不鮮：某某十八歲的右投手，身體發展成熟，出手動作很不錯，快速球上看九十八英里，而且已經能投出具大聯盟水準的滑球，因此要把這個高中投手擺在選秀預選名單上，跟其他類別的球員混在一起，不需要因為他是高中投手，就壓低對他的評價。但從我們前面的討論已經可以知道，這名高中投手未來成為堪用大聯盟球員的機率，比大學球員低，也比高中野手低，所以任何對這名高中球員未來價值的預測，都應該從這點開始。這就是外部視角。還有一個更好的做法是，先把所有高中投手列在一起，相互比較，然後再把整群高中投手的評價打折扣，最後再放入有其他類別球員的完整預選名單。

基本率的道理，並不是要我們刻意完全避開特例；它只是告訴我們，要避免「忽視基本率和外部視角的荒誕思維」。無論你面對什麼樣的議題——棒球小聯盟球員的未來發展、美國家庭的組成趨勢、還是世界上發生的大事件，透過從一開始就去瞭解基本率所呈現的事實，你都能夠提高預測的準確性，而且還能為未來更精確的調整，設定一個錨定基準值。這代表，採取此種理性預測方法的大聯盟隊伍，偶爾還是會押寶在特例身上，例如在選秀首輪選高中球員。

太空人是大聯盟現今最仰賴數據分析的隊伍之一。他們的前總管魯諾（Jeffrey Luhnow）和他昔日的左右手梅戴爾（現任金鶯隊助理總管），都是康納曼著作《快思慢想》的虔誠信奉者；甚至，梅戴爾自己就擁有認知心理學的碩士學位。即便如此，魯諾和梅戴爾兩人在太空人合作期間，仍有兩度在選秀首輪挑選高中投手，而且太空人當時的球探部門主管，都是現在的金鶯總管艾利亞斯（Mike Elias）[10]。那兩名高中投手的其中之一，是來自德州聖安東尼奧的高大右投手惠特利（Forrest Whitley）。惠特利被選中的一年半後，即成為當時美國職棒界最頂尖的小聯盟投手新秀。太空人之所以理性地覺得惠特利能成為高中投手基本率的例外，是因為他們在他身上看到了一個特質：雖然只是一個不到二十歲的小夥子，但他的四縫線速球卻具備異於常人的高轉速。我在寫這段文字的當下，惠特利還沒升上大聯盟，而且前進大聯盟的進程還受到肩傷的阻礙，因此太空人這個有違基本率思維的決策，是否真的成功，還有待驗證，不過至少他們的決策過程沒什麼毛病：他們的出發點還是基本率，所以一般來說不傾向選高中投手；接著藉由科學方法建立起「惠特利不同於同期高中投手」的理由，認定他是特例，最後決定在首輪選他。（艾利亞斯任期下，太空人在選秀首輪選的另一個高中投手，是艾肯（Brady Aiken）。艾肯因為天生的手肘缺

10　艾利亞斯是從太空人體系出身的球隊管理人才，管理思維和方法大致類似魯諾和梅戴爾。

陷，沒有通過選秀後的體檢，最終太空人沒有簽下他。艾肯的案例比較特殊，跟我們上述討論的情況都不太一樣。）

在棒球界，荒誕的思維處處可見。各隊只會在他們想要的時間點，看見他們想看的東西，這種現象在「現在就要贏」的壓力變大時，更為明顯。即便是位屬最高層級的職棒聯盟——大聯盟，也無法倖免於此，從「總教練說某個球員應該要打出好成績了」，到「球隊認為他們只要再補一個球員就能挺進季後賽」，這些想法其實在多數情況下，都是欠缺基本率思維的荒誕想法。長久以來我都認為，用複數年長約去簽具自由球員身份的後援投手，十分反智，因為我知道大多數的球隊總管，或多或少在理性上，都知道後援投手的表現和健康狀況，是棒球界中非常難評估、預測的項目，但他們仍因為市場行情的驅策，對這些後援投手祭出三到四年的合約。

舉例來說，科羅拉多落磯隊（Colorado Rockies）就曾在二〇一六到二〇一九年的三個休賽季區間內，用三年合約延攬四名不同的後援投手入隊，總共在他們身上砸了一億兩千五百萬美金。在我寫這句話的時候，那四張合約的第一張——開給後援左投唐恩（Mike Dunn）的合約——已經走到最後一年的一半以上；其他三張——給W．戴維斯（Wade Davis）、麥基（Jake McGee）、蕭恩（Bryan Shaw）的合約——都才走到一半左右。落磯在這個時間點，已經支付他們四人大約七千萬美金，卻只從他們身上合計獲得〇點七的WAR值，而且僅有一人——W．

戴維斯——提供正面價值（WAR值一點二），其他人則都繳出「負」的WAR值。這代表，就算落磯從一群沒有人要的三A球員中，抓出三個堪用的投手，並用大聯盟最低薪合約簽下他們，這些投手的貢獻度都會比唐恩、麥基、蕭恩還要高，因為唐恩、麥基、蕭恩三人合計的WAR值，已經低於所謂的替補等級球員了。即便是有提供「正」WAR值的W．戴維斯，其實也繳出不符預期、遠低於其身價的成績。光二〇一八年一季，落磯就在這四名後援投手身上花了超過四千一百萬美金，卻幾乎沒有獲得什麼好的回報；二〇一九年，一切又重蹈覆轍，落磯同樣沒在這四人身上獲得什麼實質效益。

雖然最近大聯盟一些後援投手所簽的長約，效益有稍微好一點，但整體而言，過去給後援投手複數年長約的歷史，可說是非常慘烈。進入二十一世紀以來，一共出現過十七張長度在四到五年的後援投手合約，其中只有一張——洋基在二〇〇一年季前跟李維拉[11]簽下的四年延長合約——是全然的成功：李維拉在那四年間，大致都健康，而且投得很好，只有在二〇〇二年因為小傷缺陣一小段時間，總共累積十二點四的WAR值，這數字至今仍然是「後援投手四到五年合約」史上的最高值。其他有幾張合約的結果也還算可以接受，但至少有七張可被認定為全然的失敗，包括那張西索（Brett Cecil）跟紅雀所簽、直到二〇二〇年才走完的四年災難合約：西索在

11　Mariano Rivera。

那四年繳出的成績，比替補級球員的水準還要差。

我調出一九九〇到二〇一八年所有後援投手的資料，去看在某一年投出特別好成績的後援投手（通常在這種球季之後，就會有球隊給他一張很有價值的合約），隔一年維持優異身手的機率為何，以釐清到底「給後援投手長約」有多麼不明智。用帳面數據評價後援投手的表現，不一定準確，因為他們的數據有時候不會反映其真實價值：他們進場時，壘上可能已經有跑者，如果讓這些跑者回來得分，失分會記在前一個投手身上，而不是他們身上；反過來的道理類似，他們退場時，有可能壘包上還有跑者，如果後面投手讓跑者回來得分，失分仍會記在他們身上，而不是後面投手的身上。由於後援投手單季的數據樣本都比較小，所以一兩次失分較多的出賽，就有可能大幅度影響他們整季的數據，因此要從帳面數據直接評斷後援投手的投球品質，並不容易。為了定義出何謂「優質後援投手賽季」，我選擇把取樣的最低局數門檻，設在「至少投五十局」（通常一名後援投手完整走完一季，能累積超過六十局的投球，但在這邊我想把一些受小傷的後援投手也考量進來，所以把門檻定的低一些），然後將符合定義的標準定在「投手獨立防禦率（**Fielding Independent Pitching, FIP**）[12]不超過三」。

我發現在調出的資料中，有六百二十七個後援投手賽季，符合我設的取樣門檻和定義標準，而那些賽季，是由三百四十名不同的投手所投出的。那三百四十人中，只有二十八名投手曾投出四個「優質後援投手賽季」（連續和非連續都算在內），而曾連四年都投出「優質後援投手賽季」

的人，僅有十四位。當然，有些「優質後援投手賽季」，可能在投手成為自由球員、有球隊對他開出複數年合約之前，就已經發生了，而且球隊對任何職業球員祭出優渥合約時，都一定得冒著「該球員巔峰期已過」的風險。從二〇一三到二〇一六年，梅倫森（Mark Melancon）每年都能繳出至少五十局投球、FIP不到三的數據，但自巨人在二〇一六年年底給他一張四年合約後，他連四年都繳出「優質後援投手賽季」的記錄，馬上就終止了。

事實上，投出「優質後援投手賽季」的投手，隔年要再投出「優質後援投手賽季」的機率，不到百分之五十。在那六百二十七個「優質後援投手賽季」中，只有一百八十一個的下一個賽季，也是「優質後援投手賽季」。絕大多數投出「優質後援投手賽季」的投手，要不是接下來再也投不出類似的成績，就是會先經歷至少一年的撞牆期。那些投手裡面，有四分之一會在投出FIP低於三的「優質後援投手賽季」的隔一年，繳出超過四的防禦率（即便FIP的預測性已經比較好了，但還是有很多後援投手在投出不到三的FIP之後，隔年防禦率嚴重膨脹，由此更可見後援投手的高度不穩定）；另外有百分之七更扯，在「優質後援投手賽季」的下一季，

12 FIP看起來就像防禦率（Earned Run Average, ERA），但它是依據投手的三振率、保送率、被全壘打數量，所算出的數值，能排除掉隊友守備的影響、球被打進場內後的運氣好壞、前後任投手的表現等因素。比起防禦率，FIP更能準確預測投手未來的投球內容優劣。

投出超過六的防禦率。

我還在藍鳥隊工作時，曾做過一個比較簡單的類似研究。當時藍鳥正考慮要不要簽自由球員終結者萊恩（B.J. Ryan）；那時的萊恩，才剛投完連續三個「優質後援投手賽季」，而且那三季他的FIP都不超過二點六〇（二〇〇三年他只投五十點一局，但接下來兩季他都投超過七十局）。我當年所做的研究發現，曾經投過品質高於平均水準賽季（且單季至少投六十局）的全職後援投手，隔年維持成績品質的機率大概為百分之五十，而且連續幾年都投出品質高於平均水準的賽季，並不會明顯增加「下季維持成績品質」的可能性。

那時候的研究結果，拿到現在，似乎還是適用。在我為這本書所做的研究中，那六百二十七個「優質後援投手賽季」裡面，只有三百〇五個（非常接近一半）的隔一年，是累積至少五十局且防禦率低於三的賽季。若換用FIP或WAR值來作為定義「優質後援投手賽季」的標準，比例還會更低一些。你可以繼續試著稍微調整定義標準，但絕大多數條件下，「表現不錯」的賽季大概就是佔一半，或是少於一半。就算只看那些連兩年都投出不錯成績的後援投手，他們在第三年複製類似表現的機率，也是大概低於百分之五十一點。不管你把「優質賽季」的定義標準設在「防禦率三」、「防禦率三點五」、「防禦率四」，第三年符合標準的投手比例都還是低於百分之五十；當然，隨著防禦率的標準設得愈高，比例就會愈接近百分之五十。你必須得把定義標準設到約四點一的防禦率（連三年都設在四點一），第三年符合標準的投手比例才會超過百分之五十。

（在我的研究中，「優質後援投手賽季」之後，下個賽季防禦率的中位數為三點〇一，這個數字對於球隊來說相當不錯，但要注意的是，下個賽季防禦率的一個標準差[13]，可是高達二點一二。）

「忽視基本率」可能是職業運動裡最常反覆出現的認知偏誤，因為太多決定要嘛是某個當下就要做出來（比如總教練決定要換哪個投手、換哪個跑者代跑），要嘛就是要特別找理由才能定案（比如你已經想簽某個終結者了，只是需要一些對外說明的理由）。忽視基本率，會讓人做出代價高昂的差勁決策，尤其是在你部分對手已經有在注意基本率的競爭環境之下，更是如此。如果現在有一名自由球員接受各隊的競價，大多數球隊都有使用預測系統卻推測該球員的未來表現價值，但你作為球隊總管卻沒這麼做的話，就很容易犯錯，因為你評價該球員價值的依據，會十分誤導、預測性也比較低，像是那球員在離開母隊前最後幾場比賽的表現、或是你剛好親眼看到他比賽時所留下的印象。一個在九月份[14]對上你球隊投出完封勝的投手，對你來說會特別具吸引

13 標準差（standard deviation）是一組數值自平均值分散開來的程度。一個較大的標準差，代表大部分的數值和其平均值之間差異較大；一個較小的標準差，代表這些數值較接近平均值。（摘編自ＭＢＡ智庫）

14 大聯盟正常的例行賽季，通常都是從三月底、四月初，打到九月底、十月初，因此九月份通常會被稱作球季尾聲。

力，而一個在你剛好在場的比賽發生兩次難堪失誤的游擊手，則會容易讓你覺得他能力不佳。一個總教練可能會單純以某位打者「知道怎麼識破某特定投手」或「很會打好投手」[15]為由，就安排該打者上場，因為他忽略了打者整體的攻擊產出，只挑出一部分的數據樣本或破碎的記憶作為決策依據。忽略基本率不只在棒球界非常常見，在其他任何需要做決策的場域、領域，亦可經常看到，而解法（找尋並使用正確的數據和資訊，分析出基本率）其實不難達成，就看我們要不要去做而已。

15　這句話很沒有道理，因為沒有人「很會打」好投手，否則的話，那投手根本不會被視為好投手。

第六章
歷史是生存者筆下的產物
「用球數賓果」（Pitch Count Bingo）以及為什麼N・萊恩（Nolan Ryan）不能作為反駁論點

「把搶劫案弄成竊盜案；把強姦案全部刪掉。數據搞一搞，少校沒多久也能升上校。這種事我以前看多了。」

——美國影集《火線重案組》（*The Wire*）第四季第九集〈懂分寸〉（*Know Your Place*）中，諾蘭德・普蘭茲蘭斯基（Ronald Przbylewski）的台詞

在討論「忽視基本率」的章節中，我提到即便已經有非常清楚且有力的證據顯示，在選秀首輪選高中投手不太好，但大聯盟球隊仍持續這麼做，在首輪選入過多高中投手。高中投手的未來

失敗率，比其他球員類別都還要高，而且在首輪選高中投手的隊伍，所付出的機會成本還比較大，因為把同樣的首輪順位，拿去選高中打者或大學球員，能取得比較高的成功率。

當然，我也有提到，雖然高中投手的基本率是「容易失敗、不值得用首輪順位選」，但不是沒有特例：這個特例指的是，即便在高順位選高中投手，還是獲得成功，因為那些投手後來變成很不錯的大聯盟選手，或是成為很有價值的交易籌碼。但這些特例不算違背基本率理論，因為基本率理論的精神，本來就不是要各隊永遠不在高順位選高中投手，而是要球隊認清高中投手成功率偏低的事實，減少用高順位選高中投手的頻率；然而，就大體而言，大聯盟球隊在高順位選高中投手的頻率，還是太高了。如果你是大聯盟隊伍的球探總監，或是總管，應該因為高中投手基本率，而減少在首輪選高中投手的衝動、不理性，但仍不排除用首輪順位選高中投手的可能性。這代表，假如你在首輪有考慮要不要選一名高中投手時，應該去嘗試獲取更多資訊，抱持著更多懷疑面對這名投手。

在大聯盟球界，「在高順位選高中投手」的吸引力之所以還是那麼大，是因為一些基本率理論的特例，後來都成了超級大明星。任何支持在高順位選高中投手的人，在解釋他們的立場時，第一個提到的名字，通常都會是柯蕭[1]，而這個例子可說是舉得再好不過。柯蕭是在二〇〇六年選秀第七順位被選中的高中投手，轉職業後不出兩年，他就在大聯盟完成初登板。二〇〇八年季中上大聯盟後，年僅二十歲的柯蕭在剩餘球季投得中規中矩，大概就是一個聯盟平均水準的先發投手。但從二〇〇九年起到現在，柯蕭已經拿下三座賽揚獎、另有兩次在賽揚獎票選高居第二名，並且曾四度成為國家聯盟單季最有價值的投手；截至二〇一九年八月，他生涯已累積大約六十八[2]的WAR值。柯蕭目前是二〇〇六年選秀梯次的最佳球員，領先在第十一順位被響尾蛇選走的密蘇里大學（University of Missouri）投手薛澤（Max Scherzer）大約七勝[3]。

至少就我的個人經驗，柯蕭是最常被引用的首輪高中投手成功案例，但他不是唯一的例子。邦加納[4]是另一個支持高順位選高中投手的人，常常拿出來講的名字。雖然邦加納生涯累積的三十六WAR值，跟柯蕭差了不只一個檔次，但他效力巨人隊期間，仍投得非常出色；二〇〇七年，巨人隊在選秀會第十順位選進邦加納，後來他在巨人三度闖進世界大賽且三度奪冠的過程中，都扮演關鍵角色。二〇一一年選秀，坦帕灣光芒隊（Tampa Bay Rays）用介於第一輪跟第二

---

1 Clayton Kershaw。

2 這個數字是Baseball-Reference版本的WAR值，若用FanGraphs的版本來看，則大概落在六十四。FanGraphs版的之所以比較低，是因為它們的運算公式假設柯蕭很低的「場內球安打率」（Batting Average on Balls In Play, BABIP，被打進場內的球形成安打的機率），只是一種隨機分布、運氣促成的結果，而非其個人能力使然。不過柯蕭WAR值兩種版本之間的差異，所代表的意義其實不大。不管用甚麼角度看、用甚麼數據去算，道奇球探總監懷特（Logan White）當年選進柯蕭的決定，都是棒球史上最佳的選秀決策之一。

3 柯蕭的WAR值比薛澤多出大約七。

4 Madison Bumgarner。

輪之間的補償順位（總順位第五十二），選進史奈爾[5]，後來他在二〇一八年投出二〇一〇年代第六低的單季先發投手防禦率——一點八九，因此贏得那年的美聯賽揚獎。二〇一〇年代起算至今（從二〇一〇年一月一號至我寫稿的當下），一共出了十五位生涯累積至少三十WAR值的投手，其中就有六位的背景是高中投手轉職業，而且他們六位都是在選秀前兩輪就被選中。（那十五人中，有七人曾就讀美國大學，其中有兩人——狄葛隆〔Jacob deGrom〕和克魯柏〔Corey Kluber〕——很巧地來自相同大學，不是美國棒球名校范德堡大學〔Vanderbilt University〕、路易斯安納州大〔Louisiana State University〕、加州大學洛杉磯分校〔University of California, Los Angeles〕，也不屬於美國知名大學運動聯盟，如東南聯盟〔Southeastern Conference, SEC〕、美國競技聯盟〔American Athletic Conference, AAC〕、太平洋十二校聯盟〔Pacific-12 Conference〕，而是隸屬中游聯盟[6]、位在佛羅里達德蘭的史丹森大學〔Stetson University〕。）

但有更多名字，相信大家都已經忘得一乾二淨了。二〇〇六年選秀第二個被選的高中投手——凱克（Kasey Kiker），在柯蕭之後的第五個順位被遊騎兵選中。凱克從沒上到大聯盟，而那年在第二十二順位被選的另一名高中投手威蘭斯（Colton Willems），也沒嚐過大聯盟的滋味。至於在第十八順位被選的高中投手爵貝克（Kyle Drabek），雖然有打進大聯盟，但只投出了替補級球員的成績，選手生涯以失敗收場。邦加納那屆，比他晚一個順位的阿蒙（Phillippe Aumont）、晚十二個順位的艾爾德森（Tim Alderson）、晚十四個順位的曼恩（Michael Main），也都是沒有成功的高中投手，三人之中只有阿蒙上過大聯盟，但時間同樣不長，而且表現水準連替補級都不到。

造成現今大聯盟各隊仍過於頻繁在「高選秀順位選高中投手」的原因有很多，除了我們已經提到的忽視基本率以及相關的可得性偏誤，還有一個叫作「倖存者偏誤」（survivorship bias）的邏輯錯誤。在一個成員可能隨著時間演進而退出或遭到汰除的群體中，我們通常會只記得留存下來的成員、忘掉已經不在群體裡的人。這種現象常出現在人口研究。有些人口研究，沒有把早先群體裡後來死亡、失蹤、或因為其他因素沒有被計入更新資料庫的人算進來，所以研究結果就會偏向那些有留存在更新資料庫中的人。我們大腦記憶運作的方式也是如此：我們只會記得成功達標的人，並忘掉失敗者。換言之，如果你只記得柯蕭，而忘記其他失敗的高選秀順位高中投手，那你就會覺得在首輪選高中投手，風險不會太高。

在柯蕭被選的二〇〇六年選秀第一輪，包含補償順位，一共有七名其他的高中投手被選，其中有六位要不是從來沒升上大聯盟，就是只能在大聯盟達到替補級水準，代表他們跟平凡且可輕易被替代的小聯盟三A投手，沒什麼兩樣。大家都知道二〇〇六年選秀出了柯蕭，我猜一些有關

5　Blake Snell。

6　中游聯盟是美國大學運動中常聽到的一個詞彙，指那些僅次於主要聯盟的聯盟。中游聯盟一詞多被於媒體、球迷、甚至教練和隊員採用。（摘編自百度百科）

注那次選秀且非常認真研究的球迷還能指出，那屆首輪另一個獲得成功的高中投手是傑佛瑞斯（Jeremy Jeffress）；但絕大多數的球迷，應該不曾聽過那一梯後來從未升上大聯盟的高中投手：凱克、艾瓦茲（Steve Evarts）、威蘭斯、克雷（Caleb Clay）。由於這些選手沒有踏上過大聯盟賽場，所以就被遺忘了；但他們的存在應該是要有用處的：提醒後來參與選秀決策的人，在高順位選高中投手的成功率值得擔憂。那一屆首輪被選的所有高中投手，只出了一個超級明星、一個不錯的後援投手，其他六人完全沒有為任何大聯盟球隊提供正面價值，甚至有四人在小聯盟就結束了棒球生涯。那些失敗者的名字，如今無法引起任何人的共鳴，就連很多業內人士恐怕也認不出幾個。除非你是曾參與挑選凱克或威蘭斯的球隊員工，否則這些名字對你而言，只是別人選秀名單上的某些球員而已。

本書第二章的主題是可得性偏誤，而倖存者偏誤其實就是可得性偏誤的一種特定形式。可得性偏誤指的是，我們過度強調那些我們記得、能在記憶中隨時取用的案例，因為這些案例發生的時間點離現在比較近，或在我們心中留下比較深刻的印象。如果我們記得那些案例的確切原因，是因為其他案例沒有在時間截止時留存下來，那這現象就叫作倖存者偏誤。歷史一定是生存者筆下的產物，因為死人沒辦法為自己發聲。

美國數學家艾倫伯格（Jordan Ellenberg）在他二〇〇五年出版的著作《數學教你不犯錯》

（*How Not to Be Wrong: The Power of Mathematical Thinking*）[7]中，以共同基金績效評估的算法為例，來說明倖存者偏誤的現象。他引用了一篇晨星公司（Morningstar）[8]的報告，裡面提到從一九九五到二〇〇四年，被歸類為「大型均衡型」（large blend）的共同基金，每年平均的報酬率為百分之十點八——此報酬率相當亮眼，比同期標準普爾五百指數（Standard & Poor's 500, S&P 500）[9]的年報酬率還要高。然而，艾倫伯格點出，該報告呈現的數字有問題，因為百分之十點八的報酬率，是只看存活基金的結果：

> 再想一下晨星是如何算出「年報酬率百分之十點八」的。他們把所有在二〇〇四年被歸類為「大型均衡型」的基金列出來，然後看這些基金過去十年來的成長幅度，再做運算。但顯然他們漏掉了一些東西：他們沒有把在那十年間消失的基金也考量進來。畢竟，不是每個共同基金都能長久存活，有些表現得好，會持續存在；反之，也有些表現得不好，最後收掉。

7　這本書的中文全書名為《數學教你不犯錯：搞定期望值、認清迴歸趨勢、弄懂存在性》。

8　晨星是一家金融服務公司，也是全球最主要的投資研究機構之一，有針對共同基金提供相關研究與投資建議。

9　標準普爾五百指數，簡稱標普五百或史坦普五百，是一個由一九五七年起記錄美國股市的平均記錄，觀察範圍達美國的五百家上市公司。標準普爾五百指數由標準普爾道瓊指數（標準普爾全球控股公司控股的合資公司）開發並繼續維持。（摘編自維基百科）

如果把那十年間收掉的基金全都算進來，那平均報酬率就會從百分之十點八，掉到百分之八點九，而這數字比同期標普五百指數的百分之十點四報酬率，還要低很多。假如不算死人的話，人類的存活率也會是百分之百。

不管是刻意的忽略，還是無心的疏忽，對未納入非倖存者的樣本做運算，結果一定會偏向倖存者，所以前面提到的例子中，才會出現更高的報酬率。這種偏向倖存者的結果，通常會比較正面，因為一般來說，樣本中的倖存者都是因為表現得不錯，才能夠在調查期間留存下來。棒球作家們，包含我在內，常常會說某人是某一季所有「合格」（qualifying）球員中，在某個數據項目上表現最差的打者或投手。這邊的「合格」指的是，已獲得足夠的上場時間，符合被列入排行榜的標準、門檻；以打者來說，通常是一季累積五百〇三個打席，投手的話，則通常是一季投一百六十二局。這種篩選標準，會忽略掉所有表現更差的球員，因為他們的能力不足以讓他們獲得足夠的上場時間，有些甚至還會被下放到小聯盟。因此，任何關於「最差合格球員」的討論，都得附上一條但書：一定還有更差的選手，他們只是因為差到上場時間不足，甚至丟掉工作，所以沒有被列入考量，而「最差合格球員」在整個球員群體中，其實不是最差的。

史密斯[10]在他二〇一四年的著作《常識統計學》中，也從不同的角度探討這件事，並提出差不多的論點。在書中他寫道：「很多觀察研究（observational study）都有受到倖存者偏誤的影響。」然後說道：「這問題在一整個類別的書裡都看得到：那些教你如何打造成功企業、經營長久婚姻、活到一百歲等等的『秘訣』、『方法』、『訣竅』類書籍。這些書的討論，都是以研究過去的成功案例——成功企業、美滿婚姻、長壽人生——為基礎。」

史密斯揭露這類書籍的瑕疵和盲點，特別是檢視成功公司案例的商業書。這些書試圖在人家已經成功之後，回顧他們獲得成功的原因和方法，並常常在過程中美化企業的老闆和領袖。史密斯援引柯林斯（**Jim Collins**）的暢銷著作《從A到A^{+}》（*Good to Great*）[11]作為例子。此書檢視一段四十年區間裡，股價成長表現優於大盤的十一家企業，嘗試找出它們如此成功的原因，並特別介紹那些企業的「第五級領導者」（Level 5 leaders）[12]。然而，史密斯發現柯林斯扭曲了數據的呈現：柯林斯只從那四十年區間的「尾聲」，精選出十一家表現特別優異的公司，忽略掉樣本裡其他超過一千四百多家表現沒那麼好的公司，包括股價下跌或破產的案例，然後再去探討是哪些因

10 Gary Smith。

11 這本書的中文全書名為《從A到A^{+}：企業從優秀到卓越的奧祕》。

12 第五級領導者是指，擁有極度個人謙遜和強烈職業意志的領導者。擁有這種看似矛盾的複合特性的領導者，往往在一個企業從平凡到偉大的飛躍中，起著催化劑似的促進作用。第五級領導者位於能力層次的頂部。任何人並不需要從下往上、依次經過每一個階層，才能到達頂部，但一名真正意義上的第五級領導者，必須具備其他四個更低層次的技能和能力。第五級領導理論的研究發展軌跡，相當獨立，柯斯林與他的研究人員，通過對有十五年持續成長歷史的公司進行研究，最終發現了它。（摘編自MBA智庫）

素讓那十一家企業蒸蒸日上。

史密斯指出的瑕疵，從《從A到A+》出版之後那十一家企業的後續發展，即可獲得驗證。那十一家企業後來沒有全部都保持優於大盤的表現，因為柯林斯當時的企業成功理論，並沒有受到足夠的檢驗。樣本裡其他一千四百多家公司中，明明也有一些，類似於那十一家企業，具備相同的特色（如老闆也是「第五級領導者」），但它們卻沒有享受到跟那十一家企業一樣的股價漲幅。後來那十一家企業，只有五家的表現優於大盤，其他六家都沒有，而且其中一家——電路城（Circuit City）[13]——還破產，另一家——房利美（Fannie Mae）[14]——則是差一點破產，損失百分之九十八的股價價值。

媒體產業隨處可見倖存者偏誤，廣告業也是如此。有些公司會打出高顧客滿意度、高顧客回訪率的廣告，但這大多數都是靠排除掉那些沒有填寫問卷、或沒有受訪的顧客（原因之一是，有些顧客根本就沒有回訪，所以店家也沒機會調查），所得到的結果。健康議題相關的研究，也經常不考慮那些在研究過程中死亡的病人或調查對象。

撲克牌玩家都很熟悉「同花大順」（royal flush）這個詞彙，因為它是撲克遊戲（梭哈）[15]中位階最大的牌型，為五張同花色的最大牌（A、K、Q、J、十）順列。（同花大順即同花順當中價值最高的一種。）在傳統的撲克遊戲玩法中，玩家最初所拿的五張牌，是四種同花大順（撲克牌有四種花色）其中之一的機率，只有百分之〇點〇一五四，也就是六十四萬九千七百四十分之一。絕大多數的撲克玩家可能玩了一輩子的撲克遊戲，都沒看過自然生成的同花大順出現。

由此可見，在發牌前，獲得同花大順的機率可說是非常微小；然而，如果你非常幸運地在發牌後，獲得同花大順，那此時「發牌後的同花大順率」就變成了「一」，也就是百分之百。從事後的角度看，一旦同花大順已經出現，它就不再是最不可能出現的牌型；因為它已經確實發生了，所以它是否會出現的可能性就變為「一」。在活動或事件開始前去預測結果，是有意義的行為，但如果某事已經發生了，然後才去預測結果，就毫無意義。這就像是現在去跟別人說：

13　電路城曾是全美第二大電子產品零售連鎖商，就像台灣的「燦坤」或「全國電子」。電路城創立於一九四九年，經過將近六十年的歲月，於二〇〇八年年底申請破產保護，在那之前它們在全美有六百餘家分店。（摘編自國家政策研究基金會）

14　房利美是一家美國政府贊助企業，主要業務是在美國房屋抵押貸款二級市場中收購貸款，並通過向投資者發行機構債券或證券化的抵押債券，以較低成本集資，賺取利差。二〇〇八年，次貸危機降臨，房貸市場低迷、法拍屋大幅增加，美國政府於九月七日宣布以高達兩千億美元的可能代價，接管了瀕臨破產的房利美。（摘編自維基百科）

15　這邊指的撲克就是指我們俗稱的梭哈遊戲。撲克牌遊戲的形式很多，有時會稱為美式撲克與其他使用撲克牌的遊戲做為區隔。撲克進行遊戲時，通常允許玩家進行幾種動作，如加注、跟注、蓋牌、過牌。在抽牌撲克中，允許玩家抽牌換牌。根據下注的限額與比法，有些是牌小的人贏，有些是牌大的人贏，有些則是最大牌和最小牌的人平分。（摘編自維基百科）

「我預測水會是濕的」或「我預測楚奧特[16]是好球員。」這種馬後炮的預測只是說出不證自明的事實而已。我們不應該去花錢買這種「事後預測」，但柯林斯的《從A到A^+》，還有彼得斯（Tom Peters）與華特曼（Robert H. Waterman）合著的《追求卓越：探索成功企業的特質》（*In Search of Excellence*），都是在做事後預測。他們把在戰場上倖存的公司挑出來，稱它們是「卓越」的企業典範，意指這些公司的一些共同特質，能夠解釋為什麼它們沒有死在沙場上。（彼得斯和華特曼所舉的公司案例，後來的表現跟柯林斯列舉的公司差不多，但無論如何，這兩本書都超級暢銷。）他們選出了獲得順子和同花的高價值公司，忽略掉只拿到散牌或一對三的低效企業；就算這兩種企業（成功和失敗），可能也有一些關鍵的共同特質，或可幫助研究者更精確地指出，到底哪些才是真正使「企業從A到A^+」的因素（包含運氣），但前面提到的那兩本書，都沒有做到這點。

倖存者偏誤，有可能會導致嚴重的後果，即便在講求嚴謹的科學研究領域，亦若是。二〇〇五年，醫師科學家伊翁尼迪斯（John P.A. Ioannidis）在經同儕評審且全文公開的醫學期刊《公共科學圖書館：醫學》（*PLoS Medicine*）上，發表了一篇後來被廣為引用的知名論文——《為什麼大多數公開的研究發現都是錯的》（*Why Most Published Research Findings Are False*）[17]。對多數人來說，這樣的標題十分刺耳，但伊翁尼迪斯的論點受到實證支持，而且闡釋得邏輯分明。他在該研究探討，多種認知偏誤和偏見，包含倖存者偏誤，是如何影響研究人員得出的結果，以及論文所呈現的資訊。

賓州大學行為科學家賽門森（Uri Simonsohn）用「P值操縱」（P-hacking）這個詞，來解釋學術界的一個現象：教授受檢驗和公評的方式，大多只有透過他們產出、發表論文的能力。這現象使一些教授為了獲得好的評價和聲量，無所不用其極地發表研究，而他們在這過程中，就可能做出「P值操縱」的行為。簡單來說，P值操縱的概念就是亂槍打鳥，什麼手段都試，直到試出一個滿意的研究結果為止。「P值操縱」一詞也因為賽門森的使用，而廣為流傳。只要資料量夠大，研究人員就可以調整輸入的資料和變數，以使P值[18]（用來判斷統計是否顯著的指標之一，但若只憑P值做判斷，其實還不夠）降到理想的水平，通常是百分之五或更低。他們有可能刪掉一些資料或篩選條件，使P值降低，或是檢視許多變數之間的潛在關聯，找出哪些關聯剛好可以創造較低的P值，即便那兩個變數間其實沒有什麼因果關係，也無所謂。這種操縱方式，產出了許多沒辦法被其他研究人員重製的研究，因為這些研究的結果都站不住腳，或是統計運算結果是虛假的。

16　Mike Trout。

17　John P. A. Ioannidis, "Why Most Published Research Findings Are False," PLoS Medicine vol. 2, no. 8 (2005): e124, doi:10.1371/journal.pmed.0020124.02.

18　P值可被視為指出兩個樣本之間差異大小的指標。當P值愈小，即代表兩個樣本的差異愈大，比較能符合「統計上有顯著差異」；反之，當P值愈大，即代表兩個樣本的差異不明顯，較難達到「統計上有顯著差異」。

二〇一八年，一起因為P值操縱而發生的重大學術界醜聞，成了主流媒體爭相報導的新聞事件。康乃爾大學（Cornell Univerity）教授萬辛克（Brian Wansink），不僅曾在二〇〇七到二〇〇九年領導美國農業部（U.S. Department of Agriculture）的營養政策推廣中心（Center for Nutrition Polocy and Promotion），也曾擔任康乃爾大學的食品實驗室主任。但從二〇一七年起，萬辛克陸陸續續被一些獨立研究人員揭露，他曾多次扭曲操縱數據和資料，以達到他所想要的研究結果，最終在二〇一八年形成一發不可收拾之勢。在醜聞爆發之前，萬辛克可說是主流媒體非常喜歡報導的對象，因為他的研究結果通常都很「吸睛」，包括宣稱「告訴人們把運動當成很有趣的事，他們就比較不容易在運動完後吃不健康的點心」、「吃到飽自助餐的價格，會影響顧客用完餐後的飽足度和罪惡感」、「曾在戰場上受傷的榮民，比較不會對某品牌特別忠誠，也比較不容易受到廣告的影響、誘導」。（產出最後那兩點結論的研究，都已經被撤回了。）

美國網路新聞公司「BuzzFeed」的調查記者李伊（Stephanie M. Lee），跟一些萬辛克實驗室裡的成員通信，記錄下非常多萬辛克缺乏研究倫理的行為，並撰寫成報導，於二〇一八年二月刊登。報導中，她寫到萬辛克曾特別跟一名旗下的研究人員說，去刻意調整變數，好讓某個研究的P值能降到百分之五以下；此外，她也舉了好幾個萬辛克叫實驗室學生爬梳大量資料，以找出任何可能具有統計相關性的例子。真正的科學研究，應該是先從一個假設開始，去找資料佐證或推翻那個假設；但萬辛克是先從找資料開始，刻意挖出有關聯的數據，然後再依據那些關聯性創造出某個吸睛的假說，如此一來他便能發表研究並獲得主流媒體的關注。

這就是實驗室版的倖存者偏誤。很多萬辛克創造出來的數據相關性，其實都站不住腳，當其他研究人員試著重做一次一樣的實驗，會發現得不到類似的結果。這是因為那些數據相關性都是奠基在「有瑕疵的取樣和樣本」、「經變數扭曲和調整而得到的漂亮P值」、「全然湊巧的結果」之上。有一段時間，萬辛克的花招確實奏效：他上了《六十分鐘》（*60 Minutes*）[19]和《CBS今晨》（*CBS This Morning*）[20]等知名電視節目、受邀在好幾個談健康飲食的紀錄片說話，而《紐約時報》上也有超過二十篇的文章引述他的研究和談話，舉例來說，二〇一二年就有一篇，完全是在講萬辛克一份針對「如何讓孩子選擇較健康零食」的研究[21]。他的媒體寵兒生涯，直到醜事被披露才宣告結束。萬辛克找到了如何以現有資料為基礎，產製更多論文的方法，也懂得如何包裝

19 《六十分鐘》為美國的一個新聞雜誌節目，由哥倫比亞廣播公司（Columbia Broadcasting System, CBS）製作並播出，自一九六八年開始播出，迄今已播出逾四十年。該節目製作品質精良，口碑上佳，是美國知名的電視節目，也多次獲得獎項。

20 《CBS今晨》是美國的一個晨間電視節目，由CBS播出。《CBS今晨》曾在一九八七年至一九九九年播出，後被早間秀取代。二〇一二年之後，《CBS今晨》再次開始播出。目前在美國三大電視網的晨間節目戰場中，《CBS今晨》的收視率排在第三位。

21 這份研究在本書寫作的當下，還沒有被撤回。

那些研究來行銷自己，使自己獲得更多媒體曝光。如果你把大量的資料，放在一個篩子上，然後抖動篩子，肯定會有一些東西通過掉落；萬辛克就是把這些通過篩子、看似有相關的東西，湊合起來，就算那些東西的相關性其實沒什麼實質意義，他也覺得沒關係。許多來自優質媒體的主流作家，報導萬辛克的研究結果時，都沒有去仔細檢視他的研究方法，也沒有對他的有趣發現提出足夠的質疑；但李伊的報導揭發了醜陋的真相。二〇一八下半年，康乃爾大學宣布他們內部的調查發現，萬辛克確實犯下數個學術不端行為，於是終止他的研究和教學職務，而萬辛克也因此請辭，並於二〇一九年六月三十日離開康乃爾大學。直到我寫這段文字的當下，已有超過三十篇萬辛克撰寫或共同執筆的論文，遭到撤回。

回到棒球領域，每當討論起「用球數」[22]這個議題時，就很容易觀察到倖存者偏誤。我們已經知道，較高的用球數，跟手臂受傷風險的增加有關，只是對於這關聯性的確切細節還不夠瞭解。但如果你在網路上一直提到「用球數」、說某個投手用球數太多，就一定會有傳統派的老球迷跳出來回覆你，在「他們那個年代」，投手一場比賽丟個兩百球也不會受傷，何必大驚小怪，那麼在意用球數。而這，正是倖存者偏誤的最佳展示。

「投手使用過度」跟「受傷」之間的連結，已經受到反覆的驗證，一些以此為主題且經同儕評審的學術研究，都指出這兩者有關聯。其中一個在算是運動科學發展早期（二〇〇二年）發表的知名研究[23]，就針對四百七十六位青年投手進行調查，發現投手一場比賽的用球數和一整季的用球數，跟他們手肘和肩膀疼痛的頻率，有顯著關聯性。大聯盟球隊也開始瞭解到這點，而且由於他們有很高的誘因去維持旗下年輕投手的健康，因此所有球隊都設定投手單場比賽和一整季的投球量限制。每個球團設定的限制不太一樣，而他們針對不同投手，也會定不同的數字，但最常見的一個，也可以說有點武斷的限制門檻，是「一百球」。若一支球隊想試著保護某一名年輕投手的手肘和肩膀，那該投手每次先發可能只會被允許投不超過一百球的用球數。一百之所以會是上限，據我了解，只是因為它是一個滿不錯的整數，不過再想一下，有可能也跟人類只有十根手指頭有關（我們都很愛用「十的倍數」的數字，來作為標準或某限制的門檻）。

大致上來講，職業棒球球團已經不太讓年輕投手負擔太高的用球數，因為他們認為那是過度使用或濫用的表徵。不過業餘層級的教練可沒有這樣的認知，而二〇一九年整個北美最不在乎用球數的，是大學教練。[24]有很多知名的大學投手，最近都因為大學時期的過度投球，導致身體崩

22 也就是一名投手在一場比賽中的投球數量。

23 S. Lyman, G. S. Fleisig, J. R. Andrews, and E. D. Osinski, “Effect of Pitch Type, Pitch Count, and Pitching Mechanics on Risk of Elbow and Shoulder Pain in Youth Baseball Pitchers,” American Journal of Sports Medicine 30, no. 4 (2002): 463–68, https://doi.org/10.1177 /03635465020300040201.

24 在這邊我沒有提到的是，日本高中棒球賽事——甲子園——當中，投手的誇張用球量。甲子園賽事裡，經常可以看到年僅十幾歲的高中投手，單日投超過兩百球。

壞。二〇一六年三月，雖然康乃狄克大學（University of Connecticut）在一場比賽中已經取得多達十七分的領先，但他們還是讓左投手凱伊（Anthony Kay）完投、面對三十六名打者。兩個月後，凱伊在康乃狄克大學所屬的聯盟錦標賽首度先發，單場使用一百〇一球，隨後在休息天數比平常少的情況下，再次出賽、再投九十球。同年六月，大都會隊在選秀第二輪選中凱伊，但在選秀後體檢的過程中，大都會發現他手肘的尺骨附屬韌帶有撕裂傷，必須得動現在大家耳熟能詳的「湯米約翰手術」（Tommy John surgery）[25]根治。為此，大都會把當初跟凱伊談好的簽約金價碼，刪減掉約八十萬美金，而凱伊也等了將近兩年的時間，直到二〇一八年四月，才重返賽場投球。

奧勒岡州大（Oregon State University）更誇張。二〇一八年六月，他們在六天的區間內，使用一名當時年僅十九歲的投手——艾柏（Kevin Abel）——三次，在六月二十三日讓他投九十五球，二十七日要他後援登板投二十三球，然後隔天再安排他上場主投大學世界大賽的最終戰、用一百二十九球（艾柏投出完封勝，幫助奧勒岡州大奪冠，但單場一百二十九球的用球數已經過量，更別提他是在中間沒有休息日的情況下投出那場完封）。大聯盟的「聰明投球」（Pitch Smart）專案，徵詢運動醫學的權威，列出給投手的訓練和比賽指導原則，其中一個是「建議投球量」：針對十九歲的投手，「聰明投球」專案建議的單場最高投球量是一百二十球，最多盡量不要超過這個數字，而且這個建議的前提還是，該投手在投球前有獲得足夠的日常休息。奧勒岡州大獲得了總冠軍，但艾柏的手肘在下一個賽季就報銷了，需要接受湯米約翰手術。

我常常在社群媒體上發文，指出那些大學或高中棒球教練過度使用旗下投手的案例。在那些案例中，教練要不是要求學生在休息天數不夠的情況下上場，就是讓他們在單場出賽中投過多球數。當這些案例發生、我也貼文批評時，大家就會開始玩起「用球數賓果」，不斷提到那些常在用球數爭議和討論中出現的名字。「用球數賓果」的玩家，一定會在最中間那格填入N．萊恩的名字，因為這個名字一定會在人體投球極限的議題中被提及，而且屢試不爽。舉個例子，有一名奧勒岡州大棒球隊的球迷，就在我批評奧勒岡州大教練凱西（Pat Casey）狂操艾柏的貼文下留言回覆：

> 你敢在N．萊恩投完一百球時，把他換下場嗎？我才不信你敢！他一場比賽投兩百球都沒問題，而且還累積出名人堂等級的投球生涯。為什麼一個完全不懂用球數的人，可以寫跟棒球相關的書？套一句經典名言：真正有能力的人，會去實踐某件事，而沒有能力的人，只能教別人做那件事。

25 湯米約翰手術，正式名稱為尺骨附屬韌帶重建術（Ulnar Collateral Ligament Reconstruction）。此手術把受傷手肘尺骨的韌帶，用身上其他部位的肌腱替換（通常是從病人的前臂、大腿後方、腳部），動完手術者，通常需要花約一年的時間復健，才能重返賽場。一九七四年，喬布（Frank Jobe）醫生在道奇隊投手約翰（Tommy John）身上實施這項手術，並獲得成功。約翰成為首位成功進行這項手術的職業運動員，此手術也因此得名。

N．萊恩是生理學上的奇蹟，也是投球續航力的極端特例。雖然許多關於N．萊恩續航力的討論，都忽略了他也曾在一九六七和一九六八年飽受手臂傷勢困擾，但他終究是成就了很多我們可能再也不會看到的壯舉。現在這個年代，投手投球的用力程度比以前都大，學生時代花在棒球訓練上的時間更多，而當受重視的投手達到大聯盟層級時，各隊也會盡力保護他們，減少受傷機率。在這種背景下，要出現成績像N．萊恩的投手，已經不太可能。N．萊恩生涯誇張的事蹟不計其數，其中一個發生在一九七四年六月十四日，那天他主投十三局、投了兩百三十五球，面對五十八名打者，三振掉十九人，並對十人投出保送。跟他對陣的先發投手堤昂特（Luis Tiant）不遑多讓，投到第十五局，面對五十六名打者之後，才被加州天使隊（California Angels）打進致勝分輸球。Baseball-Reference網站的數據資料庫——「場上事件索引」（Play Index），有蒐羅一九八八年至今的所有逐球記錄資料，而資料庫中最高的單一投手單場投球數，也不過是蝴蝶球投手T．維克菲爾（Tim Wakefield）在一九九三年四月二十七日投出的一百七十三球「而已」。身為蝴蝶球投手，T．維克菲爾每投一球所花的力氣，遠比傳統投手來得少，所以由他盤踞資料庫單場最多用球數的位置，好像也挺合理，但比起N．萊恩當年的紀錄，仍是小巫見大巫。

N．萊恩是最極端的倖存者，因此經常成為倖存者偏誤的主角。N．萊恩違反了一切我們對投球數限制的認知，不管是單場還是整季的維度，他承擔了現今大聯盟球隊不可能要求投手負荷的工作量。截至二〇一九年九月，大聯盟最後一次有投手投到第十局，是二〇一二年四月十八日的C·李伊（Cliff Lee），那天他僅用一百〇二球便投出十局完投。在其職業生涯中，N·萊恩曾十七度投到第十局，最扯的是，最後一次發生在一九九〇年、他高齡四十三歲的時候。自從蝴蝶球投手赫夫（Charlie Hough）於一九八七年先發登板三十九次後，就再也沒有投手能單季先發那麼多場，但N·萊恩曾在一九七〇年代的五年區間內，四度辦到這件事。

正由於N·萊恩是不能再更特殊的特例，所以他無法成為任何投球數常理的「佐證」。但同時，他的存在，也讓很多人選擇忽視、拋棄投球數的常規。絕大多數的投手，都沒辦法承受N·萊恩的工作量；如果他們真的照N·萊恩那樣投，要嘛身體會崩壞、手肘或肩膀受大傷，要嘛會因為高磨耗而導致表現衰退，進而失去上場投球的機會。在二十一世紀第一個十年以前，有超過百年的時間，大聯盟球隊都嘗試要求投手，負擔比現在高出許多的投球量，但你之所以沒聽過那些投手的名字，是因為他們都沒有像N·萊恩一樣存活下來。那些投手中，有很多人的身體都負荷不了，不是受傷，就是表現退步，或是遭遇兩種情況的綜合體。

大都會球迷可能會想跳過我接下來寫的這幾段文字，因為我要談的，是有「K世代」（Generation K）美名、曾經令他們非常期待、最後卻淪落「年輕投手遭濫用」最佳案例的三名投手大物。受到我早年任職於「棒球指南」的同事提點，K世代的案例是我第一次了解到，原來大聯盟球隊也有可能積極地毀壞旗下農場裡的優質新秀。那三名投手大物分別是P·威爾森（Paul Wilson）、波西佛（Bill Pulsipher）、伊斯林豪森（Jason Isringhausen），他們三人在小聯盟的投球量都過多，導致大聯盟生涯皆飽受傷病所苦，並且只有伊斯林豪森靠著轉換身份成為後援投手，才獲得成功。

波西佛遭到濫用的情況最令人髮指。一九九四年，年僅二十歲的他，在大都會二A的球隊累積兩百〇一局投球，此數字為該隊所屬聯盟的最多，而且比第二名還多出二十三局。身為該聯盟最年輕的投手之一，波西佛不應該負擔那麼高的工作量。一九九六年，波西佛因為受傷的關係，整季都沒出賽，傷癒復出後淪為流轉於多支不同球隊的棒球浪人，只再於大聯盟累積兩百點一局、防禦率五點八九的差勁成績。

P．威爾森被濫用的情形則可追溯到其大學時期。一九九四年，也就是他在選秀被大都會用狀元順位選中的那年，他在佛羅里達州大（Florida State University）棒球隊教練馬丁（Mike Martin）的麾下，投了一百四十九局，跟大都會簽約後，又在小聯盟投了四十九局，合計他在二十一歲那年，累積了一百九十八局的投球量。下一季，P．威爾森再投一百八十六局，並於一九九六年登上大聯盟，但沒多久，他右肩膀的關節唇和左手肘的尺骨附屬韌帶都出現撕裂傷（他是右投），造成接下來三季他幾乎沒什麼上場。

二〇〇〇年，P．威爾森在坦帕灣魔鬼魚隊（Tampa Bay Devil Rays）重返大聯盟賽場，但後續只在大聯盟留下九百四十一局、防禦率四點八六的平庸成績單，從來沒有接近過當初他貴為選秀狀元的潛力，以及眾人對他的期待。

伊斯林豪森同樣也被大都會狠操。二十一歲那年，他投了一百九十三局；二十二歲，二百二十一局；二十三歲，一百七十一局，此時投球品質已出現衰退。自那之後，伊斯林豪森的身體開始崩壞，一九九七和一九九八年，他因傷缺席大部分的比賽，其中一次受傷還導致了他生涯首次的湯米約翰手術（後來他又動了兩次）。大都會把伊斯林豪森交易到運動家後，運動家把他改造成全職的後援投手；轉換角色的伊斯林豪森，接下來十年在運動家和紅雀都投得不錯。從被送往運動家的交易起算，到生涯告終，他一共又投了六百七十六局。

以上只是單一球團在某一段期間內的三個例子，一定還有更多我們沒有注意到、因為年輕時投球過量導致職業生涯夭折的案例。針對小聯盟選手投球數所做的公開研究並不多，所以我們所知有限，但也不是沒有。傑薩耶利（Rany Jazayerli）和伍厄納（Keith Woolner）在二〇〇四年，就有設計出一個叫作「投手濫用分數」（pitcher abuse points）的評價系統，在運算中給予用球數超過一百二十的出賽，更多的權重。運用這個系統，他們發現，「高用球數」跟「未來受傷機率／未來表現衰退機率」之間，有很大的相關性。此外，每隔一段時間，就會有探討現今青少年投手手肘撕裂傷愈來愈多的新研究出爐，其中一個在二〇一八年美國骨科運動醫學學會（American Orthopaedic Society for Sports Medicine）年會上發表的研究[26]就發現，七到十一歲的投手，平均一

26 Testuya Matsuura, Iwame Toshiyuki, and Koichi Sairyo, "Exceeding Pitch Count Recommendations in Youth Baseball Increases The [sic] Elbow Injuries." Orthopaedic Journal of Sports Medicine.

週投超過兩百球，就比較容易出現手肘疼痛的症狀；每天投超過五十球或每年出賽超過七十場，也是如此。其他研究則指出，疲勞會導致投手生物力學機制的改變，球員的受傷風險可能因此提高。由於愈來愈多研究都提出實證，所以現在很多人都已經相當熟悉以下這個觀念：投球量太大的話，就會提高受傷的機率。

沒錯，N．萊恩感覺是一個可以無限制一直進行高強度投球的人，不管是一場比賽、一個球季，還是整個生涯，他好像都不會因為過大的投球量而受傷或崩壞；要不是時間帶來的自然老化，N．萊恩可能可以投一輩子都不受傷。另一位名人堂投手吉布森（Bob Gibson），雖然投球生涯不像N．萊恩那麼長，但他也在十六個賽季中累積超過三千八百局投球，曾兩度單季投超過三百局；更厲害的是，他到三十七歲都還能發揮出色，三十八歲單季還能吃下兩百四十局。一九四七年以前的投手，投球量更大，如果你把考慮範圍延伸到十九世紀的棒球，會發現那時候的投手幾乎每隔兩天就先發主投一次。綽號叫「老馬」（Old Hoss）的十九世紀傳奇投手萊德柏恩（Charles Radbourn），一八八四年為普羅維登斯灰人隊（Providence Grays）先發七十三場、扛下六百七十八點二局的不可思議工作量，但他接下來七季都還能繼續投球。過去數十年來，棒球運動已經出現劇烈變化，如今，投手的球速達到前所未見的地步，打者的身形和力量也非前人所能企及，但那些用球數非常極端的特例，不只在現代是難以想像的特殊案例，在他們各自的年代也都是相當誇張的例子。我們不應該因為那些特例，或是比較容易留下深刻印象的球員表現，而忘記了大多數球員的情況才是常態。

好消息是，相比於本書提到的其他認知偏誤和錯覺，避免出現倖存者偏誤的方法較為簡單直觀：永遠都要記得去檢查數據、文章、論文的資料來源，確保它們沒有忽略掉那些沒有存活到研究期結束的人、群體、企業；不管那些人、群體、企業是因為什麼原因在研究期消失（死亡、破產、或其他因素），照理來說，都應該要被考慮到。另外，做研究應該是從假設開始，去做實驗、找資料，然後檢視出來的結果是否能驗證原本的假設；而不是搜集了一大堆資料之後，想盡辦法硬篩出、硬湊出一些看似有關聯的東西。

最後，請不要在討論到用球數議題時，再拿「N．萊恩」出來反駁「投球數過多會提高受傷風險」的論點了。

第七章

把冷水淋在火燙的棒子上

近時偏誤（recency bias）以及為什麼不應該只用最近的資料來預測未來

雖然現在這種事情可能已經不會發生，但其實就在不遠的過去，一名球員只需繳出一季的好表現和演出一次精采的接殺，便能拿到一張優渥的五年合約。

二〇〇六年球季之前的馬修斯（Gary Matthews Jr.），是一名還不錯的資深替補外野手，能力還不及吃下先發的位置，但對於任何一支欲補強板凳深度的隊伍而言，他都是頗優質的選項。截至那個時間點，他已經在大聯盟出賽七百二十八場，在八個球季裡效力六支不同球隊，而他累積出來的成績稱不上「出色」，只能算「堪用」：生涯打擊三圍為二成四九／三成二七／〇點三九七、五十九轟、WAR值僅九點六。他生涯很大一部分的價值，都來自傑出的防守能力。當時的馬修斯已屆而立之年，就理論上來講，已經過了打者表現巔峰的年紀（從過去歷史來看，落在二十七歲左右），且防守發揮也滿有可能因身體老化開始衰退。

沒有人料到的是，馬修斯在他三十一歲這年打出佳績。他在遊騎兵隊繳出三成一三／三成七一／〇點四九五的打擊三圍，三個數字都寫下個人新高，另附帶生涯單季最多的十九轟、五十八保送、五點二的WAR值。那年，馬修斯擊中球的數量，比生涯前面任何一季都還要多，三振率因此寫下個人單季最低紀錄，而且他的擊球品質，亦優於往年。如果要重新寫一個「生涯年」的定義，那可以直接把馬修斯的案例寫進去，因為他的二〇〇六年是一個不能再更「生涯年」的生涯年。

馬修斯在該季的亮點不只是打擊而已，還有一次不可思議的接殺。七月一日，遊騎兵對太空人的比賽，馬修斯鎮守中外野，此時輪到太空人打者蘭姆（Mike Lamb）打擊。遊騎兵後援投手寇瑞（Mark Corey）投出一顆令他後悔莫及的失投球，當蘭姆把那顆失投球掃向中外野時，你可以看到寇瑞無比沮喪的肢體語言，顯然覺得自己已經被轟了一支全壘打。負責現場轉播的主播，起初也這麼認為，說道：「蘭姆本來只是想打出一支一壘安打，沒想到卻……」這時候馬修斯已狂奔至中外野全壘打牆前，精準地算好起跳時機。當馬修斯騰空、伸長手臂到全壘打牆之外、把這球接住的時候，他的雙腳看起來至少離地超過一百八十公分，雙肩也高過全壘打牆上用來區分全壘打和場內球的黃線。雖然主播把頭移開了麥克風，但你仍可清楚地聽到他大喊：「喔！我的天啊！」緊接著才把頭移回麥克風前，說道：「馬修斯這個接殺實在太誇張啦！」在他身旁的球評也附和道：「今年可能沒有其他接殺比這球精采……未來十年可能都看不到比這更精采的一球！」那個接殺實在不可思議，大聯盟史上沒有幾個人能辦到，即便已經過了十三年，我現在仍覺得它是我這輩子看過最厲害的五大外野接殺其中之一。

對馬修斯來說，非常幸運的是，他在二〇〇六年球季結束之後，成為自由球員。就算有些球隊擔心他的年紀有點偏大，但他最近一季的表現，寫下其生涯最佳，而且七月一日那記接殺，也在所有人心中烙下難以抹滅的深刻印象，短期間不會被忘記。雖然那個接殺，不過是印證了那些早就說明他是優質中外野手的防守數據，但這種表現總能為個人帶來更多更新的好感和正面評價。馬修斯因此獲得兩張五年五千萬美金合約的提案，分別來自洛杉磯天使（Los Angeles Angels，位在靠近洛杉磯的安納罕市）和巨人（位在舊金山灣區），最終他因為想住得離生活在大洛杉磯地區的兒子近一點，所以選擇加盟天使。

天使簽下馬修斯時，時任天使總管的史東曼（Bill Stoneman）說：「球員在生涯不同階段都有機會能夠學習、成長、進步……馬修斯做到了這點。他不僅具備出色的中外野防守能力，也能夠勝任開路先鋒或中心棒次的角色，身手十分全面。」（「能夠勝任開路先鋒或中心棒次」這點特別怪異，因為二〇〇六年是馬修斯唯一一個擔任先發球員、打滿整季的賽季，而且在那之前其生涯通算的上壘率，僅能跟聯盟平均打平，怎麼看都不適合打開路先鋒或中心棒次。）

然而，那張合約在馬修斯正式為天使出賽前，就已經變質。球季開打前，執法單位突擊一家位在佛羅里達、有販售類固醇和人類生長激素[1]嫌疑的藥局，而「馬修斯是該藥局顧客之一」的消息，被走漏給了媒體。史東曼拒絕猜測或回應，馬修斯特別亮眼的二〇〇六年賽季，是否為使用禁藥下的成果。走漏的資訊聲稱，馬修斯曾在二〇〇四年收到來自該診所的人類生長激素，但馬修斯否認自己有施打那些激素，並公開表示，沒有執法單位指控他或調查他做這件事。

一年後，史東曼離開天使總管的職位，而促使馬修斯在二〇〇六年成績大躍進的魔法，也已消失不見。在天使的第一年，馬修斯只打出二成五二／三成二三／〇點四一九的打擊三圍（非常接近他打出二〇〇六生涯年之前的水準：二成四九／三成二七／〇點三九七），而且守備端也明顯退步。二〇〇八年，他的表現更糟，並在二〇〇九年丟掉先發球員的地位。最終，馬修斯被天使交易到大都會，天使還得吃下他剩餘兩年合約的大部分薪資，而大都會只需負擔約兩百萬美元。馬修斯到大都會的五個月後，就被釋出，期間只出賽六十五場比賽，而他的大聯盟生涯也就此告終。

如果你不是當年對馬修斯提出合約的天使或巨人，那其實不難預測，後來那張合約會演變成災難。二〇〇六年十一月二十二日，也就是天使和馬修斯簽約的當天，我寫了一段簡短的分析：

如果天使相信馬修斯是那個在二〇〇六賽季打出三成一三／三成七一／〇點四九五打擊

三圍的打者，那我幾乎能夠理解為什麼他們要對他開出五年的合約。然而，若天使相信那點，他們可就錯了。在二〇〇六年繳出亮眼成績單前，馬修斯是一個在大聯盟累積超過兩千四百個打席，卻只繳出二成四九／三成二四／〇點三九七打擊三圍的打者。在三十一歲的年紀，他只不過是打出一個受到運氣膨脹的僥倖賽季，因為在那些能指出真實打擊實力的核心指標上，馬修斯的表現都跟二〇〇五年差不多（尤其是他的保送率和純長打率[2]）；他打擊成績的進步，大多跟打擊率忽然暴增到三成一三有關，但在那之前，其生涯單季打擊率最高不超過二成七五。天使的問題是，他們呈給馬修斯的條件（五年五千萬美金），好像把他視為一個實力真的有三成一三打擊率的打者，但大量證據都顯示，他並不是。此外，天使這張合約涵蓋的是，馬修斯三十二到三十六歲的年份，這年紀區間大多數球員都在嚴重衰退，更別提馬修斯現在的中外野防守範圍，只能算在平均值的邊緣。我認為這張合約很快就會讓天使後悔。對我來說，它就像二〇〇六年版的布萊爾合約（Willie Blair contract）。

---

1 人類生長激素（Human Growth Hormones, HGH）是一種肽類激素。它可以促進動物和人的發育以及細胞的增殖。已經被包含大聯盟和國際奧委會在內的多個體育組織，列為禁藥。

2 純長打率（Isolated Power, ISO）的算法很簡單，就是把「長打率」減掉「打擊率」；換言之，就是在長打率的公式中，把「一壘安打」拿掉，只用「二壘安打數乘以二、三壘安打數乘以三、全壘打數乘以四的數值加總」除以打數，即為純長打率。由於純長打率只專注在長打，所以它比長打率更能顯示出一名打者純粹的長打砲火和揮棒力量。

這段文字也讓我們順勢帶出了布萊爾（Willie Blair）的案例。跟馬修斯類似，布萊爾在進入「出走年」（walk year，也就是球員在進入自由球員市場前的最後一個賽季）之前，也只是個平庸的浪人球員，卻意外在出走年投出好成績，因此獲得優渥的自由球員合約。（當時球隊傾向高估球員在出走年的表現。）一九九〇到一九九六這七年間，布萊爾效力五支不同球隊，整體防禦率為四點七三（標準化防禦率〔ERA+〕[3]為九十，代表他的防禦率比聯盟同期的平均值低了約百分之十），而且沒有一季的防禦率低於四，總勝敗戰績為二十五勝、四十一敗。（在那個年代，投手勝敗戰績很重要，是各隊評斷投手表現和實力好壞的指標之一，對球隊願意開出什麼樣的價碼有不小的影響。但事實上，投手的勝敗數據沒辦法有效指出投手表現和實力的好壞。）

教士隊在一九九六年十二月，把布萊爾交易到老虎隊。在老虎第一年（一九九七年），布萊爾就投出生涯最佳的一季，但很顯然有一部分的原因是運氣使然。布萊爾的防禦率為四點一七，ERA+為一百一十，代表其防禦率優於聯盟平均約百分之十，不過他非常差的三振能力，已經暗示了不祥的未來。直到今天，布萊爾在一九九七年的勝敗戰績依然令人印象深刻：十六勝八敗，而他之所以能繳出如此傑出的戰績，其實跟他自己的表現沒什麼關係，而是有賴於隊友給予他生涯最大的單季火力支援。從一九九〇到一九九六年，布萊爾平均每場先發的隊友火力支援為三點三分，但在他的出走年卻暴增到五點二分。如果當時已經有現在比較先進的數據分析觀念，布萊爾應該不會獲得太多球隊的青睞，但那時候才剛成立的響尾蛇隊，選擇給他一張三年一千

○五十萬美金的合約，要他加入他們隊史首季（一九九八年）的先發輪值。（從一九九八年到現在，響尾蛇在其相對很短的隊史中，曾祭出非常多效益奇差的自由球員合約，而布萊爾的正是其中之一。）

這張合約從一開始就大走鐘。布萊爾是響尾蛇隊史第二場比賽的先發投手，主投七局被打十二支安打、掉五分，表現不佳，接下來的二十二場先發也大多乏善可陳；總計布萊爾效力響尾蛇四個月，累積二十三場先發，防禦率高達五點三四。球季還沒結束，響尾蛇就把布萊爾跟他的爛合約交易到大都會，換來吉爾基（Bernard Gilkey）的爛合約[4]和費古洛（Nelson Figueroa）。即便如此，響尾蛇還是沒學到教訓，幾年後重蹈覆轍，在R．歐提茲（Russ Ortiz）於二〇〇三和二〇〇四年投出一樣帶有僥倖成份的賽季後，以四年合約簽下他，然後在合約只進行到一年半的時

3　標準化防禦率ERA＋，就是把所有投手的防禦率「去脈絡化」，都放在同一個比較基準點上，排除原本數據當中的許多雜音，例如球場因素（球員數據會受到所在主場的影響）、對手素質（面對到不同的打者群失分表現會不同）等等，再用淺顯易懂的整數方式呈現。ERA＋一百就是聯盟平均，高於一百就是優於聯盟平均，低於一百就是遜於聯盟平均。如果一名球員的ERA＋為一百五十，就代表他的防禦率在經過相關校準過後，比聯盟平均好上百分之五十。

4　左外野手吉爾基，在一九九六年於大都會打出亮眼成績（出賽一百五十三場，打擊三圍三成一七／三成九三／〇點五六二），大都會因此選擇以四年兩千〇四十萬美金的合約跟他續約；孰料簽約之後的一年半，吉爾基的成績一落千丈，其合約也變成一張爛約，境況與布萊爾、馬修斯有異曲同工之妙。

候，就認賠把他釋出。

上述這些案例（還有非常、非常多類似的例子）的共通點是，決策者被最近發生的事件和發展所蒙蔽。近期發生的事情，通常比較容易在我們的記憶中跳出來，因此它們在我們的決策過程中，扮演十分吃重的角色。這種現象，就是近時偏誤。在運動領域，近時偏誤可說是一種必然的存在。把評價球員當成工作一部分的我們，很習慣看著球員隨著年紀增長而老化、隨著經驗累積而成熟、隨著傷勢變多而退步、隨著技術升級而進步，所以在開新合約給球員或進行交易評估時，我們不能輕易地把某一個球員的數據提升，直接視為僥倖、運氣使然，但也不會毫不猶豫地相信某個特別突出的賽季（或半個球季），就是常態或真正實力的展現。若要做出理性的決策和選擇，關鍵之一是，意識到眼前的新發展，很可能只是舊本質換上新包裝的結果。

我們常常會覺得「自己」的記憶和經驗錯不了，心想著「別人的記憶不一定對，但我記得的肯定不會錯」。但顯然，我們的記憶並不可靠，即便是在處理相似種類的資訊上，也會出錯。我們的記憶會過度強調，最近聽到或發生的資訊和事件，而在它們之前發生的，重要性則會自動下降，即便兩者之間的時間間隔其實並不長，也是如此。這種叫作「近時效應」或「近時偏誤」的現象，非常明顯且容易被察覺。心理學家曾做過實驗，即便是在以「一個接著一個」呈現資訊的情境下，受試者仍會顯示出近時偏誤。

這些實驗當中，有一種叫作「記憶廣度實驗」（memory span experiment）。實驗裡，受試者會被要求記憶下一連串的東西，像是數字。這串東西只會被播放一次，播完之後，研究人員會要受試者把剛才聽到的東西，按順序回想出來。此實驗的目的是量測「序列回憶」（serial recall），顧名思義，序列回憶就是人們把聽到的一連串事物記下來，並按順序說出來的能力。如果你把實驗中受試者回憶各個項目的準確度做成曲線圖，會得到一個U型曲線，代表人們通常會把首先聽到的東西記得很清楚（這叫作「初始效應」〔primary effect〕，稍後我會談到更多），也比較容易把最後聽到的東西記起來（近時效應），而夾在中間的項目則最常被忘記[5]。換言之，大多數人都只會記得首先聽到和最後聽到的東西。雖然這道理感覺不證自明，但經科學驗證後，我們便能很有信心地認定它是真的。

（心理學家對工作記憶[6]和有可能阻礙記憶的相關思考程序，做了不少研究。這些研究影響

5　更多案例，請見：J. R. Anderson and M. Matessa, "A Production System Theory of Serial Memory," Psychological Review 104, no. 4 (1997): 728–48, doi:10.1037/0033-295x.104.4.728.

6　很多心理學家使用「工作記憶」（working memory）一詞來替代「短期記憶」（short-term memory）這一個名詞。這兩個名詞有時可通用，但實際上強調不同觀念。「短期記憶」強調的是，訊息的維持時間很短，但「工作記憶」強調的卻是其功能，亦即強調在工作記憶中，學習者可以做複誦的工作，把新訊息加以組織使產生內在聯結；可自長期記憶中，叫出舊有知識來到工作記憶中，使新舊知識互相融合，以產生外在聯結。（摘編自《教育大辭書》）

了我們日常生活中的許多面向。舉例來說，一九六〇年代的貝爾實驗室〔Bell Labs〕[7]，有一位後來成為史丹佛大學〔Stanford University〕教授、並拿下美國國家科學獎章〔National Medal of Science〕的研究員，名叫薛波〔Roger N. Shephard〕。他做了一個研究，指出如果美國把電話號碼的排序方式，從原本的「三碼在前、四碼在後」，改為「四碼在前、三碼在後」〔例如，把八六七—五三〇九改為五三〇九—八六七〕，那消費者就會比較容易把電話號碼記起來。但最後貝爾實驗室覺得太麻煩、工程太浩大，所以拒絕了這個提案。）

當近時效應開始影響我們的決策時，它就成了近時偏誤。近時偏誤會使最近最新的資訊成為我們做決策時，最看重的一點，並減少其他資訊在我們心中的重要性。[8]當你在做決策時，會有意無意地衡量過去所收到的資訊，試著從中找出對下決定有幫助的內容。在「順序偏誤」（order bias）（也就是「初始偏誤」或「近時偏誤」）的概念裡，獲得資訊的順序會影響你對各個資訊所賦予的重要性。這跟資訊本身的相關性大小、正確與否無關，單純只是「關於某議題，該資訊是不是你最早聽到的，還是最晚聽到的，或是介於之間」。這種思考方式不理性，卻是人類大腦的自然機制：由於在瞭解某議題時，最先聽到跟最近聽到的資訊，比較容易被回想起來，所以我們取用相關資訊時，會傾向認為最早和最近獲取的資訊，更加重要。

我們都很容易犯下近時偏誤，原因無他，因為我們都是人類。要克服近時偏誤，沒辦法從根本上解決，因為我們沒辦法要大腦完全擺脫本能的傾向。但由於現在體育產業（特別是棒球）普遍都能產出大量資料來輔助決策過程，所以身在體育界的我們，還是能找到一個方法，來減少近時偏誤對我們的影響：讓資料自己幫我們決定，究竟要賦予最新資訊多大的權重[9]。

很多獨立分析師、棒球網站、以及每支大聯盟球隊，都有自己的球員成績預測系統。這些系統依據球員過去的成績和其他變數（如年紀、身高、體重、傷病史），來推測球員未來一年或甚至更長遠的表現。如果你想知道應該開給二〇〇六球季結束後的馬修斯，什麼樣的合約——長度多長、平均年薪多少，那你得先取得一些關於他接下來表現的推估——他會打得多好、好成績能維持多久。以馬修斯的例子來看，二〇〇六年球季結束時的他，已經超過三十歲，所以若跟他簽長約，他有比較高的可能性在合約期間遭遇衰退；預測系統會告訴你，他的薪資大概何時會超過他能在球場上產出的價值。（這個問題的實際答案是，「簽約的當下就已經超過了」，但當時的天使顯然並不知道。）

---

7 貝爾實驗室，最初是貝爾系統內，從事包括電話交換機、電話電纜、半導體等電信相關技術的研究開發機構，後來陸續易主。貝爾實驗室的歷史上，曾出過九座諾貝爾物理學獎。總部位於美國紐澤西州。（摘編自維基百科）

8 V. Arnold, P. A. Collier, S. A. Leech, and S. G. Sutton, "The Effect of Experience and Complexity on Order and Recency Bias in Decision Making by Professional Accountants," Accounting and Finance 40, no. 2 (2000): 109–34.

9 權重是指某一因素或指標相對於某一事物的重要程度，其不同於一般的比重，體現的不僅僅是某一因素或指標所佔的百分比，強調的是因素或指標的相對重要程度，傾向於貢獻度或重要性。（摘編自百度百科）

棒球數據專家辛柏斯基（Dan Szymborski），自己開發出一套球員預測系統，叫作「席普斯」（ZiPS），已經持續更新運作超過十年的時間。辛柏斯基會把席普斯產出的結果，刊載在數據網站FanGraphs上。[10]席普斯的預測，會先以某球員近四個球季的數據為基礎，產出一個基準點，然後再從那個基準點上，把其他因素考慮進來，進行調整。舉例來說，席普斯的打者預測中，跟過去年份數值相關性最強的數據，是三振率；一名打者下一季三振率的預測，有百分之五十三的機率，會是最近一年的三振率，百分之二十二會是第二近那年的三振率，剩下百分之二十五的機率，則會是第三近和第四近那兩年的三振率。那些百分率就是權重，也被稱作「係數」，是辛柏斯基對數千名球員的數據，進行線性迴歸分析[11]的結果，以決定適合所有球員的最佳基準權重。決定好最佳基準權重後，辛柏斯基就可以參考研究其他因素（如年紀）影響的分析，把那些其他因素納入預測系統中，對基準權重進行調整。（預測系統在推算「沒有足夠過去資料的年輕球員」或「球涯已經進入尾聲的高齡球員」時，年紀因素都很重要，因為年紀因素可以讓預測系統分析資料不足的年輕球員時，至少多一個評判依據，也可以讓它在分析快要退休的高齡球員時，多加入一個考量，使預測更準。例如，快退休的高齡球員，三振率增加的幅度會變得很大，因為他們的揮棒速度下滑得較快。）

「棒球指南」網站的研發部主任帕夫利迪斯（Harry Pavlidis），主管該站獨家的「沛可達」預測系統（PECOTA projection system）[12]。該系統最早是由西爾佛（Nate Silver，美國統計學家，後來成立了知名數據分析網站「五三八」（FiveThirtyEight）所開發，後來受到帕夫利迪斯和其團隊的持續更新與維護。當被問到他們是如何決定沛可達系統演算法中，針對過去數值所採取的權重時，帕夫利迪斯的回答跟辛柏斯基十分類似：「對於每個我們預測的數據項目，我們算出運算法權重的方式，確實都是透過迴歸分析。因此，每個數據項目的運算權重，都不太一樣，但就像你說的，它們會賦予比較近期的數據資料較高的權重。我想我們現在採用的運算法，是我在幾年前開發的，或是至少奠基在那次開發的結果上。自那之後，我們確實更強調近期賽季的數據，給予它們更高的權重，程度高於舊版的沛可達系統。」

二〇一八年球季結束之後，過去曾任職於道奇研發部門數年的巴克利（Ehsan Bokhari），成

10 辛柏斯基有時候會收到一些令人發笑的球迷反饋。有些球迷會認為他有刻意竄改預測的數字，或用「手工」產出席普斯的預測數值，而非靠演算法的計算；但這些顯然都是不實指控。最好笑的一則回饋信件是，有讀者曾生氣地跟他說，他在引用席普斯的數據時，沒有把數據來源註明清楚；然而，我們都知道，席普斯系統就是辛柏斯基本人開發出來的。

11 迴歸分析是對客觀事物數量依存關係的分析，是處理多個變數之間相互關係的一種數學方法。所謂線性迴歸模型就是指，因變數和自變數之間的關係是直線型的。（摘編自ＭＢＡ智庫）

12 ＰＥＣＯＴＡ（Player Empirical Comparison and Optimization Test Algorithm）：字面上的意思是「球員實證比較與優化的測試演算法」，但這名稱和其縮寫，其實是刻意為了向沛可達（Bill Pecota）這名球員致敬而設計。沛可達終其生涯都是一名非常普通、平庸的球員，因此用他的名字作為意象，是為了代表一般球員的典型。

為太空人的研發部門主任。他用比較簡單的語言來描述，自己對建構球員預測系統的看法：「權重一般來說是由過去經驗和實證來決定。我只想找出在某些條件和限制底下，最適合的權重。權重的範圍通常介在〇跟一之間，能夠產出最精準預測結果的權重組合，就是最好的，而當考慮到的數據愈古早，給出的權重值就得愈低。權重值隨著數據的古早程度增加，而逐漸減低，最後趨近於零，是很合理的現象。在大多數情況下，預測系統運算法中所採用的權重，適用於每個球員。」因此，我們可以說，預測系統針對下一季數據推測的運算中，近幾年的數據會獲得最高的權重，然後隨著數據產出的年份離現在愈遠（愈古早），權重也會跟著降低。

巴克利也點出了一些，數據分析師在建構這種球員預測模型時，需要考量到的問題。「有些球員是真的有做出技術上的改變，當這種改變發生時，就需要賦予其近期數據更多權重，甚至可以忽略那些沒那麼近期的資料（J．D．馬丁尼茲〔J. D. Martinez〕即為一個經典案例）。」J．D．馬丁尼茲大聯盟生涯初期在太空人打了三個球季，整體成績低於替補級球員的水平，於是太空人在二〇一四年春訓將他釋出。在那段期間，J．D．馬丁尼茲修改揮棒機制，成功扭轉生涯頹勢，自那之後的七個球季，他一共產出多達二十五的WAR值。近年來，類似於J．D．馬丁尼茲的故事愈來愈常見：道奇隊已經藉由改善孟西（Max Muncy）和泰勒（Chris Taylor）的擊球仰角數據，把他們從快被大聯盟淘汰的選手，改造成能天天先發的主力球員，另外也透過類似的方法，將原本長打火力不足的優質年輕捕手W．史密斯（Will Smith，防守能力不錯），打造成能年產二十轟的打者。在這些案例中，球探報告和影片分析扮演重要角色，它們可以幫助分析師決定，在運算這些球員的預測時，是否該移除早期的資料，或減少早期數據的權重。

巴克利繼續說道：「分辨哪些是具代表性的有用資料、哪些是沒有太大意義的數據雜音，是一件非常困難的事，但也是很值得花心力去解決的難題。另一點是，在決定要把多久以前的資料納入運算時，年紀是一個不容忽視的考量點。第三，當球員所處的競爭環境出現變化（例如聯盟用球的物理性質轉變），那也需要在取材資料時，做相應的調整。以二〇一九年來說，這點就特別重要，因為小聯盟的三A層級在這一年，把球換成大聯盟的用球（更別提大聯盟本身在近四年來，用球的性質也跟更早之前不太一樣）。我們會希望不斷更新預測系統的運算機制，以反映聯盟當下的競爭環境；但令人苦惱的是，現在美國職棒似乎每年的競爭環境都有明顯的變化，至少過去三、四年都是如此，提高了我們做球員預測的難度。」

換言之，分析師決定該給近期數據（或任何種類、任何時期的數據）多大權重的方法，是透過理性分析，而非莫名的直覺。大腦會跟你說，要賦予你最先聽到的東西（初始偏誤）或最後聽到的東西（近時偏誤），最大的權重，但這很可能不是最佳判斷，因為介於兩個極端之間發生的事情，可能也很重要。

在棒球界也可以看得到初始偏誤，只是相比於近時偏誤，它影響的方式比較不明顯一點。歷年來經歷多次變動的大聯盟明星賽成員票選機制，一直以來都存有滿奇怪的近時偏誤現象，因為它幾乎已經變成了單純回饋上半季表現出色選手的獎勵機制，而非真的在挑選大聯盟裡的明星球員。實際操作上，由於球迷票選非常早就開跑（通常在五月初或五月中就開始，而大聯盟球季的開季時間，大多是在三月底、四月初），所以得票最高的人常常是那些在四月份打得最好的選手。

二〇一二年季前，拉海爾（Bryan LaHair）只不過是一名二十九歲的資深小聯盟球員，曾上過大聯盟，但僅累積了一百九十五個打數。二〇〇八年，他為西雅圖水手（Seattle Mariners）出賽四十五場，然後在二〇〇九年球季結束後被移出四十人名單[13]，隨後以小聯盟自由球員的身份被小熊隊簽下，於小熊三A待了兩季之後，才重新於二〇一一年球季尾聲，回到大聯盟。二〇一二年開季，拉海爾從小熊的大聯盟球員名單出發，打出他這輩子最亮眼的四月份數據，二十場出賽的打擊三圍達到三成九〇／四成七一／〇點七八〇，附帶五支全壘打；但同時，他的場內球安打率BABIP是破表的「六成」[14]，光看這個數字，就大概可以知道拉海爾在那年四月的成績純屬僥倖。雖然拉海爾在五月的前兩場比賽都開轟，並於五月十五號揮出他該季的第十轟，但輔助他打出超乎實力佳績的運氣魔法，就此消失。從五月十六號起算，到明星週展開前，拉海爾的打擊三圍掉到二成二〇／二成七八／〇點三四一，若把計算區間拉長到季末，也只有二成一一／二成七三／〇點三二三，而且過程中，他的三振率高達百分之三十五（那年大聯盟平均的三振率為百分之十九點八）。

國聯明星隊總教練拉魯薩[15]，是不太重視數據分析、比較老派的棒球人。就算拉海爾從六月中（明星週通常都在七月中舉辦），就已經被瑞佐（Anthony Rizzo）取代，丟了先發一壘手的工作，降職為專門在對方派出右投手上場時的右外野手（拉海爾是左打，對右投有先天優勢），但拉魯薩仍決定，把拉海爾選為那年國聯明星隊的板凳球員之一。拉海爾在那屆明星賽還有上場，把他唯一看到的一球打成滾地球出局。在明星賽亮相，後來成為拉海爾生涯最風光的一刻，因為自他在二〇一二年十月三日、該季例行賽最終戰揮出一發全壘打後，他就再也沒有回到大聯盟了。

二〇〇〇年，大都會外野手D・貝爾（Derek Bell）也在四月份打出令人意外的絕佳成績，

13　大聯盟的四十人名單無論對球隊還是對球員，都具有重大意義。在四十人名單裡的球員，要不是已經在大聯盟，就是距離大聯盟不遠了，具有大聯盟球隊登錄名單的意味，要上大聯盟的球員，一定得在這名單中。此外，大聯盟球員工會所代表向資方爭取權利的球員，只有四十人名單裡的球員，因此在四十人名單以外的小聯盟球員，不在球員工會的考慮範圍內。

14　代表拉海爾那個月把球打進場內後，有百分之六十的機率會上壘。二〇一二年四月，拉海爾上場打擊七十次，其中被三振二十五次、選到十次保送、揮出五支全壘打，扣除掉這些，就能算出他一共有三十次把球打進場內，而那三十球最後有十八球變成安打。大聯盟每年平均的場內球安打率大多落在三成出頭，而不同打者依據不同的個人能力，會繳出有高有低的場內球安打率，但絕大多數人，只要累積夠多的打擊機會，場內球安打率都會趨近於三成。大聯盟史上，還沒有看到真正長年具有「四成場內球安打率實力」的打者。自一九四七年，大聯盟種族藩籬被打破，有色人種也加入大聯盟賽場的競爭後，單季合格打者最高的場內球安打率紀錄為一九七七年卡魯（Rod Carew）的四成〇八。

15　Tony La Russa。

並靠著那個月的火燙表現，在二〇〇〇和二〇〇一年的冬天，獲得海盜隊開出的一張兩年一千萬美金合約。這張合約後來以徹底失敗收場，也成為海盜在二〇〇一年六月炒掉總管邦納菲（Cam Bonifay）的原因之一。一九九九年球季結束後，當時還在太空人的D．貝爾，跟著明星投手隊友漢普頓（Mike Hampton），一起被交易到大都會。太空人的盤算是，大都會可以換走他們的明星投手，但同時也得帶走身繫爛合約的D．貝爾（當時年薪達五百萬美金，遠超出他場上貢獻的價值），好讓他們省錢。轉隊後的D．貝爾，立刻給新東家一份大禮，在二〇〇〇年四月份打出三成八五／四成四九／〇點五六七的打擊三圍，遠優於他過去生涯的攻擊產出；但當然，那樣的表現沒有持續太久，四月之後的剩餘賽季，D．貝爾只打出二成三八／三成二五／〇點三九一的數據，跟他在一九九九年的成績（二成三六／三成〇六／〇點三五〇）相去不遠，而那些數字，或許才是更能預測其生涯後續表現的指標，顯示D．貝爾當時的能力，已不足以承擔先發球員的任務。時任海盜總管邦納菲，已經管理海盜八年半，但沒有一年，海盜的勝場數多於敗場數，其建隊能力早已受質疑；而儘管已經有諸多證據顯示，D．貝爾的實力並不理想，不可能在兩年內打出千萬美金的價值，但邦納菲還是在二〇〇〇年結束後，開給D．貝爾一張兩年一千萬美金的合約。後果果然淒慘，D．貝爾來到海盜，表現立刻探底，除了出現不少受傷情況，在很有限的四十六場出賽中，也只繳出一成七五／二成八七／〇點二八八的悲劇打擊三圍。二〇〇二年春訓，海盜新總管里托菲爾（Dave Littlefield）表示，新球季的先發右外野手人選尚無定案，要旗下多名球員在春訓競爭卡位；得知此事，D・貝爾非常不以為然，認為已經在大聯盟征戰超過十年的他，毋須再跟其他選手競爭先發地位，因此對外向海盜高層攤牌，說要是球隊不直接給他先發右外野的位置、仍堅持要他在春訓爭位，那他就拒絕為海盜隊比賽。D・貝爾不願重新爭取因自己不佳表現而丟失的先發地位，此舉自然令海盜不愉快，不出幾個禮拜，球隊就把桀驁不馴的D・貝爾釋出，而他的大聯盟生涯也就此告終。

棒球數據有一個有趣的點是，在季初打出優質的數據，跟在季末打出相同優質的數據，給人的感覺不太一樣。D・貝爾在二〇〇〇年四月的好成績，之所以在大家心中留下更深刻的印象，是因為上半季大部分時間，他許多數據都因為四月份好表現的支撐，而在各大排行榜名列前茅；此外，雖然他在球季剩下五個月的發揮，都相當平庸，但也只把他整季的數據下拉到僅略遜於聯盟平均的水準（標準化攻擊指數OPS＋[16]為九十八）。即便D・貝爾早在五月起，手感就已不再火燙，但直到明星週（也就是整個上半季），D・貝爾的賽季數據看起來都還是相當漂亮（打擊三圍三成一八／三成九八／〇點四九八，OPS＋達一百二十六）。

16　攻擊指數OPS（on-base plus slugging）即「上壘率加長打率」，比起打擊三圍，可用一個數字就大致反映出打者的綜合火力高低。標準化攻擊指數OPS＋所代表的意義，基本上跟標準化防禦率ERA＋相同，只是把數據的主角換成攻擊指數而已。OPS＋一百，即為聯盟平均。

近時偏誤也會出現在總教練安排打線和調度投手的日常決策中。受惠於各隊數據分析部門提供的資訊和支援，二〇一九年的總教練已經漸漸擺脫近時偏誤帶來的影響和干擾，但在棒球史上大部分的時間裡，「某些球員狀況正好、手感正燙」或「某些球員狀況很差、手感冰冷」的概念，可說是根深蒂固。

二〇一四年，時任《華盛頓郵報》棒球記者的華格納（James Wagner）寫了一篇文章，提到在國民隊休息室中，不難找到相信「火燙手感」這件事為真的球員和教練。當時擔任國民打擊教練的舒休（Rick Schu）就說：「當然！『火燙手感』的概念是真的。百分之百真實。」（沒錯，球員確實可以在一段時間內表現得特別好，但那些表現不具有任何預測性和代表性。）國民那時候的右外野手沃斯（Jayson Werth，後來曾公開抱怨是「數據分析」終結了他的球員生涯）也說：「那當然是真的。這概念已經被談論過非常多次了。」（這是一種叫作「訴諸群眾」（argumentum ad populum）的邏輯謬誤。大家都相信某件事為真，不代表那件事就是真的。我們在第四章曾談到「真相錯覺效應」，而這就是一個案例。儘管實證和資料不支持某個道理，但只因為很多人相信它是真的，它就會被一直重複拿出來講。）當時還在金鶯隊擔任外野手的克魯茲（Nelson Cruz），正處在一段罕見的生涯下半場大回春，這個回春延續到他三十歲中後期，使他一直保持高打擊率和高全壘打產能。克魯茲也接受了華格納的訪問，說道：「如果前幾個打席都打得不錯，這對打者的心理層面幫助很大。打者的信心一定會因此提升，並且能提高在下個打席敲出安打的可能性。」[17]各位可能都聽過賽事主播、棒球作家、球隊總教練，在解釋、辯護某些球員調度的決策時，把「這球員近況很好」當作主要的理由和論點。

二〇一九年，紅雀隊總裁莫澤利亞克（John Mozeliak）對美國運動網站「運動員」（The Athletic）的記者說，總教練希爾特（Mike Shildt）會在安排打線時，試著找出那些最近手感正燙的打者，並多排他們上場。同年九月，大都會內野手佛萊澤（Todd Frazier）在解釋自己為什麼九月份出賽頻率減少時，為總教練減低他出賽場次的決策辯護，表示總教練該做的，就是多安排那些手感正燙的打者上場。國民總教練馬丁尼茲[18]似乎也常常在辯護決策時，把「近況很好」、「手感正燙」等說法掛在嘴邊，比如說他在二〇一九年四月，解釋他為何使用某特定後援投手時，就提到了那些說法，另外一次則是同年八月，他在說明自己會如何應對終結者杜力托（Sean Doolittle）傷勢的時候。現在的總教練們，有可能會因為自家管理部門和球迷已經不再相信「打線裡的保護效應」和「強心臟打者」等概念，而減少提到它們的次數，但「火燙手感」的迷思，至今看起來依然非常受歡迎。

17　華格納在那篇報導中，還引用了學術研究來佐證「手感火燙、狀況絕佳」的情形真實存在；但那份研究並沒有真的達到佐證的效果，因為它的研究方法有問題，而且也沒有把「球員打球環境」等複雜因素考量進去。

18　Dave Martinez。

「火燙手感」的概念最早被學術研究界探索，可追溯到一九八五年由吉洛維曲（Thomas Gilovich）、維隆（Robert Vallone）、特沃斯基[19]合著的一篇論文[20]。那篇論文指出，「手感火燙」、「近況很好」等概念，只是在隨機的資料中刻意找出一些模式而已。以投籃為例，他們發現一連串的連續進球，並不代表該投籃者投進下一記球的機率會變高，不管是在場上的投籃嘗試，還是罰球嘗試，都是如此。如果你想讓自己的論文獲得主流媒體的關注，宣稱你已經發現能推翻前述這篇論文的理論即可，因為就算你提出的研究禁不起嚴謹科學標準的考驗，或扭曲了吉洛維曲、維隆、特沃斯基研究中的某些定義，媒體似乎還是很喜歡給這種研究更多曝光的機會。

在我出生的很多年前，「火燙手感」的概念就已經長年深植在棒球文化之中，但它終究是個荒誕的想法：一個打者在生理條件沒有明顯改變的情況下，竟能隨意地瞬間提升自己的實力，或是忽然獲得「把來球看得更清楚」的技能？這是不可能發生的。這概念是許多學術研究喜歡探討的主題，每一年都有一些新發表的論文，宣稱「火燙手感」真實存在，但這些論文沒有一篇禁得起後來的檢驗。

臨床心理學家卡爾頓（Russell Carleton），曾在「棒球指南」刊載非常多精闢獨到的文章，後來在二〇一八年球季結束後，被大都會延攬，加入他們的管理部門。二〇一〇年，他在「棒球指南」網站上寫了一篇破解「火燙手感」迷思、題名為〈進入一段表現趨勢〉（Going Streaking）的文章，內文中他提到，不管我們把球員「近況」所涵蓋的期間，定義為近十個打席、近二十五個打席、還是近一百個打席，「近況」對球員下一個打席結果的預測性，皆遠遠不及球員整體表現的大樣本數據。在眾多數據項目中，只有一個項目——上壘率——的近況數據，產出比較有意義的預測性，但平均每一萬個打席才會出現一次（換言之，前幾次打席上壘率較高的打者，會比近期上壘率較低的打者，在每一萬打席中多敲出一支安打），而一萬個打席的量，大約等同C．戴維斯（**Chili Davis**）和B．貝爾（**Buddy Bell**）等在大聯盟打超過十八年的名將，整個生涯累積的打席數。（簡單來說，就是差異很細微，也可以被忽略。）卡爾頓後來在文章末段，用當時洋基隊的超級球星羅德里奎茲（**Alex Rodriguez, A-Rod**）為例，來概括他研究的結果：「你可以在**A-Rod**打得很好的時候，故意保送他，但那原因不會是『**A-Rod**手感最近很燙』，而是因為『他是**A-Rod**，本來就超強』。」

「火燙手感謬誤」其實就是「賭徒謬誤」的相反。現在我們來複習一下曾在第一章被提到的賭徒謬誤是甚麼：雖然我們都知道在硬幣沒有被動手腳的情況下，不管拋多少次硬幣，出現正反面的機率，各為百分之五十，但如果連拋一枚硬幣十次，結果十次都是反面在上，那有賭徒謬誤的人就會覺得，下一次拋的結果應該是正面，因為已經「太久沒出現正面」了。相反地，「火燙

---

19 Amos Tversky。

20 Thomas Gilovich, Robert Vallone, and Amos Tversky, "The Hot Hand in Basketball: On the Misperception of Random Sequences," Cognitive Psychology 17 (1985): 295–314.

手感謬誤」即因為某事件最近一直發生，所以接下來有比較高的機率發生該事件。這兩種謬誤都是錯的，而這也是它們之所以被稱作謬誤的原因。此外，它們倆也不可能同時為真，因為兩者的概念相牴觸。

奧立佛（John Oliver）是《HBO》[21]艾美獎（Emmy Award）[22]得獎電視節目《上週今夜秀》（*Last Week Tonight*）的主持人。二〇一六年五月，他把新聞媒體熱衷於報導科學研究結果的現象，當作一集節目的主要內容；在裡面，他抨擊新聞台處理、呈現科研結果的方式，並說道：「科學不應該被如此誇張地扭曲，淪為晨間節目的八卦話題。」奧立佛指出一系列媒體如此操弄科研結果的原因，包括：新聞網站偏好新奇聳動的研究結果，以及那些誇大研究結果的學術機構官方新聞稿；記者本身也會在沒有解釋研究限制和潛在缺失的情況下，對研究結果加油添醋，試圖創造更好的吸睛效果。這種操作方式或許只是反映出新聞業的本質，但它會帶來負面的影響，而最終受害的是接收訊息的閱聽大眾。過去五年來，光在「職業運動火燙手感」的這個議題上，類似的情形就發生過兩次。

一份由史丹佛大學教授和加州大學柏克萊分校（University of California, Berkeley）教授合著的論文[23]，宣稱已經找到能證明「火燙手感在棒球界真的存在」的實證，至少在打者這塊已有明確證據。二〇一四年，這份論文首次在網路上發表，並於二〇一七年進行修正、重新刊登，曾在每年三月於麻省理工學院舉辦的斯羅恩運動分析研討會（MIT Sloan Sports Analytics Conference）

中出現。它的研究結果受到《華盛頓郵報》、《波士頓環球報》、《紐約時報》等知名媒體的報導，沒有遭受任何質疑。但其實，早在二〇一四年，這篇論文首度被刊登在網路上的當天下午，就有人在棒球數據專家探戈[24]的部落格裡留言，指出該篇研究的作者在分析過程中，排除了重要的數據資料：在他們篩選出來進行分析的資料樣本（一連串結果類似的打數）前後，有些重要的數據都被忽略、拋棄了。摒除可能對研究具有實質意義的數據資料，在任何科學研究裡都是大忌。史密斯[25]在他的著作《常識統計學》中，就寫到了這點：「閱讀科學研究論文時，最佳的基本原則是，要特別注意那些被拋棄的數據和資料。要好好看清楚那些被忽略的資料，是否真的不值得被納入考慮。如果不是的話，永遠要抱持懷疑的態度。」撰寫科學研究結果相關報導的記

---

21 HBO（Home Box Office的縮寫，直譯為家庭票房）是一個美國的付費有線和衛星聯播網，為華納媒體公司所擁有，由HBO公司負責營運。HBO主要播出曾在戲院放映的電影和獨立製播的電視影集，此外也有為電視而製作的電影、紀錄片、拳擊賽，以及偶爾播出的喜劇脫口秀和演唱會特別節目。（摘編自維基百科）

22 艾美獎是美國一項用於表彰其電視工業傑出人士和節目的獎勵，其重要程度等同於電影界的奧斯卡金像獎（Academy Award）、音樂界的葛萊美獎（Grammy Awards）以及戲劇界的東尼獎（Tony Award）。（摘編自維基百科）

23 Brett S. Green and Jeffrey Zwiebel, "The Hot-Hand Fallacy: Cognitive Mistakes or Equilibrium Adjustments? Evidence from Major League Baseball (revised)," Management Science, November 2018, pp. 49675460.

24 Tom Tango。

25 Gary Smith。

者，也應該採取這種標準。

滿類似的是，統計學者米勒（Joshua Miller）和桑吉臼（Adam Sanjurjo）於二〇一五年發表的研究[26]，宣稱找到了籃球運動當中「火燙投籃手感」存在的證據，也是直接反駁一九八五年由特沃斯基等學者所著、發現沒有實證能支持籃球運動「火燙手感」現象的指標性論文。米勒和桑吉臼用了一些統計上的花招，試圖操弄出火燙手感為真的假象，但他們的技倆只需一般常識就能識破，遑論更嚴謹的學術檢核。這篇新研究採用「樣本內預測」[27]的方式（基本上就是在一大堆資料中，找尋特定符合研究需求的內容）進行論證，提出：有明顯證據顯示，一旦被賦予「有限」的投籃機會，就會有火燙手感或冰冷手感的效應，而且效果還滿大的。米勒和桑吉臼認為，特沃斯基等人的研究對球員所設的基準預期太高，而他們新研究所採取的「限制選擇原則」（the principle of restricted choice）比較合理，並以此去呈現研究結果。限制選擇原則，經常被用在橋牌以及許多其他紙牌遊戲、桌遊的策略分析，而在米勒等人的研究中，則被用在投籃結果模式的分析上。米勒等人研究的重點精神是，在有限的N次投籃機會中，會有X次成功進籃以及「N減X」次的沒進籃。任意挑選這有限樣本中的某一次投籃，成功進籃的機率都應該是「X除以N」。然而，如果樣本中出現一連串成功的進籃，那下一球的進籃率就會減低，因為剛才連續投進的那幾球，不能被算在分子裡；舉例來說，如果剛才連續投進三球，那下一球的進籃率就不會是「X除以N」，而是「（X減三）除以N」。這代表球員顯示出「火燙手感為真」的門檻，比特沃斯基等人的一九八五年研究來得低。就研究本身，米勒等人得出的結果沒有錯，但我們都知道，籃球員不會被限制一場比賽只能進X球，不可能因為超出某個進球數字就不能再投籃，因此米勒等人的研究不能被套用在真實情境中。我想這點就算是不懂統計概念的人也很好理解，所以也無需再去討論，米勒和桑吉臼在他們研究後續分析所使用的複雜統計論證。常識也告訴我們，棒球員一整季下來，不會被限制只能打出一定數量的安打，也不可能在累積到某個安打數之後，就被禁止再敲安打。然而，米勒等人研究的大前提基本上就是，球員在場上成功完成某件事的次數是被限制的。

但媒體才不會放掉一個可供話題操作的新研究成果。《華爾街日報》（*Wall Street Journal*）的寇罕（Ben Cohen）就寫了兩篇關於這份研究的報導；《紐約時報》、《紐約》雜誌（*New York*）的時尚資訊網站「The Cut」、以及我當時服務的「ESPN」，也都報導了該研究；甚至連《科學人》雜誌（*Scientific American*）的網站，也提供了米勒和桑吉臼一些版面，去解釋他們的研究成果。那些報導該論文的文章，幾乎沒有提及任何反駁該研究的論述，就算有，提到的量也遠不

---

26 Joshua Miller and Adam Sanjurjo, "Surprised by the Hot Hand Fallacy? A Truth in the Law of Small Numbers," Econometrica 86, no. 6 (November 2018): 2019–47.

27 樣本內預測：根據估計的模型，對已有的樣本進行預測，可與樣本數據進行比較；樣本外預測：根據估計的模型，對未來進行預測，這個是對未來進行的估計，不能與樣本數據進行比較。

及該研究的結果本身。大力讚揚米勒等人研究的《紐約時報》文章，內文只有兩句話，提到一九八五年研究的作者之一吉洛維曲，只說他「不願對新研究做評判」，顯然不是太重視其觀點。

在這裡，我們先做個簡單的總結：沒錯，「火燙手感」這件事並不存在。但我真正想藉此帶出來的，是一個涉及層面更廣泛的問題：現代新聞業的本質，使令人感到意外、十分不尋常、自相矛盾的研究結果，在沒有太多審核機制的情況下，獲得極大的曝光和關注，而後續那些試圖導正視聽的反駁論述、推翻謬論的新實證，以及瑕疵論文遭到撤回的消息，卻得不到媒體太多關愛的眼神，被報導的量極少。對於讀者和社會大眾，記者肩負著以適當方式呈現正確資訊的責任，但在前述的案例中，很多大型主流媒體，都有意識地刊出能夠吸引眼球的聳動標題，卻忽略了他們讚揚的研究，分析方法是否夠嚴謹、研究結果是否具足夠的信效度。當然，這不過是職業運動領域，所以充滿瑕疵或未經檢驗的研究結果，不太會危害到大眾，但真正可怕的是，同樣的情況也經常發生在健康、營養、環保等領域，而當類似情形發生在那些切身影響大眾生活的學門時，就有可能會對人們產生很嚴重或很長久的負面衝擊。

食品領域就有出過一個經典案例。在我出生之前，新聞媒體就很喜歡報導關於健康飲食和有害健康食物的最新研究；而我出生至今，《時代》雜誌（*Time*）最有名的封面之一，也跟食品健康有關。一九八四年三月二十六號發行的《時代》雜誌封面，標題寫著：「膽固醇：大事不妙了……」配合著標題的圖案，是一個早餐盤，上面放著兩顆橫向並列的太陽蛋，蛋下面則是一條

「倒U型」的培根，形成一張不開心的臉。在我寫這段文字的當下，「糖」已經取代膽固醇成為「不健康飲食」的新代名詞，而一九八四年那期《時代》雜誌發行後，後續研究都顯示，日常攝取的膽固醇，跟心臟疾病風險、壽命長度之間，幾乎沒有什麼關聯。二〇一六年，飲食記者哈斯波（Tamar Haspel）寫到，媒體非常熱愛過度簡化日常飲食研究的結果，導致很多帶有誤導性質的報導內容產生，例如：「只要不吃那東西，就沒問題了。」這種建議最大的瑕疵是，聽從建議的人，或許真的從此不吃那個被報導為不健康食物的東西，但他還是有非常大的可能吃得不健康（平常吃的其他東西，或是改而去吃的東西，也不健康）。《時代》雜誌一九八四年那經典一期刊出的三十五年後，我仍然能清楚記得它當年出現在我家雜誌籃子裡的樣子，但它標題所呈現的聳動資訊，沒能通過後續研究的檢驗，而我至今也繼續吃著我的蛋，沒有因此出甚麼健康問題。

除了數據資料能證明「火燙手感」的現象並不存在，我還能用一個簡單的邏輯思考，來說明為什麼「火燙手感」並不合理。棒球比賽中，投手的工作是使打者出局。如果一名打者已經在前面的打擊機會中展示，他特別會打進壘點在某個特定位置的速球，那對方投手勢必就不會再把速球投到那個位置（除非失投）。現在的教練和投手手中，都握有數據分析和球探部門提供的大量資料，去幫助他們決定，究竟應該要在什麼樣的球數投什麼球、進壘點應該在什麼位置。此外，打者在「手感很燙」的時候，也沒辦法一直對決相同的投手，所以關鍵變數會發生改變，代表打者的表現會向平均值迴歸[28]。

不可否認的是，選手在某一段期間都表現很好的現象真實存在。狄馬喬[29]在一九四一年所締造、連續五十六戰都敲安的壯舉，直到七十八年後的今天，都還是大聯盟史上的最長連續安打場次紀錄；我前面的論述，並不是要反駁「選手連續好幾天都打出好成績／壞成績」的現象。我們可以把「連續五十六戰敲安」當作視狄馬喬為頂尖打者的理由，但事實上，就算不看那個紀錄，狄馬喬依然是非常傑出的打者：從一九四二到他生涯最後一年（一九五一年），狄馬喬曾因投身第二次世界大戰而缺席三個球季，但他仍能繳出三成〇四／三成八九／〇點五三三、OPS＋達一百五十（代表其攻擊指數OPS優於聯盟平均百分之五十）的成績。「懂得打擊的打者，勢必會敲出安打。」已故的打擊高手葛溫[30]經常把這句話掛在嘴邊。如果打者擊出安打的頻率，跟狄馬喬和羅斯（Pete Rose，大聯盟史上安打王、曾在一九七八年連四十四戰敲安）一樣高，那肯定會有一些安打，集中在某一段時間區間內，形成連續好幾天或好幾戰都敲安的情形。一個具有三成打擊率的打者，不一定會每十個打數都剛剛好敲出三支安打，但若給他一千個打數，他很可能就會累積三百支左右的安打。

然而，「選手連續好幾天都打出佳績」的現象，不能代表或證明，該選手「手感火燙」。一個在過去三十場比賽都敲出安打的打者，不會因此變得比連三十戰敲安前，更容易在下一戰或下一個打席擊出安打。賭場輪盤遊戲連開六次紅色號碼，不代表下次開出黑色號碼的機率會變高，你也不應該因為連開好幾次紅色號碼就改押黑色。（其實最好的情況是，根本不要去玩輪盤遊戲，因為它是完全隨機的；如果在這遊戲上下注，到最後勢必會賠錢。）

當然，一名總教練，也不應該因為某選手過去幾場比賽或過去幾週的表現，就改變對他的使用方法。例如，小明過去五場比賽敲出十二支安打，單週發揮出色，但總教練不該單純因為小明「手感很燙」而更常把他排進打線，或把他安排在順序較前面的棒次。總教練該做的是，不要太去理會那些近期的數據，而是以小明的長期大樣本數據，來做決策判斷；不管是當下那一季的數據，甚至把過去幾季的資料也考慮進來，都好。如果整體來看，小明對左投的成績不佳，而今晚對手派出的投手正好也是左投，即便小明近期成績出色，總教練最好還是讓小明坐板凳（前提是球隊裡有比小明更好的對付左投選項）。

二〇一八年七月，馬西尼（Mike Matheny）被紅雀隊炒魷魚，但在那之前，他已擔任紅雀總教練的職務，長達六年半的時間。帶隊期間，馬西尼經常被自家球迷批評，太看選手的近期表現做決策；情況嚴重到，就連曾為他效力的子弟兵、於二〇一七年球季後被交易到藍鳥的格里恰克

28 在統計學中，均值迴歸（regress to the mean）指的是如果變量在其第一次測量時是極端的，則在第二次測量時會趨向於接近平均值的現象。（摘編自知乎網站）

29 Joe DiMaggio。

30 Tony Gwynn。

（Randal Grichuk）也看不下去。格里恰克曾在「ESPN」聖路易地方電台的節目訪問中，點出馬西尼的調度方式，對主持人米克拉茲（Bernie Miklasz）說：「紅雀很喜歡用近期表現亮眼的球員。要是你連續幾場球沒打好，就會被排去坐板凳幾天。」後來他更直言批評這種調度，向報導藍鳥隊的媒體說：「在紅雀時，有時候我跟其他幾個外野手都覺得，我們得單場敲出兩支安打，或是多選到一個保送，才能在隔天被排進先發打線。我認為這樣的調度方式，對任何打者而言都不是太好。」

馬西尼常常以選手近況為由，解釋、辯護自己的決策。二〇一三年，紅雀在例行賽表現最好的先發投手是S．米勒（Shelby Miller），但馬西尼在季後賽卻幾乎不讓他上場。紅雀後來贏得兩個季後系列賽，並於世界大賽敗給紅襪，與冠軍失之交臂；但我想點出的是，那整個季後賽，S．米勒竟只為紅雀投了一局。雖然馬西尼沒有明確解釋過他不用S．米勒的原因，但可以推測跟其他投手近況更好有關。二〇一五年，馬西尼曾安排多年來都在小聯盟度過大半時間的三十五歲浪人野手D．強森（Dan Johnson），上大聯盟層級出賽，面對質疑，他的解釋是：「我們願意給近況好的人多一點機會。」在D．強森被拉上大聯盟前，他在三A的最後十場比賽揮出四支全壘打，而馬西尼單純就這一點為由，把他排入大聯盟陣容。結果D．強森只為紅雀出賽十二場，打出二十一打數三安打的差勁表現後，就被紅雀移出了四十人名單，並且再也沒回到大聯盟。馬西尼在任期間，很多關於紅雀隊的報導和討論，都會提到馬西尼特別愛用「手感火燙」的球員。

二〇一六年，老牌紅雀部落格「紅雀萬歲」（VivaElBirdos）刊出了一篇寫馬西尼的文章，內文提到馬西尼最常見的執教特色，就是喜歡用手感火燙的球員，並且談及當時狀況正好的打者狄亞茲（Aledmys Diaz），之後表現迴歸均值的可能性（他的表現後來確實回到了他正常的水準），「紅雀萬歲」寫道：「可以預期的是，等狄亞茲手感冷下來後，馬西尼就會去找其他近期成績出色的球員，安排他們上場取代狄亞茲。」

這幾年來，在總教練之間和球隊管理部門內，「火燙手感」迷思的盛行度已開始漸漸降低。前大都會總教練凱洛威（Mickey Callaway），就曾在二〇一七年十二月接受《七號線》（*The 7 Line*）[31]隨選廣播節目《藍橘色的東西》（*Orange And Blue Thing*）[32]的訪問時說：「『火燙手感』這東西，可能只是一種假象。它的數據樣本通常都太小，以致於不具什麼代表性。一名球員的手感隨時都有可能變冷。」二〇一一年末，魯諾[33]成為太空人隊總管，沒過多久，他在接受《紐約時報》記者凱普納（Tyler Kepner）的訪問時說：「若把手感火燙或是冰冷，當作決策的基礎，那十之八九效益都很差，甚至會破壞球隊整體的產能和價值。採用長期累積、較具代表性的數據資

31 一個由大都會死忠球迷發起並成立的大都會周邊商品製造商、販售平台。
32 由《七號線》製播呈現、專門探討大都會相關議題的隨選廣播節目。
33 Jeff Luhnow。

料，球隊的表現才會比較好。」不過魯諾也坦承，要時時刻刻都依據宏觀視野和長期數據做場上決策，也不是件容易辦到的事，需要破除許多偏見和迷思。

以「火燙手感」作為決策基礎，是頗為純然的近時偏誤案例。當然，這個案例也包含了一些棒球文化固執的成份：有超過五十年的時間，棒球界都十分抗拒採取新角度來思考比賽。我們當然都希望自己喜愛的球員是超級英雄，可以任意地迅速提升實力，而不太想去承認，他們其實也是人，雖然運動能力和項目技術很強，但表現終究會在一整個球季、乃至一整個生涯中，遭遇很多起起落落。紅襪隊總教練寇拉[34]，曾在太空人於二〇一七年奪冠時，擔任前太空人總教練辛區（A.J. Hinch）的板凳教練；二〇一八年他首度被聘為紅襪總教練的一開始，他就曾表示，比起看選手近況，他更喜歡看選手的本質和慣用手特性，來作為決策基礎，比如說當對方派出左投先發投手時，把更多右打打者排進打線。這種調度理念，正是把大樣本資訊納入考量，排除掉近期表現數據等雜音的體現。由於大腦會本能地告訴我們，近期的資訊比較重要，因此要管控自己不去仰賴近期資訊，需要一定程度的心理自律；當我們有更多資訊可供做決策的參考時，應該把所有資訊都用上。

但到頭來，棒球新聞和報導至今依然充斥著近時偏誤。這是兩個因素交互作用之下所造成的不幸結果：一，人腦容易跌入近時偏誤陷阱的本能傾向；二，球賽主播或賽事轉播製作人，擔心轉播過程中空白的時間太多。在播報中提到某位打者最近幾個打數沒安打，幾乎是現代棒球轉播呈現的必帶公式；就算每個打者在打擊機會夠多的情況下，都有可能出現連續十幾個打數沒安打的窘境，根本沒有什麼特別之處，但為了填補轉播當中的空白時間，轉播單位通常還是會提供這些資訊。名人堂打者葛溫，是他那個時代最強的高打擊率打者之一。他曾在一九九八年一段七場比賽的區間內，連續十九打數沒安打，但那季整體結算下來，他仍在五百〇五個打席中，繳出三成二一的高打擊率，而且僅被三振十八次。我不確定他所屬的教士隊，是否有在他沒敲出安打的那個禮拜，考慮讓他坐板凳，但他們最終沒那麼做的結果是好的，因為葛溫在那十九打數〇安打的區間過去後，於剩餘球季打出三成三八／三成五七／〇點五八八的優質打擊三圍。剩餘球季的葛溫，跟十九打數〇安打前的葛溫，沒有任何差異。

近時偏誤所帶來的負面影響，在棒球的各個面向都看得到。它能影響我們評價球員的方式，包含總教練和總管對於某球員的看法：他能不能現在就立刻為球隊做出貢獻，還是應該要被換掉?當該球員被叫上大聯盟時，近時偏誤和可得性偏誤可能會一起作用，造成負面結果。例如，大聯盟教練團可能沒有看過，該球員在小聯盟長期表現出色的樣子，一旦那球員在上大聯盟之後的一小段期間表現不佳，就有可能被大聯盟教練團視為水準不夠，或尚未準備好應付大聯盟層級。有一名在二〇一一年首度於大聯盟亮相的十九歲外野手，生涯前三個禮拜、十四場出賽，只

34 Alex Cora。

繳出一成六三／二成一三／〇點二七九的差勁打擊三圍，因此他所屬的球隊將他下放回小聯盟。二十二天之後，他重返大聯盟，表現明顯有所改善，而下個球季，他更直接躍升美聯產能最大的球員。這個外野手的名字叫作楚奧特[35]。楚奧特被下放小聯盟的前後，實力差距真的有如數據呈現得那麼巨大嗎？天使當年把他下方小聯盟的決定，是否為過度仰賴近期數據的結果，還是他們的大聯盟教練團，低估了楚奧特的小聯盟數據？近時偏誤會直接影響我們的情緒，而感情用事，通常會產出比理性決策糟糕的結果。

正如同理財顧問和經濟學家會告訴你，不需要過於頻繁地去看投資項目的漲跌，因為短期的波動都屬於正常現象；管理職業球團的主管，也不應該忘記要用宏觀的角度看事情，不需要對球員一週表現的好壞而反應過度。就連夢幻總教頭遊戲（fantasy sports）[36]的玩家，也會陷入相同的迷思：若太頻繁地關注自己球隊的球員，只要一有人出現低潮，玩家就很容易會想放棄該球員，找其他球員取代。這是人很自然的反應，但顯然太意氣用事，並不是人們做出正確決定時所採取的決策方法。

35　Mike Trout。

36　夢幻總教頭是一種體育經營模擬遊戲，主要玩法是由多名玩家組成一個聯盟，並且各自挑選球員組成自己的球隊並調整陣容，而這些球員在現實中的表現便會影響玩家的積分。（摘編自維基百科）

第八章

維持現狀錯了嗎？

為什麼維持現況、什麼都不做，是最容易犯下的錯誤策略

一個好的總教練，能夠透過場上和場下的決策，在一個球季中幫球隊多拿一點勝場數；但一個差的總教練，卻可能一個決定就讓整個賽季畫下句點。

我此生當中（出生於一九七三年），所有大聯盟總教練的錯誤決策裡，受到最多討論、訕笑、批評的，應該是前紅襪總教練利托（Grady Little）於二〇〇三年美聯冠軍系列賽第七戰，選擇在開完一次看似要把先發投手P．馬丁尼茲（Pedro Martinez）[1]換掉的投手丘會議之後，繼續

1　一九九八到二〇〇四年效力於紅襪隊的王牌投手。來自多明尼加的他，因為球種武器多元且球威強悍，故有「上帝右手」的美名。於二〇一五年入選棒球名人堂。

把他留在場上。當時比賽進行到八局下半一出局，利托已經有安排後援投手在牛棚熱好身，隨時可以進場替換P．馬丁尼茲，但整個球季都被紅襪細心保護的P．馬丁尼茲，仍成功說服利托將他留在場上。兩名打者之後，紅襪原本五比二的領先完全消失，被洋基追平。

在進入八局下半時，紅襪獲勝的機率仍高達百分之九十一（依據那個當下的比數、出局數狀態、壘包上的跑者分布，所運算的結果），而在P．馬丁尼茲解決該局首名打者後，他們的獲勝率更進一步上升到百分之九十四。此時P．馬丁尼茲已經投了一百〇七球，雖高於他例行賽的平均值和中位數，但與其日常的工作量相比，不會超出太多。這場先發之前，他休息了四天；四天的休息天數，對大部分的大聯盟先發投手而言都很標準，但對那時的P．馬丁尼茲而言卻不然。那年例行賽，P．馬丁尼茲的二十九場先發中，只有十六場是在休息四天的狀況下所投，其他場次的休息天數都更多，因為紅襪時不時會多給他一些休息日，來保護其長年操勞的手臂。更重要的是，P．馬丁尼茲才剛於七局下半，三振掉第四次上場打擊的洋基首棒打者索利安諾（Alfonso Soriano），代表八局下，他得第四度面對洋基的中心棒次；而現在我們都知道，在一場比賽中，投手面對對方打線的次數愈多，表現就會愈糟（打者成績變好），尤其是到了第四次，此現象會格外明顯。

在牛棚已經有左投手安布瑞（Alan Embree）和右投手提姆林（Mike Timlin）熱身的狀況下，P．馬丁尼茲解決掉八局下首名打者——左打的N．強森（Nick Johnson），讓紅襪的獲勝率提高到百分之九十四。利托按兵不動，沒有換上提姆林，要P．馬丁尼茲繼續對付下一棒——右打的基特[2]。這個由兩位未來名人堂成員組成的對決，最終由基特勝出，他把看到的第三球，掃成一支二壘安打。（在棒球運動中，由於擊球視角關係，左打者對右投手有先天優勢，而右打者對左投手也有先天優勢，因此打者通常比較喜歡打跟自己慣用手方向不一樣的投手；總教練在比賽後半段，經常會刻意換上跟敵方打者相同慣用手的投手，提高對方進攻的難度，例如在一名不錯的左打者預定上場打擊時，安排左投手進場接替投球。）基特之後的洋基打線，有連續五名打者要不是左打，就是左右開弓。雖然右投的P．馬丁尼茲靠著拿手的頂尖變速球，對付左打也很有一套，整個生涯不至於被左打相剋得太嚴重，但這畢竟已經是洋基打者在那場比賽第四次看到他的打擊機會了，再加上紅襪牛棚其實已經有一左一右的兩名投手熱身好，可以隨時上場對付接下來這五名打者，從很多角度來看，這都是個值得換掉P．馬丁尼茲的好時機。

基特的下一棒是左右開弓的B．威廉斯[3]，他生涯站在右打區對上左投的成績，略勝他站在左打區對上右投。利托依舊不換投，繼續把P．馬丁尼茲留在場上，沒有換提姆林後援。B．威廉斯在兩好兩壞的情況下，敲出中間方向的安打，把二壘上的基特打回來，比數變成五比三，紅

2　Derek Jeter。
3　Bernie Williams。

襪只剩兩分領先。此時，利托決定走上場，跟已經用了一百一十五球的P．馬丁尼茲開投手丘會議。一百一十五球，已經是P．馬丁尼茲那一季第七多的單場用球數，他曾兩度在用了一百一十六球時被換下場，另外還有兩次用球數高於一百一十五球的先發，是在休息天數超過四天的情況下發生的。P．馬丁尼茲在那天先發前，只休息四天，而且那比賽舉辦的日期是十月十六日，也就是球季開打的六個半月後，在那個當下，所有主力球員多少都會因為一整季的工作量而感到疲勞。無論P．馬丁尼茲整體的實力有多強悍，那屆季後賽的前三次先發，他投球的主宰力都沒有很強，很多跡象都已顯示他累了。

賽後報導指出，利托上投手丘，是為了問P．馬丁尼茲，他是否還能繼續對付下一名打者。但從當下的情況來看——一人出局一壘有人，我認為利托真正問的，應該是P．馬丁尼茲能不能把那局最後兩個出局數都抓下來，終結那個半局，而不是單純問他是不是能解決下一名打者。直到現在，棒球界依然存有讓先發投手投完整個半局再換投的傾向，這種調度方式能帶給球迷比較好的觀賽體驗（即便已經當了一輩子的棒球迷，我必須承認有些非必要的局中換投，真的會讓我抓狂），但對於贏球並不有利。

我當時正在跟我的老闆——藍鳥隊總管瑞查迪（J.P. Ricciardi）——一邊看轉播、一邊用電話討論比賽。那是我在藍鳥隊工作的第二年，還在學習球探知識和賽事戰術決策，而跟瑞查迪通話討論比賽，則是我學習的方法之一。當P．馬丁尼茲被B．威廉斯敲出安打，利托因此走上投手丘時，我跟瑞查迪都認為P．馬丁尼茲要被換下場了。而當利托轉身、沒有示意要換投、走回休息區時，瑞查迪立刻用假裝大叫的方式，在電話另一頭說：「別啊，利托，千萬別這麼做！」他會這麼說，不是因為支持紅襪贏球，而是因為他在那個當下，就已經認定利托所做的決定是錯的。

後來事件的走向也證明，瑞查多是對的：利托搞砸了那場比賽。利托回到休息區後，下一名打者是松井秀喜。那年是已在日本職棒（Nippon Professional Baseball, NPB）打出多年佳績的松井，赴美挑戰大聯盟的第一季。穿上條紋軍制服的首季，松井就拿下美聯新人王的頭銜，但他那年對上左投的成績，明顯不比對上右投，而且兩者的差距，應該大到足以驅使敵隊總教練在高張力或重要的情境，特別換上左投手來對付他。但利托沒有換上牛棚裡已經準備好的左投安布瑞，而是讓P．馬丁尼茲繼續面對松井。P．馬丁尼茲對松井投的第三球，被掃成右外野落地的場地二壘安打[4]，B．威廉斯因此來到三壘，而代表追平分的松井也進佔二壘。由於兩名跑者都在得點圈[5]，所以此時洋基只要靠一支一壘安打就能扳平戰局。說時遲，那時快，五球之後，左右開

4　場地二壘安打（場地規則二壘安打），是指於棒球在界內越過全壘打牆，但不是直接飛過，而是彈跳過去的狀況下，打者可以上到二壘，連跑都不用，但只能打回二、三壘上的跑者，一壘跑者只能上三壘。（摘編自維基百科）

5　二壘和三壘的代稱，因為在這兩個位置的跑者，通常只要靠一支一壘安打就能得分，故有此代稱。

弓的捕手波薩達[6]（生涯對左投或右投的成績都差不多，沒有明顯分別）敲出一支斷棒的中外野幸運安打，送回了得點圈上的兩名跑者，而P．馬丁尼茲的投球任務也就此結束。退場時，他累積的用球數為一百二十三球。這場比賽的平手局面，維持到十一局下半、洋基的布恩（Aaron Boone）揮出再見全壘打之後，才被打破；終場洋基以六比五獲勝，挺進世界大賽，而紅襪當時所處的八十餘年冠軍荒，則又因此延展一年。

二〇一八年秋天，P．馬丁尼茲接受透納廣播公司電視台（Turner Broadcasting System, TBS）[7]的訪問，談及利托當年的決定。雖然利托在八局下開始之前，曾跟他說只要再解決一名打者——N．強森——就把他換下場，但P．馬丁尼茲仍堅持，利托沒把他換下場的決定，不是利托的錯。P．馬丁尼茲還指出，那支打回追平分的安打，是斷棒的軟弱小飛球，運氣成份很高；所以就某個角度來看，你可以說P．馬丁尼茲成功壓制了波薩達的打擊，這點我不否認。（在第三章，我們曾討論過「結果偏誤」，也就是人們傾向以結局評斷決策品質好壞，而不問過程。P．馬丁尼茲在這裡確實讓波薩達沒打好，只是運氣不好導致結果不利。但這並不代表利托把P．馬丁尼茲留在場內的決定是對的，因為在波薩達之前，已經有諸多證據都能指出利托的決策過程有瑕疵。因此，我認為就波薩達敲安的這個案例，不適用結果偏誤的理論。）此外，P．馬丁尼茲也用一句話來評價，利托上投手丘詢問他還能不能繼續投的行為：「要求一名戰士放下手中的劍投降，根本是白費力氣。」就我的想法，利托當時應該不問選手意見，直接把P．馬丁尼茲換下場，因為在那個腎上腺素滿溢的緊繃時刻，任何如P・馬丁尼茲優秀、充滿鬥志的頂級職業球員，都不可能自願把球交給總教練、讓後援投手上場。

那利托自己在那個當下又是怎麼想的？我認為他犯下了一個叫作「現況偏誤」（**status quo bias**）的認知偏誤。所謂的現況偏誤，即人會不理性地希望事情維持現狀的傾向。山謬森（**William Samuelson**）和柴克豪瑟（**Richard Zeckhauser**）在一九八八年合著的論文[8]中，檢視了許多心理學實驗，發現在諸多不同領域中，包括公共關係、品牌忠誠、顧客開發等等，被給予不同選項的人們，都傾向保持現狀。我們喜歡那些我們知道的東西。我們的思維會定錨在熟悉的事物上，而以利托的例子來講，他定錨的對象，就是那個世代最強的投手之一——P・馬丁尼茲。伴隨改變而來的是承受損失的風險，而在二〇〇三年美聯冠軍賽第七戰的八局下，利托顯然認為換投的風險，已經超過了「把P・馬丁尼茲留在場上、然後他表現不佳」的可能性。

如果利托真的有好好思量過那兩種決策，他應該會發現，就算不看詳細數據，也能找到很多

---

6 **Jorge Posada**。

7 透納廣播系統股份有限公司（Turner Broadcasting System）是美國媒體人T・透納（Ted Turner）創辦的有線電視頻道經營者，建立於一九七〇年。一九九六年十月十日被時代華納收購，成為其子公司。其創設的頻道有美國有線電視新聞網（CNN）、卡通頻道等等。（摘編自維基百科）

8 "Status Quo Bias in Decision Making," Journal of Risk and Uncertainty 1 (1988): 7–59.

換掉P．馬丁尼茲、改讓牛棚上的理由：P．馬丁尼茲已經要第四次面對洋基的中心打線了；無論從整季還是單場的角度看，他都應該已經累了（整個賽季的疲勞累積＋單場用球數已超出他一般的用量）；接下來上來的洋基打者不是左打就是左右開弓，而身為右投的P．馬丁尼茲，並非對付這一串打者的最佳人選。然而，阻擋這些理由促使利托換投的最大障礙是：P．馬丁尼茲已經在場上了。換投手代表的是一個非常實質的改變，而利托要積極地去執行，才能促成這改變，門檻遠比繼續把P．馬丁尼茲留在場上高。沒錯，做出改變，是有可能會讓利托遭受許多事後諸葛的質疑——「為什麼你那時候沒有把P．馬丁尼茲留在場上？」，但你我都很清楚，不管利托怎麼做，一定都會有人質疑他的決策。

利托不是第一個在季後賽犯下現況偏誤的紅襪總教練。我接下來要提的例子，雖然也是紅襪總教練犯下現況偏誤的案例，但他沒有像利托那樣受到外界公審，反而躲過了大部分的責難。事發之後，大家把大部分的罪責，歸咎在發生守備失誤導致紅襪輸掉比賽和整個系列賽的野手；然而，歸根究底，那野手根本就不應該在球場上進行守備。

紅襪的冠軍荒起自一九一九年；前一年，他們贏得了他們在二十世紀的最後一座總冠軍，而他們之所以能夠奪冠，很大一部分得歸功於一名年僅二十三歲的二刀流球員——貝比魯斯（Babe Ruth）。魯斯在一九一八年擔任投手先發十九場，繳出二點二二的防禦率，同時也在九十五戰中揮出領先美聯的十一支全壘打（沒錯，那個年代單季十一轟就能成為聯盟全壘打王了）。時任紅襪老闆法拉齊（Harry Frazee），在一九一九年球季結束後，把魯斯的合約賣給了洋基隊；轉隊後的魯斯，很快在紐約變成超級巨星，並且幫助洋基在一九二〇年代拿下六座美聯冠軍和三座世界大賽冠軍。反觀紅襪，他們不僅得等到一九四六年才重返世界大賽，而且在二十世紀剩餘的年份都沒再嚐到冠軍滋味。紅襪的冠軍荒經常被球迷稱作「貝比魯斯魔咒」（the Curse of the Bambino），意指紅襪因為賣掉隊上最佳的球員而遭到詛咒；雖然這是個十分有趣的背景故事，但若用客觀科學的角度就知道，「魔咒」、「詛咒」這些東西其實並不存在。

從一九一八到一九八六年，紅襪只拿下三座美聯冠軍（拿下聯盟冠軍就能挺進世界大賽，跟國聯冠軍一較高下，爭取總冠軍），而且在那三次挺進世界大賽的機會裡，他們都打到第七戰，以最令人心痛的方式輸掉系列賽。一九六七年的紅襪隊又被稱作「不可能的夢想」（The Impossible Dream，因為他們從季初的不被看好，一路向上奮戰，最後成為該季的美聯冠軍），雖然奮鬥過程十分勵志，但最終他們還是在世界大賽敗給了紅雀。一九七五年，紅襪再闖世界大賽，這次他們的對手是有「大紅機器」（The Big Red Machine）之稱的國聯強權紅人隊，最後也是敗陣下來；不過紅襪捕手費斯克（Carlton Fisk）在第六戰十二局下，揮出戲劇性再見全壘打的畫面，倒是非常經典，是大家對那次世界大賽印象最深刻的一幕。

來到一九八六年，紅襪離冠軍又更近了，只差一球就能終結冠軍荒。當年對大都會的世界大賽，紅襪已取得三勝兩敗的聽牌優勢，而且第六戰在謝亞球場（Shea Stadium，當時大都會隊的主場）打到第十局下半時，還取得五比三的領先。紅襪後援右投希拉迪（Calvin Schiraldi）解決掉前兩名大都會打者，只要再一個出局數，就能幫助球隊奪冠；在那個當下，紅襪贏下那場比賽的機率達到了百分之九十九。雖然接下來兩名打者都敲出一壘安打，追平分上壘，但紅襪仍握有已經兩出局且獲勝率達百分之九十二的優勢。面對下一名打者奈特（Ray Knight），希拉迪一開始就連投兩顆好球，取得球數的絕對領先，此時大都會真的只差一顆好球就要鎩羽而歸，而紅襪則是只差一顆好球，就能抱走睽違六十八年的冠軍金盃。

然後就上演了紅襪最不想看到的劇本。奈特掃出一分打點的安打，並且讓原本在一壘上的跑者推進到三壘。紅襪總教練麥克納瑪拉（John McNamara）決定啟用牛棚，把史丹利（Bob Stanley）換上場，取代希拉迪。這個調度十分怪異，因為史丹利才剛投出其生涯最糟糕的一季，投球實力明顯正在衰退中，而麥克納瑪拉卻在這最關鍵的一刻換他上場。雖然希拉迪此刻已經面對十六名打者，很可能處在非常疲累的狀態，沒辦法發揮正常的投球水準，但同樣身為右投的史丹利，對左打的成績明顯較差，而下一棒——左右開弓的M．威爾森（Mookie Wilson）——會站在左打區迎戰，史丹利怎麼看都不是接替投球的最佳選項。

但換上史丹利，還不是當天麥克納瑪拉最令紅襪迷感到憤怒的調度。接下來我要講的內容，直到今天（就算紅襪的冠軍荒早已終結，而且已在二十一世紀拿下四座總冠軍），仍然會讓紅襪迷惑到十分生氣。巴克納（Bill Buckner）是紅襪當天的先發一壘手，但當時的他，不僅已年逾三十六歲，還有許多傷勢在身，於前一個系列賽拉傷阿基里斯腱之外，他在四月份受的腳踝傷勢也尚未痊癒，仍在接受可體松（cortisone）[9]的注射治療。即便巴克納的守位是對防守範圍要求很低的一壘，但他因傷幾乎沒什麼移動能力，這種情況下老實講，並不能勝任防守任務。棒球場上有一種說法是，你愈不希望球找上你的時候，它偏偏就會朝你而去；而在這個案例裡面，球就那麼恰巧地，在張力最高的時刻，找上巴克納。

不過在球找上巴克納之前，史丹利先投了一記暴投，讓三壘上的追平分回來、一壘上的奈特進佔到二壘。三球之後，M．威爾森打出一個朝向巴克納的滾地球，巴克納移動過去、彎下腰要把它攔截下來，但卻眼睜睜讓球從他雙腳之間「火車過山洞」；M．威爾森因此安全上壘，而二壘上的奈特更是一口氣奔回本壘、得到致勝分。以難堪方式輸掉第六戰的紅襪，第七戰也遭到大都會逆轉，最終大都會笑納隊史第二座總冠軍，並使紅襪的冠軍荒延續下去。

巴克納自然成了眾矢之的，但真正犯錯的其實是麥克納瑪拉。他在比賽後半段，沒有換上史岱波頓（Dave Stapleton）去替補巴克納，但史岱波頓當時存在於世界大賽球員名單上的唯一目的，就是在比賽後半段接替巴克納的一壘防守。一九八六年後來成為史岱波頓大聯盟生涯的最後

9　可體松是一種皮質類固醇，可作為一種合成激素，具有抑制發炎的功效。

一季，那時的他已經三十二歲，而且從一九八四到一九八六年，總共只累積一百四十四個打數；可即便早已不是隊上的先發球員，史岱波頓仍能夠勝任內野多個位置和角落外野[10]的替補、代打工作，那年例行賽還有二十四次以一壘防守替補的身份上場。世界大賽第六戰尾聲的關鍵時刻，史岱波頓就在板凳上、準備好隨時上場替補防守，但麥克納瑪拉沒有把他換上場，而是讓巴克納繼續鎮守一壘，並祈求球不要被打到因傷移動能力奇差的巴克納那邊。棒球之神顯然沒有收到麥克納瑪拉的禱告，更把他沒有換上史岱波頓代守的錯誤，視為一種挑釁，直接予以最嚴厲的懲罰。多年之後，棒球作家索爾（Mike Sowell）以一九八六年季後賽為主題、撰寫專書《只差一球》（*One Pitch Away*）時，訪問到史岱波頓；那時的史岱波頓依然對自己沒有被換上場代守一壘感到生氣。索爾後來把寫史岱波頓的那一章，命名為〈我覺得我那時應該要在場上〉。

史岱波頓的想法沒錯，那時候他應該要在場上才對，鎮守一壘，把那顆巴克納沒守下的球守下來。他應該在那個半局一開始，就被換上場代守，因為當時紅襪帶有兩分領先、獲勝率遠超過百分之九十，而且紅襪上個半局的最後一名打者是第四棒，排在第三棒的巴克納後續應該沒有再上場打擊的機會了。

世界大賽第六戰之前，那年整個季後賽，麥克納瑪拉都會時不時地把史岱波頓換上場、替補巴克納的防守，因此他在第六戰的不作為更顯得怪異。事後，麥克納瑪拉為自己的決策辯護時說，他希望紅襪奪冠的那一刻，巴克納也在球場上，當作對這名老將的敬重，所以才沒有把他換下場。[11]但麥克納瑪拉在那個當下究竟真的在想什麼，恐怕只有他自己知道。不過毫無疑問的是，麥克納瑪拉選擇了維持現狀，沒有主動做出改變，而從他幾年後受訪的說詞也可得知，他認為使用史岱波頓（麥克納瑪拉說他的綽號是「抖抖人」〔隱含表現不穩定的意思〕），可能會使球隊承擔一些未知的犯錯風險。然而，在那個情況下，「有作為」顯然勝過「不作為」。麥克納瑪拉高估了「有作為」（換上史岱波頓代守一壘）的風險，同時也低估了「不作為」（把巴克納和他被傷勢束縛的雙腿留在場上）的風險。

人在做決定時，通常會非常傾向「維持現狀」。這是被行為經濟學家稱作「損失規避」（loss aversion）的效應，所導致的結果。損失規避是一種人類的本能，它指的是我們失去某些東西的痛苦感受，會大過得到同等東西的快樂。換言之就是，你損失一百塊的難過，會大於你賺到一百塊的愉悅。這個認知偏誤影響著我們日常生活中的各種決策，因為比起有作為，我們通常更傾向不作為；我們常覺得不作為比較安全，但事實上，不作為也是一種決策。

麥克納瑪拉和利托都選擇不做改變：利托把P．馬丁尼茲留在投手丘上；而麥克納瑪拉則是把巴克納留在一壘側。利托去開投手丘會議時，甚至還問P．馬丁尼茲，有沒有剩餘的體力繼續

10　角落外野（outfield corners）即左外野和右外野。角落內野（infield corners）則是指一壘和三壘。

11　麥克納瑪拉事後對那場比賽的部分回憶，與他一些子弟兵的說詞並不相同。

面對下一名打者；相信利托自己也很清楚，這個問題有問等於沒問，因為「告訴教練我還能投」的高競爭心展現，早已深植於棒球文化，是任何職棒選手都會做的事，實在很難看到有人會回教練說：「我不行了，把我換下場吧。」（除非受傷。）一般情況下，都是總教練要花很大的力氣，才能說服腎上腺素正在狂飆、鬥志爆棚的投手退場。至於麥克納瑪拉的事後辯解，則透露了他對「換上史岱波頓」的擔憂，因為他不想看到替補的一壘手搞砸防守機會；但他錯估的是，巴克納也有可能搞砸一壘的防守機會，甚至讓球隊輸掉比賽。利托那次的決策失誤，讓他丟了執教工作，紅襪被淘汰沒多久，他就被炒了魷魚。離開紅襪後，他又在道奇執教了兩年，但自那之後，就再也沒有擔任其他大聯盟球隊的總教練。一九八六年世界大賽之後，麥克納瑪拉持續在紅襪帶兵，但只帶了一年半，就在一九八八年的明星賽週被紅襪開除；後來他跑去克里夫蘭帶印地安人隊（**Cleveland Indians**），但也只督軍一年半就離開，結束他在大聯盟擔任正式總教練的生涯。

其實就算人類沒有「損失規避」的本能，現況偏誤的情形依然會存在，因為我們害怕改變，也會高估已經擁有的東西。

諾貝爾經濟學獎得主康納曼[12]和塞勒[13]，曾在一九八〇年代於康乃爾大學，跟科奈許（**Jack Knetsch**）一起做了一個實驗。他們把校園商店裡售價六美元的馬克杯，交給一半的研究參與者，讓他們當賣家，而另一半的研究參與者則扮演買家。在一系列的測試中，他們要買家和賣家自行議價，並預期會看到最終平均買賣價格落在三美元左右，因為在先前類似的實驗中，交易物品為被研究人員賦予既定價值的代幣時，他們已經大致了解這個實驗裡的市場運作機制。

但他們的預期沒有發生：賣家太高估馬克杯的價值，導致實驗過程中，很少成交案例出現。賣家設定的售價都高於五美元，而這個定價顯然有受到馬克杯原本在書店陳列的價格（六美元）影響，反倒跟賣家本身（如果免費獲得那個馬克杯的話）對該馬克杯的價值認定沒什麼關係。

把我們所擁有的東西，視為比別人客觀認定的更有價值，這種錯覺有個名字，叫作「秉賦效果」（**the endowment effect**）。用另一種方式解釋秉賦效果，就是：得到某樣物品，會使我們大腦本能地更加相信該物品的價值。這種現象在通常不能被交易或販售的物品上，更為明顯，但也適用一般日常的東西，而大聯盟球隊對待他們旗下球員的方式，也是如此。[14]

---

12 Daniel Kahneman。

13 Richard Thaler。

14 在這本書中，當我提到交易時，會照慣例寫成：某隊把某名「球員」交易掉；但現實是，球隊交易球員時，是交易那些球員在有限期間內的「合約權利」。這些權利的效力通常等到球員現行合約結束，也就跟著結束；而對於那些大聯盟服務年資尚未滿六年、也沒有簽延長合約的選手來說，這樣的權利得等到他們跨過服務年資門檻、成為自由球員之後，才會結束。球隊交易球員，不是真的交易「人」本身，而是交易合約權利。有些不太清楚的人，可能會覺得球隊交易球員，是把人當作資產換來換去，聽起來很令人反感，但其實並不是那樣。

大聯盟歷史上充斥著很多關於未成真交易的故事，通常都是在說，某一隊當初沒有同意交易，或是提案被另一方否決，應該要覺得自己逃過一劫。一九九〇年代的博覽會隊，就曾經數度成為這種故事的主角。有賴於鄧布勞斯基[15]和杜奎特（Dan Duquette）先後兩任總管的努力，博覽會在一九九四年成為一支強權，但博覽會小氣的老闆、一九九四年的大罷工[16]、聯盟的放任態度等因素，交互作用之下，導致博覽會沒強多久，就進行了像一九七〇年代運動家隊[17]那樣的球員清倉大拍賣。一九九四年，在球員工會發動造成後來世界大賽被迫取消的大罷工之前，博覽會的戰績為全聯盟最佳；當時他們陣中有兩名後來入選名人堂的選手，而且三名外野手都是曾入選明星賽的球星。一九九八年球季開打時，上述這五人有四人已經離隊，兩個成為自由球員，另外兩個則是被交易，所以儘管一九九四年博覽會打造出照理來說能強盛很久的陣容，但到一九九八年他們已淪為全聯盟最糟的球隊之一。

那兩位後來入選名人堂的選手，其中之一是P．馬丁尼茲，他曾在一九九六年入選明星賽，並於一九九七年拿下國聯賽揚獎（博覽會隊史[18]唯一一位拿過賽揚獎的投手），但在那之後，博覽會的老闆覺得他太貴，所以決定把他放到交易市場上，向其他球隊兜售。一九九七年，P．馬丁尼茲才二十五歲，卻已經能夠創造出單季WAR值九的高價值（在國聯排名第一），因為他那季的投球成績非常亮眼，於兩百四十一局的投球中，三振多達三百〇五人次（國聯第二多），且防禦率僅一點九〇。保守評斷，P．馬丁尼茲是當時全聯盟前四強的投手，而且我甚至會說，他是「性價比」、「未來性」最高的投手，因為那時候跟他差不多強的投手，如麥達克斯（Greg Maddux）和克萊門斯[19]等人，他們的薪水都已經很高了，而另一個頂級強投強森[20]則已滿三十四歲，照理來說接下來的表現應該會有所下滑，而非進步。（但強森後來表現不僅沒有衰退，反而還變得更強，以響尾蛇球員身份，從一九九九到二〇〇二年連四季奪下賽揚獎，並在二〇〇四年的賽揚獎票選拿到第二名。）如果你是擁有一些優質小聯盟球員可作為交易、又想換取先發投手補強的競爭球隊，那P．馬丁尼茲可說是最佳標的：他很年輕，且已經證明實力超群；此外，其所屬的球隊很想把他交易掉，因為他只剩一年就要成為自由球員了。

---

15 Dave Dombrowski。

16 大聯盟史上最久的罷工，為期七個月又三週（從一九九四年八月十二日開始，一直到一九九五年四月二日才結束），甚至導致一九九四年世界大賽的停辦（在那之前，前一次停辦是在一九〇四年）。此罷工的主要起因是，勞資協議破局，球員工會不希望資方在新的勞資協議合約中，加入薪資上限條款。

17 一九七二到一九七四年，運動家曾締造三連霸的輝煌紀錄。但由於票房表現一直令時任老闆芬利（Charlie Finley）不滿意（曾考慮搬遷球隊到芝加哥），加上自由球員制度在一九七〇年代中期誕生（資方的勢力遭到削弱，難以繼續壓低球員薪資），使運動家開始在一九七〇年代中後期，不斷賣掉陣中的明星球員，連帶把球隊聲望和戰績拖到谷底。

18 不包含後來搬遷到華盛頓、成為國民隊後的歷史。

19 Roger Clemenes。

20 Randy Johnson。

如果你是棒球迷，看到這一段，相信你已經知道，後來P．馬丁尼茲被交易到的隊伍是紅襪。但其實紅襪不是博覽會第一個提出交易案的對象，在那之前，博覽會先對印地安人隊提案，只是被時任印地安人總管的哈特（John Hart）打槍回絕。要是哈特同意的話，那筆交易將大大改寫印地安人的隊史。當時博覽會開給哈特的提案是，用P．馬丁尼茲換印地安人農場裡的兩大投手新秀——科隆（Bartolo Colon）和萊特（Jaret Wright）。哈特覺得，用兩名優質的投手新秀，去換只剩一年就要成為自由球員的P．馬丁尼茲，代價太高昂，所以拒絕。時光快轉到二十多年後的今天，我相信我們能夠論斷哈特當年的決策是個錯誤：沒錯，科隆後來在印地安人的表現是很不錯，一九九八年投出一個WAR值達四的賽季，而在二〇〇三年被印地安人拿去交易換新秀前，他在克里夫蘭一共累積了二十二的WAR值；但P．馬丁尼茲則是搖身變成投手丘上的超人，一九九八年繳出WAR值為七的賽季外，他在紅襪的七年間更是累積高達五十四的WAR值。紅襪去換P．馬丁尼茲的交易，以及後續用延長約把他生涯巔峰期全留在波士頓的決策，幫助紅襪於二〇〇四年終結長達八十六年的總冠軍荒。

然而，當初真正讓哈特選擇拒絕博覽會的關鍵原因，不是科隆，而是萊特。一九九七年至今，哈特曾多次在訪問中談到那筆交易時表示，他並不後悔拒絕博覽會的提案，因為當年萊特所蘊含的潛力和未來性實在太大。那年萊特剛上大聯盟，投了半個球季表現優質，而且在面對馬林魚的世界大賽第七戰掛帥先發，展現初生之犢不畏虎的氣勢，發揮精采。雖然萊特在小聯盟時期的高保送率，就現在的眼光來看有點太高，透露出警訊，但他那時候在小聯盟三個不同層級的三振率都很不錯，又是一九九四年選秀首輪第十順位、來自加州安納罕的高中投手，無論從背景還是成績來看，都是頂尖投手新秀的料子，更別提他一九九七年底才滿二十二歲。一九九七年在印地安人投的半個球季、十六場先發，萊特展現高於聯盟平均的水準，而且印地安人還能控制他的合約權利長達六年的時間，所以對哈特而言，是否要用這麼好的潛在條件，去換只能用一年的P．馬丁尼茲，並不是很容易就能做出的抉擇。

但哈特當時或許沒考慮到的是，年輕投手新秀在未來發展上的諸多風險。當時的萊特確實是業界評價很高的新秀。一九九〇年代唯一有在做公開新秀評價排行榜的媒體，是《棒球美國》（*Baseball America*）：一九九五年季前，他們就已經把萊特評為印地安人農場最佳新秀；一九九六年，把他排在第二名、僅次於科隆；一九九七年，萊特再次回升到第一名的位置。一九九七年季前，《棒球美國》將萊特排在全聯盟新秀排行榜上的第二十二名，而那也是他最後一次符合入榜資格。有趣的是，萊特那年在印地安人農場的排名高於科隆，卻在總排名上排在科隆（第十四名）的後頭。

一九九八年，萊特完整出賽了一季（結果那年是他大聯盟生涯單季投球局數最多的一季），可是成績沒有進步。從一九九九年起，萊特的傷病問題開始浮現。一九九八年結束之後，萊特只在其剩餘生涯累積六百八十九局的投球，而且過程中只有一季符合競爭防禦率王的資格[21]。結算萊特生涯整體的防禦率，高達五點〇九，代表他是一個遠低於大聯盟平均水準的投手。他在大聯盟所創造的價值，只比一名典型的三A等級浪人先發投手好上一點點。

哈特拒絕博覽會交易P．馬丁尼茲的理由有兩個。第一個其實還滿理性的：P．馬丁尼茲預計在一九九八年球季結束之後，就要成為自由球員，所以獲得他的球隊，只能得到他一年的投球，以及可以趁他在成為自由球員之前，獨家與他談延長約的權利（這個權利的價值趨近於零）。送走科隆和萊特，代表球隊得犧牲他們各六年的合約權利控制權（六年是一名大聯盟球員成為自由球員前，需要累積的服務年資長度），去換只可控制一年的P．馬丁尼茲。對大多數球隊來說，這樣的交換並不划算（哈特也這麼認為），而後來的結果某種程度上，也佐證了這一點，科隆跟萊特合計為印地安人拿下二十五的WAR值，至於P．馬丁尼茲在一九九八年的WAR值則是七。但對於當年才剛打進世界大賽、正處在競爭循環戰力最高點的印地安人來說，若他們沒辦法在一九九八年拿冠軍，都算是無法令人滿意的結果。如果印地安人在一九九八年前的休賽季得到P．馬丁尼茲，他就有可能扮演印地安人先發輪值的王牌角色，幫他們在季後賽先發數場比賽、多拿幾場勝利，提高他們重返世界大賽、甚至奪冠的機率。雖然用兩名還能控制很久的優質新秀，去換只能用一年的王牌投手，看似不太划算，但對於在那個節骨眼上的印地安人來說，該交易提案的潛在回報，是合理、也值得大膽嘗試的。

哈特拒絕博覽會交易提案的另一個理由，就比較不理性，也跟我們這一章的討論比較有關。哈特做了一件許多總管都曾做過、未來在交易市場上也還會持續做的事：他高估了自己所擁有的資產。科隆和萊特當時隸屬於印地安人隊，受到他們的支配。印地安人最早是透過國際業餘自由球員簽約以及季中選秀，分別延攬到科隆和萊特，所以把他們放走的話，不需要付出什麼額外的成本。萊特是高選秀順位的球員，在第十順位就被挑中；根據我在業界觀察的經驗，以及看到的各式各樣故事，我認為各隊會特別高估自己在選秀首輪選進的球員，因為他們花了非常多時間跟精力去調查那些潛力股，所以跟他們簽約後，會投入更多希望在他們身上。（如果你在大聯盟球團工作，尤其是那些經由打造優質農場系統獲得競爭力的球隊，你會非常在意小聯盟球隊的比賽結果和球員表現。看著旗下的農場球員成長、進步，會增加你對他們的偏好，而假如有一名球員看起來潛力特別大，你可能就會開始幻想起，未來以該球員為主的大聯盟打線或先發輪值。）

這正是「秉賦效果」的另一個例子。一九八〇年，塞勒首次發現秉賦效果，並把它歸在「損失規避」的類別之下。塞勒解釋它的方式，基本上就是在說，失去一個你之前用首輪順位獲得的

21　若要符合競爭單季聯盟防禦率王的資格，一名投手某一季的投球局數，至少要超過其球隊在該季的比賽數。由於大多數球隊在一個完整球季，通常都會打一百六十二場比賽，因此該隊陣中在那季累積至少一百六十二局的投手，就符合競爭聯盟防禦率王的資格。

球員，所帶來的剝奪感，會超過得到一名曾拿過賽揚獎且能直接變成你球隊王牌的先發投手所帶來的滿足感。（我在這裡的說法有點過度簡化，目的只是為了說明秉賦效果的概念。）若你擁有一個東西愈久，秉賦效果似乎就會愈明顯。這現象又被稱作「擁有時間效應」（**duration of prior ownership effect**），也就是失去或賣掉某個東西之前，若你擁有它的時間愈長，就會認定它具有愈高的價值。[22]

所以現在請想像你是一九九七年球季結束之後的哈特。你的球隊才剛拿下美聯冠軍，而且只差幾個出局數就能奪得世界大賽冠軍。你握有整個棒球界前十大投手新秀當中的其中兩位，他們兩人都已經準備好、能在大聯盟出賽了。這兩位新秀的其中一人，是你在先前選秀中第一輪非常高順位選進的球員，已在你農場被養了三年半。另一位則是你從多明尼加簽過來的業餘自由球員，也已在農場待了四年。你已經持有這兩名選手好一段時間，也看著他們日益成長茁壯，達到快要開花結果的階段；他們很有可能在下個球季，就能對球隊做出不小的貢獻。

你可以對博覽會隊提案涉及的所有球員，進行潛在價值評估，而評估的結果最好是有範圍的，因為即便是短期，球員的未來表現（特別是投手）也很難被精準預測，只能抓個大概。但到最後，你很可能還是很難放掉那兩名新秀，就跟哈特當初做的決定一樣。由於哈特對於萊特的價值認定太高，因此他無法做出「失去兩名新秀的未來價值，以換取一名王牌投手增加球隊當年奪冠機率」的決策。

每當有事情牽扯到新秀、小聯盟潛力股，就會出現稟賦效果，因為棒球管理部門的主管，都會對旗下的球員產生情感依附——這邊指的情感，比較不是人與人之間的情感連結，而是將這些球員視為球隊栽培的心血結晶，所產生的偏好。我們在這孩子只有十八歲或二十一歲時，就把他選進來，看著他隨著時間發展進步，然後現在你要我們把他交易掉？就某種程度上來說，比起已經在自家農場待很久、即將上大聯盟的新秀，把剛得到的球員直接交易掉，是比較容易的，像教士隊就在選進Tr.透納（Trea Turner）[23]後沒幾個月，把他交易掉，導致後來大聯盟訂定新規則，要求各隊在選秀的五個月之後，才能把最近選進的球員放進交易包裹內。

我在藍鳥隊管理部門工作時，遭遇到非常悲慘的二〇〇三年開季。四月三十日，我們又吞了一場慘敗，戰績跌到十勝十八敗，位處美聯東區最後一名，距離龍頭洋基的勝差幾乎達十二場。我們二十六歲的王牌投手哈勒戴[24]，是二〇〇二年全聯盟最佳的投手之一，那年開季的狀況卻不太理想，三、四月合計六場先發防禦率高達四點八九，對手對他更是繳出三成〇四／三成五一／〇點五二二的高破壞力打擊三圍；過程中，哈勒戴投出九次保送不說，還挨了八轟，以他的標準

22 Michael Strahilevitz and George Loewenstein, "The Effect of Ownership History on the Valuation of Objects," Journal of Consumer Research, December 1998.

23 後來在國民隊登上大聯盟，成為出色的大聯盟野手。

24 Roy Halladay。

來說，這樣的保送率和被全壘打率實在太高。（我們當時完全不知道，除了被打擊率（他在八月的被打擊率為三成一七），其他各個項目的數字，都會是哈勒戴那年單月的最差表現。）我當時的老闆——藍鳥隊總管瑞查迪，因此對哈勒戴產生兩個看似矛盾的擔憂：一是雖然他在二〇〇二年的成績非常出色，但他可能不像我們認為的那麼厲害；二是要是他真的如我們想像的那麼厲害，我們也沒辦法長期把他留下來，因為不出幾年，他就會因為獲得薪資仲裁[25]資格、甚至成為自由球員，身價暴漲，達到我們負擔不起的地步。由於懷有這些擔憂，所以瑞查迪打電話給當時巨人隊的總管塞賓（Brian Sabean），對他做了一個交易提案：巨人可以拿到哈勒戴，而我們則能獲得他們農場最強的三名投手新秀——威廉（Jerome Williams，後來曾赴台灣打中華職棒統一獅隊）、法波特（Jesse Foppert）、安斯沃斯（Kurt Ainsworth）。

塞賓拒絕了我們的提案，而後來發生什麼事相信大家都很清楚。哈勒戴扭轉了四月的頹勢，勇奪二〇〇三年的美聯賽揚獎，幾年後還跟藍鳥簽下延長合約，待到二〇〇九年，才因為藍鳥跟費城費城人（Philadelphia Phillies）的交易案而離隊。哈勒戴在大聯盟累積的絕佳成績，為他在棒球名人堂掙得一個席次；只是很可惜的是，他在二〇一七年因意外英年早逝。光從二〇〇三到二〇〇六的四年間，哈勒戴就累積多達二十一的WAR值，若一路算到其生涯結束，更能達到五十五。至於那三名巨人投手的表現，可就不怎麼樣：威廉有投出過兩個不錯的賽季，產出接近四的WAR值，但後來被交易到小熊，離開大聯盟一陣子，才又在三十出頭歲的時候重新站穩大聯盟；法波特和安斯沃斯，則是都繳出低於替補水準的生涯數據（WAR值為負）。

巨人當年錯失了逢低買進哈勒戴的機會，原因跟哈特不接受P．馬丁尼茲的交易提案一樣：他們都高估了自己旗下的選手。在藍鳥對巨人提案的當下，那三名巨人投手都被視為頂尖新秀；《棒球美國》把法波特評為二〇〇三年季前大聯盟的最佳投手新秀，在總榜（包含野手）能排到第五名，而威廉和安斯沃斯則分別排在第五十和的六十四，所以巨人會想把他們留下來，不單是因為球隊特別偏好旗下球員而已，一部分也因為他們真的備受業界看好。這三人都是高選秀順位球員，要不是在第一輪被挑，就是在第二輪獲選，也都在巨人待了好些年：安斯沃斯和威廉從一九九九年就已入團，而法波特則是在二〇〇一年成為巨人的一員。那個時候，哈勒戴距離成為自由球員尚需四年，就算他只是複製二〇〇二年的成績，沒有像二〇〇三年更上一層樓，他在巨人

---

25 合約權利受球隊控制的球員，只要累積滿三年的大聯盟服務年資，且尚未簽過延長合約，就能取得薪資仲裁資格。一旦球員取得薪資仲裁資格，到他成為自由球員前的每一年，他都具有薪資仲裁的權利（前提是球隊有意願跟他續約）。球員取得薪資仲裁資格後，可以跟球隊協商薪水，通常球隊會以過去型態跟該球員類似的球員案例，進行談判。如果雙方無法在一月中的死線前，自行達成薪資數額共識，他們就必須提交一個各自陣營覺得理想的薪資數字給對方，持續進行協商。假如很不幸的，交換數字之後兩造仍無法促成結果，就必須走上仲裁法庭。二月會舉辦聽證會，一組仲裁官會在聆聽球隊方跟球員方陳述之後，裁決球員下一個賽季的薪資究竟是哪一方提出的數字。一般來說，經過薪資仲裁程序的選手，都會獲得顯著的薪資成長，但也不一定都是加薪，還是有減薪可能，只是減薪幅度最多不能超過原薪資的百分之二十。

隊仍會是先發輪值當中第二強的投手。巨人隊若能獲得哈勒戴，應該就能在二〇〇三年季後賽打敗馬林魚，或是在二〇〇四年贏得國聯西區冠軍（現實是，他們以兩場勝差之差，敗給道奇）。反之，他們拒絕了藍鳥的提案，留下三位年輕新秀，但他們後來都沒有為巨人帶來太多實質貢獻，最終巨人用十分不起眼的交易，送走了威廉和安斯沃斯。

當時球界對年輕投手普遍發展趨勢的了解，不像現在那麼全面、那麼深，現在我們都知道年輕投手因為受傷導致快速折損的機率頗高，但當時可不是如此；因此我判斷巨人犯的錯，是沒有適當地減低一些他們對年輕投手未來產值的預估。很有可能，巨人覺得那三名球員，未來都會成為先發輪值中段、甚至前兩號的先發投手，所以不想犧牲他們的潛在價值，去換單一名投手。也或許，他們只是覺得那個當下的哈勒戴還不夠好。（他們有可能在四月的時候派球探觀察哈勒戴，並從球探的匯報中得知一些關於哈勒戴的警訊。）無論如何，我們從事後角度確知的是，巨人做了一個錯誤的決定，而藍鳥則得慶幸巨人犯了錯，否則哈勒戴就不會穿著藍鳥的球衣，入選五屆明星賽、五次在賽揚獎票選獲得前五名，成為藍鳥隊史上最受愛戴的球星之一了。

對抗秉賦效果和相關的現況偏誤，並不容易，一部分是因為它們都與我們的情緒和情感牽連在一起。有一些研究更指出，我們之所以會高估已擁有事物的價值，也可能是沒有更新心理預期的結果。二〇一八年，由普萊爾（Campbell Pryor）、波佛斯（Amy Perfors）、豪伊（Piers D.L.

Howe）等人所做的研究[26]發現，透過改變原本的心理預期，實驗對象稟賦效果的強度也會跟著改變。因此對決策者來說，一個可能改善稟賦效果和現況偏誤的做法，是重新評估你對所擁有事物或各種現況的價值認定，重新思考你當前評價的參考基準點：到底是什麼讓你覺得現在所擁有的球員價值那麼高？是不是因為這球員之前是在首輪選秀入團的？還是是因為他在這支球團待了很長一段時間？

在一般狀況下，當你面臨多個不同的選項，其中之一包含「維持現況」或「保留原所有物」時，要記得你很可能會高估現況，因為所有人都是如此。問問自己，維持現狀或保留原所有物的真正價值為何（在紅襪總教練利托的案例中，則是問「把P．馬丁尼茲留在場上」的真正效益為何），就跟你在挑選新策略、新商品時，會仔細分析其潛在價值的道理一樣。

26　Campbell Pryor & Amy Perfors & Piers D. L. Howe, 2018. "Reversing the endowment effect," Judgment and Decision Making, Society for Judgment and Decision Making, vol. 13(3), pages 275-286, May.

第九章
明天，這就是別人的問題了
道德風險（moral hazard）如何扭曲總管、大學教練等人的決策

美國職棒超過一百二十年的歷史中，大聯盟老闆幾乎可說是從不間斷、無所不用其極地，能少付球員薪水就少付球員薪水。他們曾發動封館，不讓球員打球；他們曾暗中勾結，明知故犯地違反他們跟球員工會簽下的勞資協議，企圖壓低球員薪資，結果被抓到，付出慘痛代價，但依然學不乖，後來重蹈覆轍。你以為這樣已經夠糟了嗎？才不呢。來到二〇〇三和二〇〇四年，老闆們繼續秀新下限：威脅球員工會他們要裁撤大聯盟三十支球隊當中的兩支，希望藉此虛張聲勢（我認為他們根本不想真的實踐），增加他們在跟球員工會談判時的籌碼，因為縮編球隊將使球員工會承受約五十人失業的後果。

當時被當作裁撤目標的兩隊，是明尼蘇達雙城隊（Minnesota Twins）和博覽會隊。身價逾十億美金的雙城隊老闆波拉德（Carl Pohlad），那時正想方設法，試圖蓋一座由納稅人買單的新球場；而博覽會則是處在被大聯盟接管的狀態，因為二〇〇二年大聯盟才協調原博覽會老闆羅瑞亞（Jeffrey Loria）和原馬林魚老闆亨利（John Henry），策動一連串的球隊經營權易主，羅瑞亞把博覽會賣給大聯盟主席辦公室，接管馬林魚，而亨利則是把馬林魚賣給羅瑞亞，並且去接手執掌紅襪。大聯盟欲縮編這兩隊的威嚇沒有成真，因為法院命令雙城履行完他們在舊球場都會巨蛋（Metrodome）的租約。最終，雙城還是得到了他們想要的新球場，於二〇〇九年迎來新建好的標靶球場（Target Field）；至於博覽會則是被大聯盟賣給了一組新集團，新集團把球隊搬到華盛頓特區，並將隊名改為國民隊。

但在這一連串事件的過程中，博覽會都處在非常困窘的狀態。大聯盟雖然擁有這支球隊，但極力想把它處理掉、找新東家接管它，更把它當作威脅縮編的看板隊伍。這種奇特的狀態，使博覽會的管理部門改變他們平常組建球隊的方式。所以當博覽會在二〇〇二年僥倖打出成功的開季時，球隊管理部門馬上決定放手一搏、全力去拚季後賽，反正明年還有沒有這支球隊都不知道，那還不如就大膽試試看。

博覽會二〇〇二年的陣容並不好，但在小樣本的區間內，什麼奇怪的事都有可能發生。六月初，他們竟拿下八連勝，把戰績推到三十九勝三十三敗，足以排在國聯東區第二，也僅落後外卡領先者道奇五場勝差。雖然如果球季在那時結束，博覽會的戰績還擠不進季後賽，但他們其實已經打出超乎實力的成績了。受到運氣的加持，博覽會當時即便總失分比總得分還多，可還是繳出高於五成不少的勝率。眼見球隊正在不錯的勢頭上，時任博覽會總管米納亞（Omar Minaya），決定找機會補強大聯盟陣容，試圖讓球隊維持競爭力，拚搶季後賽席次。

歷史上有不少實力普普的球隊，在僥倖打出不錯的開季後，開始尋求補強，以修正缺點、保持競爭力，就這方面，二〇〇二年的博覽會絕不孤單。然而，當年的博覽會有一點很不一樣：他們正面臨著可能遭到裁撤的陰影。如同其他大聯盟球團，博覽會也具備由好幾支小聯盟球隊所組成的農場體系，旗下簽有數百名小聯盟選手，當中有一些的未來性相當不錯，但如果未來球隊確定要收掉的話，這批小聯盟球員的潛在價值就毫無意義了。當然，那時還不確定球隊到底要不要收，但收掉的可能性卻已經大到，足以使由大聯盟指派的博覽會管理部門主管，改變他們平時面對球季、組建球隊、看待農場系統的方式。

這情況所產生的結果是，大聯盟史上最一面倒的交易之一。這筆交易不僅在發生當下讓博覽會遭到嘲笑，後來還大大影響了兩支球隊的發展軌跡。博覽會換到距離成為自由球員不遠的印地安人先發投手科隆[1]，而印地安人則是得到當時博覽會農場最好的三名新秀。從博覽會的角度來看，這筆交易完全是為了換取使用期限只有一年半的科隆，並希望透過他這一年半的加持，球隊能挺進二〇〇二年的季後賽，同時維持住二〇〇三年的投手戰力；而如果真的晉級二〇〇二年季後賽，科隆也能幫助博覽會提升季後賽表現。為此，博覽會付出的代價是：排全聯盟第二十名的新秀（根據《棒球美國》二〇〇二年的季前新秀排名）——還沒升上大聯盟的游擊手B・菲力普斯（Brandon Phillips）。其實如果博覽會用B・菲力普斯向印地安人單換科隆，都已經很吃虧了，更何況以博覽會當時在分區的實力來看，這樣換也沒什麼道理。

但B・菲力普斯不是唯一被博覽會送走的新秀。在那筆交易中，博覽會也把自家農場第三大的新秀——外野手塞茲摩爾（Grady Sizemore）——送到了印地安人。博覽會在二〇〇〇年選秀第三輪選進塞茲摩爾，並以高達兩百萬美元的簽約金把他簽下。這數字若拿到當時的選秀首輪，都算高的簽約金，而且也比博覽會一九九九年首輪球員的簽約金還要高。交易發生當下，塞茲摩爾才十九歲；即便他在每個到過的小聯盟層級，都算很年輕的球員，但他毫無懼色，繳出亮眼的小聯盟成績單，累積的通算上壘率高達三成七三。塞茲摩爾高中時期還身兼美式足球明星，運動能力出色，因此被業界視為表現天花板很高的新秀，預料隨著年紀增長，打擊火力也會跟著爆發出來。

最扯的是，博覽會送出的交易包裹名單，到這裡還沒列完。博覽會還把他們在二〇〇〇年選秀第四輪選進的先發左投C．李伊[2]，也一起帶入了包裹內。二〇〇一年在小聯盟高階一A，C．李伊主投一百〇九點二局，三振一百二十九名打者、繳出二點七九的防禦率，隔年季前被《棒球美國》評選為博覽會農場的第十一名新秀。C．李伊是博覽會送出的三名新秀中（對，沒錯，終於列完了），成熟度最接近大聯盟層級的選手，交易發生的當下，他正在屠宰二A的打者。印地安人獲得C．李伊之後，讓他在二A投了幾場先發，隨即把他升到三A，然後很快地就在同年九月份把他拉上大聯盟。

博覽會一口氣送出了農場前十一名裡的三名新秀（C．李伊受制於球速未達頂尖，排名位置有點低，否則以他的實力，應該可以排得更前面），卻僅換到合約權利只能再被控制一年半的科隆。雖然科隆在當時投得確實很好，正處在其生涯最佳的一季，但光靠他並不足以讓博覽會的實力達到真正的季後賽競爭者等級。那時的博覽會，總失分多於總得分，代表他們將很難維持原本的戰績水準，接下來很可能會退步；畢竟從長期的大樣本數據來看，失分多於得分的球隊，最終戰績幾乎總是敗多勝少。

---

1 Bartolo Colon。他在印地安人時，跟他們簽下為期四年的延長合約（一九九九到二〇〇二年），附帶一個二〇〇三年的球隊選擇權（球隊能選擇要不要執行，若執行的話，二〇〇三年就能把科隆留下來）。科隆當時預計在二〇〇三年球季結束之後，能成為自由球員。

2 Cliff Lee。

來到博覽會後，科隆投得也不錯，但不像交易前他在印地安人時那麼好。二〇〇二年上半季在印地安人，他的防禦率僅二點五五，產出多達四點七的WAR值；交易之後，進到因為沒有指定打擊制所以平均得分比美聯低的國聯[3]，他的防禦率不減反增，達三點三一，而其剩餘賽季的WAR值也只有二點四。實力本來就沒有很好、科隆加盟後進步也有限的博覽會，後來戰績果然下滑，交易後的剩餘賽季戰績為四十四勝四十六敗，最終以落後外卡球隊十三場勝差、落後分區第一勇士十九場勝差的成績，被拒於季後賽窄門之外。二〇〇二年球季結束後，大聯盟要求博覽會刪減團隊薪資，因此博覽會只得被迫把科隆跟他二〇〇三年達八百二十五萬美元的薪資（若留在博覽會，會是全隊最高薪球員），交易到白襪隊，結束科隆在博覽會僅半個球季的短暫生涯。

科隆交易案的另一邊，印地安人可說是噱翻了。塞茲摩爾算是當時該交易案當中，知名度最低的新秀，但最後卻為印地安人創造最高價值。他在二〇〇四年上大聯盟，二〇〇五年成為先發主力，截至二〇一一年，他一共累積二十七點七的WAR值。比較可惜的是，從二〇〇九年開始，他就飽受傷勢困擾，出賽數銳減、成績快速衰退，有效益的職業生涯可說是在二十七歲那年就結束了[4]。C．李伊在二〇〇二和二〇〇三年出戰部分大聯盟賽季，於二〇〇四年成為印地安人的固定先發投手；他在二〇〇九年被印地安人交易到費城人前，共在印地安人累積十七點三的WAR值，還憑藉二〇〇八年美聯最低的防禦率，拿到該季的美聯賽揚獎。B．菲力普斯後來也成為很有價值的大聯盟球員，只是他做出實質貢獻的地方，不是在克里夫蘭，而是在辛辛那提。印地安人在二〇〇六年四月，為了清出球員名單的空間，把B・菲力普斯賤賣到紅人（只換來一名很普通的小聯盟投手），而賤賣的原因是，當時印地安人的打擊教練、名人堂球星墨瑞（Eddie Murray）不喜歡B・菲力普斯，導致B・菲力普斯在二〇〇四和二〇〇五年，幾乎沒什麼上場機會。被換到紅人後，B・菲力普斯大放異彩，多次入選明星賽之外，也成為辛辛那提球迷最喜愛的球員之一。B・菲力普斯在紅人的前五年累積了十四的WAR值，要是當初印地安人選擇把他留下，他在成為自由球員前，應該也能為印地安人帶來這麼多價值。

為了獲得一年半的科隆，博覽會付出了至少五十五WAR值的未來價值，作為代價；而在被大聯盟下令不准多花錢、因此得被迫交易掉科隆之前，博覽會只從科隆身上獲得大約二的WAR值；這樣的貢獻，對他們當初交易科隆來所設定的目標：提升進季後賽的機率，老實講幫助也不大。此外，這筆交易讓博覽會後來好幾年的競爭力都受到影響，二〇〇三年他們掉到國

3　一九七三年起，美聯採指定打擊制，也就是投手不用上場打擊，改由額外一名不必上場防守的打者，代替投手打擊。國聯當時並沒有跟進，而且一直到此書完稿的二〇一九年，都還沒採指定打擊制；因此，從一九七三到二〇一九年，美聯和國聯的最大差異之一，就是一個有採指定打擊制，而另一個沒有。

4　塞茲摩爾因傷錯過二〇一二和二〇一三年賽季，但於二〇一四和二〇一五年重返大聯盟。然而，回到大聯盟的他，防守上移動能力大不如前，打擊更是衰退到比替補級水準還差，所以很快就沒球可打。

聯東區第四名，二〇〇四更跌到最後一名；搬遷到華盛頓特區後的前六年，也有五年都在分區墊底（國民隊首任總管波頓[5]的各種糟糕決策，更是火上加油。後來有報導指出，在波頓領導之下的國民國際球探部門，涉嫌在簽拉丁美洲球員時收取簽約金回扣，而報導出來沒多久，波頓就辭職了）。印地安人的命運則完全相反，他們在二〇〇五年拿下九十三勝，二〇〇七年笑納九十六勝，而且只要再多贏一場球，就能奪得二〇〇七年的美聯冠軍。二〇〇九年，印地安人把C・李伊交易到費城人（又是一個用資深球員換取年輕新秀的交易，跟科隆的交易案有異曲同工之妙），換到他們在二〇一〇年代重要的先發投手卡拉斯寇（Carlos Carrasco）。

大聯盟球隊經常會做出像博覽會那種、「以未來價值換取現在貢獻」的交易，或許頻率已經比二十年前少一些，但他們還是會執行這種操作，因為有時候當球隊真的具備衝擊季後賽的實力，為了強化當前的陣容而犧牲一些未來價值，也是合理的。然而，博覽會換取科隆的交易案，雖然看起來讓博覽會吃了非常多虧，事後的驗證也是如此，但假如總管米納亞和他的團隊真心認為，當時博覽會有很高的機率在二〇〇二年球季結束之後就遭裁撤，那他們其實就有充分且理性的理由，去把所有潛在的未來價值，拿去換短期的陣容補強和升級；事實上，你甚至可以說，他們那年做得還不夠多，應該把所有具一定潛力的小聯盟球員，全拿去換能立刻在二〇〇二年下半季為他們做出貢獻的即戰力。

當然，博覽會在二〇〇二年球季結束之後遭縮編的機率，不是百分之百，也不一定會在二〇〇三或二〇〇四年後被裁撤。（當時我就認為，大聯盟提出縮編只是一種虛張聲勢的威脅，他們根本沒有真的想過要裁撤任何球隊，而且就算他們真的去執行縮編，也會面臨聯邦政府和受影響地區的公部門阻撓。）博覽會在思考交易時，還是應該要考慮到球隊之後沒有被縮編的可能性。畢竟，要是球隊之後沒有被裁撤，把三名優質新秀（二〇〇三和二〇〇四年，B・菲力普斯、C・李伊、塞茲摩爾曾先後被列在《棒球美國》全聯盟百大新秀榜的前五十名）拿去換短期補強，可是會大大傷害球隊未來長期的競爭力。最後，博覽會真的沒有被裁，只是老闆換人，然後被搬遷到華盛頓特區。抵達華盛頓特區後，國民在國聯東區墊底的時間非常長，加上選秀規則修改的助攻，他們因此成為史上第一支連兩年都獲得選秀狀元順位的隊伍。

但對於米納亞和其團隊而言，比較複雜的是，他們還得考慮一個其他大聯盟球隊不會遭遇的變數。「大聯盟接管博覽會」這件事，本來就預計只是暫時的；要是大聯盟沒有把博覽會裁撤掉，那他們就會把它賣給一個新東家來經營。照理來講，新入主的老闆通常都會想聘僱自己找的管理部門人才和團隊，不會想留下前朝的人。米納亞在被大聯盟找去當博覽會的總管前，早就已經被視為能勝任球隊總管任務的人才，因此他被大聯盟拔擢為總管的發展，並不令人意外，也是他應得的肯定，但那份總管工作可說是非常獨特。由於博覽會要不是會被裁撤，就是被轉賣，米

5 Jim Bowden。

納亞不可能待在那個總管大位太久，所以他有更強烈的誘因，去做能讓球隊在短期內提升戰力的決策，而不管長遠的未來。此外，另一個能促使米納亞在當時大膽操作的動機是，他若能在失業前秀一波自己在總管職務上的才能，或許更有機會在日後得到其他需要新總管的球隊延攬。（雖然二〇〇四年球季結束後，接管博覽會的新老闆果真沒有把米納亞留下，但大都會很快就把他找去當他們的新總管。米納亞在新職務上，一做就是六個球季。）

無論在哪個產業，要怎麼使主管努力的誘因，跟公司的目標貼合，都是一個需要好好處理的課題。棒球產業中，一支球隊會有兩個主要的決策主管，一個是管球隊組建和操盤的總管，另一個則是管場上調度和戰術下達的總教練。這兩個職位的流動率可說是非常高，原因之一就是「主管努力誘因與公司目標不一致」；這問題有時候很容易就會被發覺，但沒有很顯而易見的解方。這種問題的名稱是「道德危機」或「道德風險」，聽起來有些嚴重，而且某種程度上它還真的會導致嚴重後果，例如：球隊主管做的決策，如果後來不如預期、甚至達到傷害球隊的地步，就有可能變成其他人的爛攤子，因為有些球員合約的長度，會延續到當初決策主管已經被解雇或調職之後。

「道德風險」一詞首見於十九世紀晚期[6]，但它的概念早在十七世紀中期就已出現，可以在當時針對保險業的討論中看到。道德風險與其發生的可能性，對於保險業者來講特別重要、有直接的影響，因為保險可能會使人做出一些不合理的行為：如果你知道做某件事帶來的損失，能被另一方大部分或完全地彌補，你就可能選擇風險較大的決策。開車的時候，你可能會開快一點，因為你知道如果發生意外，保險公司會賠償維修費用；銀行借貸的時候，可能會借給風險較高的對象，因為他們知道就算出錯，政府也會出手救援他們。（銀行的想法沒有錯。二〇〇八和二〇〇九年，次級房貸危機[7]引起的金融海嘯爆發，美國政府的反應是金援那些跟破產只剩一線之隔的銀行。這使銀行了解到，提供高報酬的貸款給高風險的對象，是很聰明的操作，因為風險可以跟政府分攤，而且政府承擔的可說是大部分的風險。）

英國赫爾大學（University of Hull）經濟史教授皮爾森（Robin Pearson）把保險業當中的道德風險描述成「受保人性格所帶來的風險，導致不好結果發生的可能性」，而且宣稱道德風險的概念在一八五〇年以前就已經受到注意，只是名稱不一樣而已。當時的保險業者用道德風險的概念，去擴充「主觀道德選擇」的定義內容，使它涵蓋的範圍大過我們現在的認知，不僅包含「行

---

6 David Rowell and Luke B. Connelly, "A History of the Term 'Moral Hazard,'" Journal of Risk and Insurance 79, no. 4 (December 2012): 1051–75.

7 次貸危機是由美國國內抵押貸款違約和法拍屋急劇增加所引發的金融危機。它對全球各地銀行與金融市場產生了重大的不良後果。次貸危機以二〇〇七年四月美國第二大次級房貸公司——新世紀金融公司——破產事件為「標誌」，由房地產市場蔓延到信貸市場，許多金融機構和他們的客戶損失慘重，進而演變為全球性金融危機，成為二十一世紀初世界經濟大衰退的重要環節，也引發了二〇〇八年金融海嘯。

為改變」，還包括更廣泛的概念，例如：有些人會因為自己可能更需要某些種類的保險理賠，所以提高購買某項保險的意願。（奇妙的是，有些美國人不太想買健康保險，因為他們不認為自己會用到。身為一個每次頭痛都覺得自己長腦瘤、每次胸口發痛都覺得自己心臟病發的人，我真心不懂這些人的想法。）隨著歷史演進，經濟學家便決定選用道德風險的概念，作為選擇經濟學的核心原則：當人們知道有人會在他們出事時，幫忙彌補損失，他們就會願意承擔更高的風險。

在棒球界，最經典的道德風險案例，莫過於名將普侯斯（Albert Pujols）的合約。這張合約在簽訂之後沒多久，就變成美國職業運動史上最大的累贅合約之一。二〇一一到二〇一二年的冬天，剛打出大聯盟打者史上最佳十年區間成績之一的普侯斯，成為自由球員，天使隊選擇跟他簽下一紙十年合約，而當時天使隊的總管是狄波托（Jerry Dipoto）。當狄波托於二〇一五年季中辭職，離開天使總管職務時，普侯斯的合約還剩下七年要走。

這紙合約其實從簽訂的當下，就問題重重，而且幾乎所有人都能點出問題出在哪：合約長度太長，天使隊不因這張合約虧錢的可能性，根本微乎其微；普侯斯簽約時的年紀太大[8]；過去經歷和特質類似於普侯斯的球員，接近三十五歲時、還有快四十歲的成績走勢，都不是太好。普侯斯穿上天使制服的第一年，年紀為三十二歲，代表等合約走完，他將已滿四十一歲；絕大多數的大聯盟野手，在四十一歲之前，都會因為產能下滑而自然遭到淘汰，退出大聯盟舞台。普侯斯的衰退，其實早在二〇一一年、他成為自由球員之前的最後一年，就已經展開了：他在那年打出當時他大聯盟生涯產值最差的一季——Baseball Reference版的WAR值僅五點三、FanGraphs版的WAR值更只有三點九。不管你用的WAR值版本是甚麼，後來普侯斯再也沒有企及其二〇一一年的水準，而且到二〇一七年，他已經淪為大聯盟最差的固定先發球員。結算至二〇一九年季中，普侯斯在天使隊七年半所累積的價值，比他在跟天使簽約之前打得最差的三個球季加總還要低。

天使隊老闆莫雷諾（Arte Moreno），不僅是球隊簽下普侯斯的重要幕後推手之一，也是決定雇用狄波托的人。二〇一一年球季結束後的休賽季，天使隊在十二月簽下普侯斯前，莫雷諾先在十月底用一張三年合約（二〇一二到二〇一四年，附帶二〇一五和二〇一六年的球隊選擇權[9]）簽下狄波托。這代表普侯斯的合約，不僅完整涵蓋狄波托合約的三年保證期，還超出其合約長達七年的時間。這種情況在職業運動十分少見，我找不到其他類似的案例：一個棒球總管跟某球員簽了十年約，但自己跟球隊的合約只有三年。而且恐怕不只在棒球界，放眼整個商業界，應該都很難找到類似的狀況。至於政治領域，我們期待官員能做數十年的長遠規劃，但絕大多數的官員

8 我在這裡所採用的普侯斯出生年月日，為官方所列的一九八〇年一月十六日，但其實普侯斯的真實年齡一直備受質疑，有些人認為他的年紀比官方所列的還要老兩歲。普侯斯來自多明尼加，青少年時期才跟著家人移民美國，當初可能為了爭取更好的就學條件，而謊報年齡。

9 後來這兩個選擇權都有被執行，只是狄波托選擇在二〇一五年七月辭職，提前離開天使。

都看不到長期計畫的完結，任期就已經結束了。

職業球隊總管的工作性質，使其必然會產生最基本的道德風險問題：做決策的總管，不一定得承擔該決策的部分或全部風險。換句話說，要是決策出了錯，可能會是由其他人來收拾爛攤子。總管會經由自由球員合約或延長合約的機制，提供球員千萬美金、甚至上億的薪資價碼，但那些錢並不屬於總管，而是來自老闆的帳戶。若你是擁有一支職業棒球隊，或任何職業運動隊伍的人，你會雇用總管，讓他來決定該怎麼花錢在球員身上。要是你的總管做出一連串糟糕的決策，他最多就是丟工作，但你卻會因此損失好幾千萬美金（更精確一點地說，是投資幾千萬、幾億美金，卻得不到足夠的報酬）。你總管所做的決定，幾乎所有後續風險都由你來扛，而你唯一能採取的改善手段，是炒掉做出爛決定的總管，然後就沒了；而且炒掉不適任總管後，真正的問題也還沒解決，因為接替他的新總管得面對被留下的殘局，例如團隊薪資太大的比例，都得拿去支付正在嚴重衰退的普侯斯，導致接任的總管做起事來綁手綁腳、能運用的資金空間受限。

天使的案例，不僅是普侯斯的合約而已，而且他們的情況也比其他球隊複雜，因為莫雷諾會要求狄波多做其他動作更大、更引人注目、卻不太理智的決策。天使宣布簽下普侯斯的當天，他們也對外分享已經跟左投手C・威爾森（C. J. Wilson）簽下五年七千七百五十萬美金巨約的消息。這張合約的五年間，C・威爾森只有一年表現高於聯盟平均水準，總結WAR值僅五點五，而且最後一年還因為受傷全部缺席。跟普侯斯、C・威爾森簽約的隔一年，狄波多又在莫雷諾的干預下，開給前美聯最有價值球員漢米爾頓（Josh Hamilton）五年一億兩千五百萬美金的合約。這張合約的第一年，漢米爾頓已經三十二歲，而他也很快就開始衰退，經過兩個產能不佳、又屢屢受傷的賽季後，天使決定把漢米爾頓交易回他的前東家遊騎兵，主要的目的是甩掉他，以清出球員名單的空間。二〇一五年後，漢米爾頓的大聯盟生涯就因為一直好不了的膝傷，以及諸多場外風波而被迫畫下句點。

這些簽約動作本身就已經夠糟了，但若把天使後來的發展脈絡考量進去，就會發現它們帶來的負面影響實在非常巨大。從二〇一一年起，天使球員名單上出現了大聯盟接下來十年的最佳球員、甚至可說是史上最佳球員之一，而且剛上大聯盟的前面幾年，他要不是領大聯盟底薪，就是領只比底薪高一點點的低廉報酬，性價比非常高。楚奧特[10]在二〇一一年完成大聯盟初亮相，二〇一二年成為固定先發球員，然後連五季都在美聯野手WAR值榜上排名第一，幾乎每年都能產出約十的WAR值，非常驚人。但在那段楚奧特展翅高飛的日子裡，天使只打進一次季後賽，於二〇一四年靠著贏得美聯西區冠軍挺進十月棒球；慘的是，他們在唯一參與到的季後系列賽，對上皇家隊，一勝都沒拿到。我寫這段文字的當下，那依然是楚奧特大聯盟生涯唯一一次在季後賽出賽，原因無他，前面提到的那些二〇一〇年代初期，天使高層所犯下的決策錯誤，拖垮

10　Mike Trout。

了球隊的戰力，也大幅限制了管理部門能做的操作。無論是狄波多自己，還是後來接替他的新總管艾普勒（Billy Eppler），都得想辦法在負載普侯斯、C．威爾森、漢米爾頓等高薪累贅球員的情況下，補強陣容，而這任務的難度實在太高。

過去二十年來，類似天使簽爛約的其他例子還有非常多，但其中一個我想特別拿出來講，因為當中負責簽約的總管以及被簽的球員，後來各自的發展很值得探討。二〇〇二年季前，老虎隊延攬鄧布勞斯基[11]作他們的球隊總裁和執行長；球季開打一週，鄧布勞斯基就開除了球隊的總管，決定自己坐進總管椅上來操盤，從此開啟了他在老虎隊十四年的總管任期。那十四年間，在鄧布勞斯基的統領下，原本自一九八七年就沒有打進季後賽的老虎，拿下了兩座美聯冠軍，一共打進五次季後賽，成果算相當豐碩。二〇〇七年大聯盟冬季會議[12]期間，鄧布勞斯基策動了一筆史詩級的大交易，用包含六名年輕新秀的包裹，從馬林魚換到內野手卡布雷拉[13]和左投手威利斯（Dontrelle Willis）。後來那六名新秀，沒有一人為馬林魚貢獻達到三的WAR值；反觀卡布雷拉，到了老虎頂級身手依舊，穩定地走在成為名人堂球員的路徑上，從二〇〇八到二〇一三年的六個球季，他繳出三成二七／四成〇七／〇點五八八的漂亮打擊三圍，附帶兩百二十七支全壘打，換算成WAR值則能達到三十六的高水準。

二〇一四年春天，卡布雷拉原本的合約還剩兩年，但老虎決定開給他額外八年的延長合約，加在他剩餘兩年的後面，也就是說，當時卡布雷拉的合約長度增加到十年，而且總值達到兩億九千兩百萬美金。然而，鄧布勞斯基在那張延長合約生效前，就離開了老虎：老虎在二〇一五年八月四號炒了他魷魚。鄧布勞斯基失業不出兩週，紅襪隊就找他去擔任相同的職務。當時的紅襪雖然被一些爛約拖累，但他們已經養出了一群年輕、產能爆表、又非常便宜的陣容核心。鄧布勞斯基不改在自由球員和交易市場非常積極的一貫作風，以原本的年輕核心為基礎，大肆進行補強，打造出堅強陣容，使紅襪在他入主的前三個完整球季，都登基美東冠軍，並於二〇一八年拿下球隊在十四年間的第四座總冠軍。

在蠻多情況下，「道德風險」這個詞都不太精確，因為很多這一類的決策都不涉及道德議題，就算有，也通常是跟「違反道德」有關：你自私地為自己做盤算，跟幾乎每個人都會做的事

---

11 Dave Dombrowski。

12 冬季會議（Winter Meetings）是美國職棒界一年一度的重大盛事，通常在每年十二月的第一週舉辦，而舉辦地點一般會設在氣候較為溫暖的地區。現制的冬季會議為期四天。冬季會議並非所有人坐在一間會議室裡開四天的會，而是比較近乎「論壇」、「社交場合」的概念。來自大聯盟球隊和小聯盟球隊的代表、球員經紀人、球探、教練、棒球界人士、棒球記者媒體，都會在冬季會議期間齊聚一堂。通常在會議期間，會有多筆交易和自由球員簽約的談成、宣布，許多小聯盟球員也會在此尋求工作機會，想在棒球界謀求一職的求職者亦會在此場合拓展人脈、找尋職缺契機，因此冬季會議可說是一個美國職棒大拜拜的場合。

13 Miguel Cabrera。

一樣。然而，還是有些案例是，當事人面臨涉及理性和道德因素的抉擇，當中某些選項或許對當事人來說是最理性的方案，但他卻可能因此傷害到其他人。這種狀況在業餘棒球界很常見：業餘棒球教練會狂操投手，因為投手長期的健康不是他需要考慮的事情。

這有一個案例是我進棒球圈工作後看過最嚴重的。那發生在二〇〇九年五月三十日，由加里多（Augie Garrido）教練[14]領軍的德州大學（University of Texas），以及青木米克（Mik Aoki）教練[15]執掌的波士頓學院（Boston College），要進行一場季後賽事。美國大學棒球季後賽第一階段的區域賽[16]，以四隊為一組；德州大學和波士頓學院這組，除了他們之外，還有西點軍校（The United States Military Academy at West Point）以及德州州立大學（Texas State University）。那場德州大學和波士頓學院比賽的贏家，將可晉級分區冠軍賽，而輸家則將與西點軍校打淘汰賽。

進入第七局時，雙方二比二平手，加里多換上那年春天大多擔任「一局後援投手」[17]的A・伍德（Austin Wood）登板接替投球。來到九局上一出局，青木安排貝爾費歐利（Mike Belfiore）進場後援，他是當年大聯盟選秀前備受重視的業餘牛棚投手，整個賽季都還沒在單場投超過三局。接下來十六局，雙方一直保持平手、分不出個高下，直到第二十五局上德州大學得分，二比二的僵局才好不容易被打破，但過程中，兩邊總教練都決定把我特別點出的那兩名投手，用到他們完完全全不能再投為止——A・伍德用一百六十九球投十三局，而貝爾費歐利則是用一百二十九球投九又三分之二局。如此的單場工作量，對休息充足且有經驗的先發投手來說，都已經算過頭了，更何況是前一天都上過場的後援投手A．伍德、貝爾費歐利。他倆都在沒有休息日的情況下，吃下比一般先發投手還要大的投球量。

一旦球員離開了學校，大學教練就幾乎沒有什麼正式的誘因，去關心選手的健康和表現。有些教練會說他們有道德上的動機，去關注旗下選手的未來發展，而我也相信這不一定只是場面話，有些人是真心的，但道德上的動機，仍不可能超越贏得眼前短期賽事的巨大誘因——尤其是季後賽。A．伍德和貝爾費歐利，都具備在那年大聯盟選秀被選的資格，而大聯盟選秀的舉辦時間，就在那場二十五局比賽的十天之後。由於他倆預計被選到的順位都不會太差，應該能順利簽下職業合約，所以加里多和青木當時都有理由認為，這兩名後援投手在球季結束之後就會離隊。區域賽只有一支球隊能脫穎而出，繼續晉級下一階段，因此兩隊總教練在那場二十五局的鏖戰中都很清楚，他們之中至少會有一隊在週末時就宣告球季結束。（輸掉延長賽的波士頓學院，

---

14 於二〇一八年去世。

15 後來在二〇一一年到聖母大學（University of Notre Dame）擔任棒球隊總教練。

16 美國大學棒球的季賽結束後，美國國家大學體育協會（National Collegiate Athletic Association, NCAA）會依據各區戰績選出六十四隊參加季後賽。季後賽第一階段分成十六組，稱之為區域賽（Regional），區域賽每組四隊，進行雙敗淘汰賽，並由各分區冠軍晉級第二階段的比賽。（摘編自《阿宏叔叔說棒球》網站）

17 代表出賽時通常只投一局。

後來在面對西點軍校的淘汰賽中再輸球，慘遭淘汰；德州大學隨後打敗西點軍校，晉級超級區域賽〔Super Regional〕，並在隔週的超級區域賽中擊敗對手，最終他們挺進了大學世界大賽的總決賽，三連敗給路易斯安納州大飲恨。）

二〇〇九年，棒球界已經十分清楚，過度操用投手會提高重大手臂傷勢的風險，在小聯盟已很少看到投手單場用超過一百球，就算累積了足夠的休息天數也是如此；即便是在大聯盟，也鮮少有投手單場用超過一百二十球。二〇〇八年，大聯盟先發投手單場用球數至少一百三十球的案例，只有八個，而其中用球數最多的是林瑟肯（Tim Lincecum）於九月十三日所投的一百三十八球。當時大聯盟球隊，已經認為年輕投手的高用球量（像貝爾費歐利和A．伍德），對他們長期的健康有害。然而，加里多和青木似乎只是把那兩位投手當作可以濫用的資源，反正他們再過幾個禮拜就要走了，未來會有新一屆的新鮮手臂接替他們的位置，所以毋須太在意他們長遠的健康。

後來，A．伍德在選秀第五輪被老虎隊挑中，但很快就因為肩膀手術錯失整個二〇一〇年賽季，而且之後也不曾登上大聯盟。（二〇一一年，A．伍德接受《休士頓紀事報》〔Houston Chronicle〕記者芬格〔Mike Finger〕的訪問時說，他對於加里多在那場二十五局大戰中使用他的方式，沒有埋怨。）貝爾費歐利雖然在同年選秀第四十五順位就被響尾蛇挑中，但自從那場超長的中繼登板後，他的表現就不如以往；二〇一三年於大聯盟投了一局的他，二〇一五年球季結束之後就告別了職業選手的生涯。

道德風險是人類行為的本質之一，沒辦法光靠「不去想它」或「提醒自己要採取更高的道德標準」就能解決。人一定會照著誘因做事，所以如果要改變行為，就得改變誘因；試著透過改變誘因，使總管在做任何具長期影響力的決策時（不管是向年紀不小的自由球員提出長約，或是把年輕優質新秀交易走以換取短期的大聯盟即戰力），都會三思而後行，才是比較好的方法。

德州大學和波士頓學院的投手濫用案例，告訴我們的是，其實藉由提供一些簡單的誘因，就能改變教練的決策行為，削弱他們把投手當免洗餐具使用的傾向，提高他們為選手長遠未來思考的動機。選手長遠的未來，不只是健康而已，還包含能在職棒產業賺到的金錢。（我寫過好幾次，就算是不具職棒潛力的球員，也不該過度操用他們，因為那依然很不合理。你的手肘尺骨韌帶、肩關節唇、肩旋轉肌，不會因為你實力不到職業水準就受不了傷，它們還是會受到磨耗、撕裂、造成疼痛，甚至得靠手術才能痊癒。）雇用棒球教練的大學，或是美國大學運動賽事的主管單位NCAA，可以依據投手的年齡和休息天數，設定不同的投球數限制，也可以直接參考大聯盟和運動醫學專家合作開發的「聰明投球專案」，裡面所建議的投球量限制指南。

被大學教練、高中教練、青少棒教練過度操用的球員，自己得擔負最大的成本。家長們應該有責任多去了解，為什麼專家會建議球隊應採投球數限制、投手應獲得足夠得休息時間。隨著時間累積，當更多人都知道哪些學校會濫用投手、哪些不會，學校棒球隊招生受到影響，改變自然就會發生。然而，根據我報導業餘棒球和投手濫用事件的經驗，被指控有操投手的教練都會極力否認他們誤用投手，因此要讓家長取得相關資訊、知道哪些學校真的把投手當免洗餐具用，老實說並不容易；不過，這一點不應該成為阻止我們繼續傳布正確知識的理由。

業餘投手遭到濫用，大聯盟也得付出成本，因為這代表健康的投手新血，會變得愈來愈少；愈來愈多人會帶著尚未被發現的身體磨損進職業，然後因發展不順而無法實踐他應有的潛力。大聯盟作為棒球界的權威機構，運用其豐沛資源和最高話語權，去促使現況改變、減少學生球隊濫用選手的情況，應該不會太難才對。舉例來說，他們可以透過提供更多棒球獎學金所需的資金，要求NCAA設定投球數限制的規則，保護業餘球員的手臂，或是藉由修改勞資協議的內容，把大學球員被選秀的資格，從念完大三[18]下修到念完大二或大一，這樣球員就比較有餘裕選擇是否提早進職棒，減少被教練狂操的風險。教練之所以會狂操投手，不是因為他們很邪惡、想惡意傷害球員，而是因為整體環境的制度提供他們誘因，為了全力在當季贏得最多比賽而濫用陣中比較好的投手；他們覺得要這麼做，才能保住他們的工作、得到加薪、或被其他學校高薪挖角，而整個環境也缺乏阻止他們這麼濫用投手的遏制因素。我們必須接受「人終究是人，一定會依誘因行事」的事實，設立一套提供不同誘因的制度，使他們不再只是為一己之私做事，更能兼顧到整體產業的最大利益。

如果我們想要減少道德風險的影響、避免有人因為事情出錯不必承擔全部責任而做太冒進的決策，必須採取一些手段，但在現實生活中的手段，可能不像前面提到的棒球界案例那麼簡單。我們之所以常在相關研究中，看到學者舉職業運動的例子，是因為職業運動提供了相對單純的環境，來檢視人類的道德風險行為。此外，用職業運動的案例來說明，也遠比用銀行業的例子有趣。然而，美國經濟在二〇〇八到二〇〇九年陷入大蕭條，主因就是銀行業裡的道德風險行為。當時大型銀行為了尋求包裝轉賣貸款所帶來的短期利益，發放風險愈來愈高的貸款，因為他們知道他們可以把大部分的風險，都轉移到那些購買包裝後貸款（正式名稱為「擔保房貸憑證」〔collateralized mortgage obligations, CMO〕[19]）的投資人身上，而且就算真的怎麼樣了，聯邦政府也會出手救援他們那些「大到倒不了」的銀行。

18　讓我們來複習一下現行的業餘球員被選秀資格規定。棒球員必須滿足以下任一條件，才能在大聯盟選秀被選：獲得高中文憑（或是即將畢業）、在一所四年制大學念滿三年、在一所兩年制的短期大學念滿一年、選秀前年滿二十一歲、選秀後四十五天內會滿二十一歲。

19　擔保房貸憑證起源於美國，是由聯邦住房抵押貸款公司——房地美（Freddie Mac）——推出的金融資產證券化商品，興盛於一九七〇年代末至一九八〇年代初，當時美國房市剛開始復甦，但殖利率曲線發生反轉的現象，致使以吸收短期資金從事長期房貸的儲貸機構蒙受虧損，且房貸轉付證券（Mortgage Pass Through, MPT）已不足以滿足投資人的需求，故為了擴大資本市場對房貸市場的參與，房屋抵押基礎證券（Morgage-backed Security, MBS）及擔保房貸憑證（CMO）便應運而生，再次吸引了投資人的注意。（摘編自《貨幣觀測與信用評等》）

二〇〇九年，美國經濟學家普爾（William Poole）在一篇探究道德風險和銀行紓困的研究中寫道：

> 與其要求更多權力更大的監管單位去監控，我們真正需要的是，改變公司營運的誘因。這些公司之所以會出包，是因為他們所需承擔的風險太小，然後太多債務都屬於短期。他們基本上沒有什麼市場自律。最後，我們還需要一個以市場為基礎的方法，迫使大公司在出包時，有秩序地減小他們營運業務的規模。很多問題其實都可以透過改變公司營運的誘因來解決。[20]

普爾接下來繼續列出了，監管單位和市場應該要去面對的四大問題，如果能解決，就可以減低決策者承擔額外風險的意願，或是減少決策者承擔額外風險的益處。另外普爾也提出以市場為基礎的解決辦法，像是經由取消公司債利息的減稅方案，提高公司負債的成本，使他們想辦法去減少負債。總而言之，重點是，若要處理道德風險問題，你必須接受沒辦法改變「人」的事實；你能做的，是改變他們可以做的事情，或是改變他們做事情的誘因。要是大學棒球教練知道他們濫用投手會被炒魷魚、或是管理單位有明確訂定投球數限制，那學生投手被狂操的問題就能解決。要是大學教練的評比、給薪機制，是依照學生球員未來的健康或在職棒賽場的發展，那他們可能就會改變調兵遣將的方式。要是有球員因為遭到濫用手臂受大傷，對學校教練或校方提告（我覺得這之後一定會發生），那肯定會改變學校管理球隊、教練使用選手的形式。

同樣地，大聯盟球隊可以透過拉長總管合約年限、延遲支付薪資、增設跟球隊戰績相關的各式激勵獎金，增加總管對球隊表現優劣的責任，而總管行事的誘因也會因此改變；要是球員合約開始變得對球隊不利，或是以失敗收場，仍然在任的總管就得有個解釋，而不是在合約結束或變質之前，拍拍屁股走人就沒事了。球隊不能要求總管去賠償自由球員合約失敗的損失，但確保為球隊帶來長期成功的總管能獲得更多的回報，並讓犯錯的總管有足夠的時間去處理自己製造的爛攤子，至少可以幫球隊減少被高薪累贅合約長期拖累的機率。

20 William Poole, "Moral Hazard: The Long-Lasting Legacy of Bailouts," Financial Analysts Journal 65, no. 6 (2009): 17–23.

第十章
安打王羅斯無效的自我辯解
代理問題（principle-agent problem）以及誘因不一致（misaligned incentives）如何造成糟糕的棒球事務決策

二〇一九年四月，勇士隊用一紙七年的延長約，綁定他們年僅二十二歲的二壘手艾爾比斯（Ozzie Albies）；頓時之間，棒球界陷入沸騰。那張合約涵蓋了五個艾爾比斯合約權利受球隊控制的年份，以及兩個自由球員年，保證薪資為三千五百萬美金，另外還附帶兩個價值七百萬美元的球隊選擇權[1]。無論在他們簽約之前或之後，我都很少看到有延長合約這麼快速地引起球界如

1　兩個球隊選擇權都執行的話，這張合約的長度就會達到九年，涵蓋掉四個艾爾比斯的自由球員年，總薪資達四千九百萬美金。

此惱火的反應。

《運動畫刊》（*Sports Illustrated*）的作家J．泰勒（Jon Taylor）直接寫，艾爾比斯就像是被詐騙，勇士提出的合約條件實在是「羞辱人地差」；美國運動和流行文化網站「The Ringer」的棒球專家包曼（Michael Baumann）也寫，艾爾比斯根本是被洗劫了一番，延長合約的內容非常令人吃驚；「ESPN」的派森（Jeff Passan）則是發推文說：「從球員的角度看，艾爾比斯的延長合約，可能是史上最爛的一張，而且我沒有在用誇飾法。」隨後他去跟其他球員經紀人和球團經理人，聊這張延長合約，參酌他們的意見寫了一篇專欄，內文寫道：「合約總值震驚了整個業界」，而且「可能會失去四個自由球員年……這真的不太對啊」。

在那篇專欄中，派森也點出了，不管是自由球員，還是有約在身、但想尋求延長合約的選手，在跟球隊協商時都會遇到的一個大問題。代表艾爾比斯談約的是獨立經紀人米特（David Meter），跟大型的運動經紀公司——如波拉斯（Scott Boras Corporation）、創新藝人經紀公司（Creative Artists Agency）、超群運動管理（Excel Sports Management）等等——相比，米特的事務所規模算非常小。派森提到，在這種情況下，球員經紀人跟球員所追求的優先目標，可能會有所不同：

如果經紀人抽百分之五的佣金，那一張兩千萬美元的延長合約，就能替經紀人賺進一百萬美元。對於獨立經紀人或小事務所來說（艾爾比斯雇用的米特，就是獨立經紀人），幫球員談延長約的誘因滿大的，而且他們也很害怕客戶被大經紀公司搶走。有時候甚至連大經紀公司，也會因為擔心客戶被挖走（佣金也會跟著飛走），而積極與球隊洽談延長合約。

運動經紀人領域的競爭非常激烈，可說是到殺紅眼的地步；無論有沒有理由或原因，球員都可以忽然更換經紀人，而且未來簽的合約都不會再被前經紀人抽佣。（如果前經紀人談的合約還沒完結，那前經紀人還是可以持續抽佣。）到目前為止，我已經在棒球媒體界打滾了十三年，期間一直有聽到球員經紀人互搶客戶的故事，不管是提供現金還是其他誘因，促使球員換隊（這種賄賂手段是被禁止的），還是對球員許下不太可能達成的未來薪資承諾，吸引選手轉換陣營，相關的情節總是層出不窮。以美國本土來說[2]，經紀人可能會在球員才高一的時候，就去接觸他們；若是在大聯盟選秀範圍之外的地區，如多明尼加，經紀人甚至可能在選手年僅十一、十二歲的時候，就去找他們的家人談。這些經紀人會投入時間和金錢，去拜訪球員和他們的家人、看他們的比賽、跟著他們參加活動、幫他們取得球具和器材等等，球員則可隨時決定是不是要繼續跟現在的經紀人合作，還是要雇用另一位。這是美國球員經紀界不成文的運作方式，也是棒球產業

2　美國本土和波多黎各的球員，需要經過選秀才能進入美國職棒，而其他地區的則被歸類為國際業餘球員。

當中，極少數對球員有利的運作機制。

如果艾爾比斯選擇跟其他很多球員一樣的路，不簽延長合約，就一年一年跟勇士換約，保守估計他能賺到的錢，絕對比他跟勇士簽的那張延長合約多，因此很多人才會認為這張延長約對艾爾比斯極其不利。大聯盟球員在累積到第三或第四年的服務年資前，都只會領到接近底薪的薪水；等達到三年年資之後，他們才會取得薪資仲裁的資格，讓薪資明顯上漲，然後等到累積滿六年的年資，才可成為自由球員。有一家不是受雇於艾爾比斯的經紀公司，進行內部推算，估計艾爾比斯要是沒簽延長約，走多數球員的每年換約方式，等到他取得自由球員資格的第二年（也就是那張延長約保證期限走完的那年，包含艾爾比斯的五個受控制年份和兩個自由球員年），大概會賺到多少錢；他們算出的結果是六千一百萬美金，比勇士給艾爾比斯的延長約還多出了百分之七十五。雖然球員跟球隊簽期限較長的延長合約時，本來就會給球隊一些折扣，因為他等於是用那些薪資的折扣，來換取立即性的經濟保障，但像艾爾比斯那張合約的折扣幅度，可說是前所未聞，至少最近幾年是完全沒有類似的案例。

為什麼會有球員願意簽一張低於其市場身價那麼多的合約呢？艾爾比斯自己是表示，他不在乎錢的多寡，他向運動網站「運動員」的記者歐布萊恩（Dave O'Brien）說：「我接受這條件，是因為我想讓我的家人獲得經濟保障。」然後他還說：「我接下來想當一輩子的勇士人。」或許艾爾比斯是真心那麼想，但老實說，勇士很有可能願意支付，比他們實際開出的延長約價碼更多的錢給他，因為艾爾比斯的產能價值很高，而且如果他沒有簽延長約、一年一年換約的話，也應該能拿到比較多的錢。要是前面提到的經紀公司推算是正確的，那照理來說，在相同合約長度下，勇士最高應該會願意開給艾爾比斯六千萬美金的價碼，因為即便價碼拉高到六千萬，他們還是能省到一點錢，而且依然能綁定他取得自由球員資格的頭兩年。然而，艾爾比斯和其經紀人沒有逼使勇士開出更好的價碼，接受了保證薪資僅三千五百萬美金的條件，震驚整個棒球圈；所有經紀人、球隊管理部門主管，都覺得那價碼實在低於行情太多了。

從表面看，球員經紀人跟他們所代表的球員，目標和誘因都是一致的，但這不完全正確。如果經紀人擔心客戶被其他經紀公司搶走，他就有很強烈的誘因，去幫球員談那個當下條件最好的延長合約，確保自己能拿到佣金；就算對該球員來說最理想的策略應該是，再多等幾年才簽長約，但經紀人有時為了顧全自身利益，不一定會完全替球員著想。（對球員來說，若是最近有出現傷勢，或是最近一年打得不是特別好，更不該急著簽延長約。）大聯盟球員獲得薪資的模式，呈漏斗狀，剛上大聯盟的前幾年，只能拿接近最低薪的薪資，一旦取得薪資仲裁資格，薪水就會快速地大幅增長，等到獲得自由球員資格，薪水又會再經歷一次跳躍性成長；這種模式意味著，剛進大聯盟的年輕球員，只要能維持住不錯的表現、同時保持在夠健康的程度，透過一年一年地換約，撐到獲得薪資仲裁和取得自由球員資格的節點，就肯定能實現最大化的薪資潛能，比簽長期的延長約更有效益。不過這種對球員來說最有利的模式，對經紀人而言卻有兩個缺點：第一，經紀人在球員成為自由球員前的報酬（佣金），會非常浮動，充滿著不確定性，而且完全跟球員的表現和受傷情形牽連在一起；第二，球員有可能在獲得大合約之前，選擇跳槽到另一家經紀公司，如此一來原經紀人之前投入的努力和資源就都白費了。

球員與經紀人目標、誘因不一致的現象，在經濟學裡面被稱作「代理問題」。代理問題不只會發生在職業球員或大明星身上，像我們這種市井小民也可能遇到。[3]如果你曾買賣過房子，可能就雇用過房地產經紀人：賣房子的話，他能幫你設定價格、蒐集買家報價；買房子的話，他則能幫你找房子、提供出價建議。但當房地產經紀人代表買家時，就會出現誘因衝突和代理問題：買家一定是想以最划算的價格買到房子，可是由於經紀人的佣金是按最終成交價下去計算的，所以經紀人的目標，某種程度上是希望買家花愈多錢愈好。

我們會在買賣房屋的過程中雇用經紀人（或律師；或其他代理人），原因有非常多，其中之一可能是某些產業的規範、甚至是某些地區的法律，要求我們這麼做。通常這是正確的做法；很少人會在買賣房子時選擇親力親為，因為要是沒有房地產經紀人幫我們注意買賣細節，或是沒有房地產律師檢查文件的完整性，我們很可能會在交易過程中漏掉某些該注意的事項，而被較有經驗的另一方吃豆腐。然而，只要我們雇用某人擔任經紀人或代理人（職業運動員幾乎都會雇用經紀人，來幫他們處理跟球隊的合約談判），就需要承擔自身目標、誘因與經紀人不一致（代理問題）的風險；經紀人有可能會推薦對他自己最有利、但對你卻不是最有利的選項。

球員也有可能扮演代理問題中牽制另一方的角色。球隊支付球員薪水，要球員在某段固定的時間區間內上場表現，但球員對自身未來的規劃時程，經常會跟球隊高層有出入。在我寫這段文字時，有點被低估的國民隊明星三壘手瑞登[4]，只剩幾個禮拜就要成為自由球員。他正處在其大聯盟生涯的第六個完整賽季，而且打出最佳水準：他的打擊率、上壘率、長打率（三成三〇／四成一四／〇點六二二）全創下生涯單季新高，且其他進階打擊數據——如加權上壘率（weighted on-base average, wOBA）[5]和標準化加權得分創造（weighted runs created plus, wRC+）[6]等——也是如此。若看累積型數據，瑞登當時也已在數個項目寫下生涯新猷，包含安打數、全壘打數、打

3 跟很多曾出過書的作者一樣，我也有雇用一名作家經紀人，請他幫我打造新書的提案、跟出版社協調出書的合約。

4 Anthony Rendon。

5 加權上壘率wOBA是由棒球數據專家探戈（Tom Tango）開發，其實就等同上壘率的進階版。跟上壘率只關注上壘頻率不同，加權上壘率還會把打者的上壘方式考量進去，並賦予不同的價值認定（二壘安打和一壘安打都是上壘，但二壘安打的價值肯定高於一壘安打）。wOBA能同時反映選手的長打表現和上壘能力，而且給予每一種安打和上壘事件正確的價值權重，因此是比上壘率更能完整描述打者進攻火力的進攻數據。

6 加權得分創造wRC，是以加權上壘率wOBA為基礎的進階版數據。為了使比較不同打者之間的「加權得分創造」更加容易、更加準確公允，棒球數據專家把跟「ERA＋」、「OPS＋」相同的「標準化」概念，套用到加權得分創造上，試圖打造出一個比較基準點相同、排除球場因素、時代環境因素的綜合進攻數據。最終，他們開發出的一個終極進攻數據，就叫做標準化加權得分創造wRC＋。

點數、得分數，並且只要再敲出一支二壘安打，就能追平其生涯單季最多。防守上，瑞登的發揮一如往常地優異，因此綜合下來，他累積出了生涯單季最高的WAR值（在FanGraphs的版本為七點一），而且例行賽還剩十一場球讓他繼續把數字堆高。

雖然瑞登一直以來都是很傑出的球員，但他在成為自由球員前的最後一年（打完後就可進入市場，接受各隊的報價提案），剛好就打出了生涯最佳數據，這難道真的只是巧合嗎？會不會等到他在冬天簽下一張複數年大約後，因為取得了保證合約的保障，變得比較沒那麼拚、比較鬆懈（不需再打出最好的成績給有意簽他的球隊看），導致接下來的成績下滑呢？

三名經濟學家在一份二〇〇二年的研究中，就探討了這樣的議題。這份被發表在《運動經濟學期刊》（*Journal of Sports Economics*）的論文[7]發現，前面那段的兩個問題，沒有絕對的答案。雖然研究指出球員確實會在合約年[8]，在某些部分表現得比較好，但三位作者卻沒有發現任何證據指出，球員會在簽到大約之後變得沒那麼拚或鬆懈下來。

馬克西（Joel Maxcy）、佛特（Rodney Fort）、克勞特曼（Anthony Krautmann），檢視了大聯盟在採行自由球員制度之後的一千九百七十二個「球員賽季」[9]，去看到底球員會不會在合約年表現得特別好、更願意帶傷上陣，或是簽下大約後就不拚全力了；他們試圖透過該研究，找到一些實證來佐證這些論述。結果發現，球員在合約年的上場時間確實會變多：「身處合約年的球員，比較不容易躺進傷兵名單，而且出賽時間比較多。」雖然這樣的效應不是特別大，但已經達到數據上顯著的程度，不管是「上場時間變多」還是「躺傷兵名單的時間變少」，都是如此。研究人員因此推論，身處在合約年的球員，可能會更想忍痛帶傷上陣，以盡可能提升數據，或消除任何外界覺得他們「容易受傷」、「很玻璃」的疑慮；另外也有可能是，由於總教練知道合約年的球員，下個球季應該不會留隊，所以會多用這種球員（「反正用壞了，明年也不會在我隊上」的心態）。

然而，他們沒有發現球員在簽大約之後鬆懈的證據：「儘管球隊管理部門持續宣稱，長期合約會降低球員努力的動機、影響他們的表現，但我們的研究結果不支持這個說法。」研究顯示，球員在簽新長約的首年，出賽時間比較多、也比較少進傷兵名單。三位研究人員寫道：「這可能是管理部門能對球員上場時間，下最終指導棋的結果。由於管理部門用新的大合約綁定某一名球員，總教練通常會承受『要多用該球員』的壓力。」至少就球員的出賽時間和出賽意願，沒有明確實證支持他們會在簽下新約之後鬆懈或不盡全力。

---

7 Joel G. Maxcy, Rodney D. Fort, and Anthony C. Krautmann, "The Effectiveness of Incentive Mechanisms in Major League Baseball," Journal of Sports Economics 3 (2002): 246.

8 也就是球員進入自由球員市場前的最後一年。跟第七章提到的「出走年」意思一樣。

9 一個球員打一個賽季，就算一個「球員賽季」。舉例來說，如果有兩個球員，一個打三年，另一個打五年，兩個人加起來就有八個「球員賽季」。

數年後，棒球作家派瑞（Dayn Perry）在《數字之間的棒球》（*Baseball Between the Numbers*）這本書中寫了一篇文章，單純分析選手在合約年的出賽時間和場上表現，發現跟前述研究類似的結果：球員通常會在合約年繳出最巔峰的成績，而且出賽時間也有很高的機率比合約年前後的賽季來得多。一般來說，打者的生涯巔峰期會落在二十七歲左右，因此派瑞點出，本章前面提到的、大聯盟球員取得自由球員資格的模式，使很多球員在還沒成為自由球員前，就已經過了生涯巔峰期。

那些在合約年拚得特別兇、犧牲休息時間帶傷上陣也在所不惜的球員，是很理性地為自身利益做努力。不過這對球隊來說是一把雙面刃：要是球員因為傷勢，在場上的發揮只有百分之七十的實力，或是使原本的小傷加劇為大傷，導致不得不躺進傷兵名單，這些發展都對球隊不利。因此即便球員跟球隊的目標和誘因，大致上一致，但也不全然如此。

代理問題是「道德風險」這個大雨傘底下的一種問題類別。讓我們再來複習一下前一章提到的道德風險概念：人會因為不需負失敗的全部責任、不必付出錯的全部代價，而願意承擔更高或過量的風險。最簡單的例子就是，如果汽車駕駛知道保險公司會幫忙賠償部分或全部的可能損失，他們就會開得比較快、比較不謹慎，也會更願意在面臨危險時犧牲車子以保全自己。

二〇〇八到二〇〇九年的金融危機，就是房貸產業中道德風險氾濫所導致的結果。美國聯邦政府為當時瀕臨破產的放貸金融機構，提供紓困方案，但此舉可能只會提高未來道德風險問題再現的機率，因為它會鼓勵其他銀行也跳下去類似的事情。擔保房貸憑證CMO的次級市場，使銀行可以把一些性質類似的房貸組成一包，以不同份額（tranche）[10]的方式賣給其他投資人，轉嫁房貸失敗的風險。在這過程中，信用評等公司扮演助攻角色，他們幫助放貸機構打出那些房貸不容易出包的招牌，誘使投資人買單。金融危機爆發後，儘管以往美國聯邦政府沒有對「投資銀行」提供紓困的先例[11]，但他們仍選擇對貝爾斯登公司（Bear Stearns）[12]提供紓困；不過雷曼兄弟公司（Lehman Brothers）[13]可就沒那麼好運，美國政府拒絕對他們提供紓困，使雷曼兄弟因此破

---

10 「份額」一詞源自法文，意思是「一部分」。在金融圈，此詞通常是指發行證券時，同時發行風險、報酬、期限不同的數批債券。

11 舉例來說，美國聯邦存款保險公司（Federal Deposit Insurance Corporation, FDIC）有為商業銀行儲蓄客戶提供存款保險（支票存款帳戶或儲蓄存款帳戶都有），但沒有對投資銀行的券商帳戶提供保險。

12 貝爾斯登公司曾為美國主要的投資銀行，後被摩根大通收購。該公司成立於一九二三年，截至二〇〇八年三月，是美國第五大的投資銀行與主要證券交易公司之一，主要從事資本市場、財富管理等領域的金融服務，總部位於美國紐約市。二〇〇八年，貝爾斯登公司在美國次級貸款風暴中承受嚴重虧損，瀕臨破產而被收購。（摘編自維基百科）

13 雷曼兄弟控股公司於一八五〇年創辦，是一家國際性金融機構及投資銀行，業務包括證券、債券、市場研究、證券交易業務、投資管理、私募基金及私人銀行服務。二〇〇八年中，受到次級房貸風暴連鎖效應波及，在財務方面受到重大打擊而虧損；九月十五日，雷曼兄弟公司宣布申請破產保護，負債超過六千億美元。雷曼兄弟的破產被認為是二〇〇八年全球金融危機失控的標誌。（摘編自維基百科）

產。美國政府對雷曼兄弟見死不救的舉措，被視為警告意味濃厚，要其他金融機構小心一點，未來得先做更好的風險控管再行事。[14]

代理問題在一九七〇年代首次被發現，但不太清楚究竟是誰給它取了名字。最早描述到這個問題的研究之一，是一九七六年由詹森（Michael Jensen）和梅克林（William Meckling）撰寫的論文。該論文用很簡潔明瞭地方式，來說明代理問題的現象：「如果委託人和代理人都是功利主義至上，那代理人的行為，就很可能不會每次都符合委託人的最佳利益。」[15]

究竟要怎麼讓代理人的行為，一直都符合委託人的最佳利益，而非極大化自身利益，這個問題是過去四十年來，許多學術研究探討的主題。一九八三年，葛羅斯曼（Sanford Grossman）和O．哈特（Oliver Hart）合著了一份十分重要的研究，他們想出的解決辦法是：「在代理人採取行動前，委託人得對欲處理的事情，進行成本效益分析，並檢視代理人的行動是否符合最佳效益，再去做行為的調整。」[16]這代表委託人得在代理人採取行動之前，預先知道代理人會採取什麼動作，進行成本效益分析之後，再做執行上的調整，以解決代理問題。沒錯，這個解決方案是有點困難，等於你每次要雇用代理人去執行某個重大決策時，都得運用試算表來做詳細的成本效益分析。

另一個解決辦法叫作「一階法」（first-order solution），它被提出的時間比葛羅斯曼和O．哈特的研究還要早，但在大多數的案例中都不適用，唯一的好處是以數學的角度切入比較好運算。其他針對代理問題提出解決辦法的學術研究還有：「用二階規劃（bilevel programming）來解決非線性的代理問題」、「代理模式中的確定性機制（deterministic mechanism）和隨機性機制（stochastic mechanism）」、「探討連續時間內的動態代理問題」。換句話說，代理問題已經被研究了超過四十年，而且就算用上大多數人都難以理解的數學方法去做運算，仍無法有效破解代理問題。每個「委託—代理關係」的本質，都包含了代理問題：你代理人的目標和誘因看似跟你相同，但終究會有些微地不同。從買房者的角度來看，房地產經紀人應該要盡量使賣家的要價愈來愈低才好，但要是賣家真的同意壓低售價，經紀人的佣金也會變少，因此經紀人可能就不會那麼努力地把價格壓低。

羅斯[17]從球場退休時，是大聯盟史上的安打王（至今依然是），生涯累積的安打數比其他大

---

14 Frederick Mishkin, "Over the Cliff: From the Subprime to the Global Financial Crisis," Journal of Economic Perspectives 25, no. 1 (Winter 2011): 53.

15 Michael Jensen and William Meckling, "Theory of the Firm: Managerial Behavior, Agency Costs and Ownership Structure," Journal of Financial Economics 3 (1976): 305–60.

16 S. J. Grossman and O. D. Hart, "An Analysis of the Principal-Agent Problem," Econometrica 51, no. 1 (January 1983): 7–45.

17 Pete Rose。

聯盟球員都還要多。老實說，羅斯的球員生涯晚期，球技已衰退的很嚴重，不太適合繼續打那麼多比賽，但他依舊常常上場，最後才好不容易打破原本由卡布（Ty Cobb）保持的歷史紀錄。當然，羅斯當時之所以能常常上場，是因為他身兼球隊總教練，所以可以持續把自己排入打線，以打破卡布的紀錄；可就算是這樣，羅斯打破卡布紀錄的壯舉，對棒球界來說，仍然是很令人興奮的一刻。

羅斯最後一次在大聯盟出賽，是在一九八六年的八月。然而，他被棒壇視為偉人的時間只維持了三年；一九八九年八月，羅斯因為在擔任球員身兼教練時，涉及職棒簽賭，而且還對他參與的比賽下注，被當時的大聯盟主席吉亞馬提（Bartlett Giamatti）打入終生球監、無限期地逐出棒壇。「簽賭」是美國職棒的最大忌：一九一九年，大聯盟發生「黑襪事件」醜聞（Black Sox Scandal），數名芝加哥白襪（Chicago White Sox）球員（包含當時一大球星「無鞋喬」傑克森〔Shoeless Joe Jackson〕）私下與組頭串通，在世界大賽打放水球，以換取賄賂金；大聯盟揭露此事之後，詳查嚴辦，多達八名白襪球員遭判終生球監，而從此之後，大聯盟對於任何跟簽賭相關的情事都非常敏感，絕不寬待。

羅斯並不是第一個因涉及職棒簽賭而被貼上棒壇禁令的球員，但卻是這些球員當中最知名的。他被判終生球監後，球界對他的評價也大大改變，從毫無疑問的偉人，變成難以被原諒的爭議人物。時任主席吉亞馬提在把羅斯打入終生球監的幾天後，就因心臟病發過世，當時很多人都把吉亞馬提的死，怪罪到羅斯身上；他們認為，是調查此案跟嚴懲大聯盟安打王的巨大壓力，使吉亞馬提的身體不堪負荷。後來，羅斯還寫書坦承他確實曾參與職棒簽賭（但只有下自己的球隊贏，沒有下過自己的球隊輸），而寫書的背後目的，多少是為了藉由其諸多爭議，來賺一點錢。

羅斯被逐出棒壇後的三十年，他一直不斷為自己辯護的論點是，他只有下自己的球隊——紅人——贏球，從沒下紅人輸，好像此作為能顯示他的犯行沒那麼嚴重。這個論述的道理是，要是他當年有下紅人輸，便更加不可原諒，因為他有可能就會採取不同的督軍方式，增加球隊輸球的機率，以從中牟利。支持取消羅斯球監、希望他能被選進名人堂[18]的那一派，經常會拿此論述來聲援羅斯：對，沒錯，羅斯是有賭博，但他只有下自己的球隊贏；如果你是球隊的總教練，難道不希望自己的球隊一直贏球嗎？這難道不是只是羅斯「希望球隊每天贏球」的欲望太過強烈所導致的結果嗎？

回答這些問題，最簡短的答案是：「大聯盟規章」（Major League Baseball Rule）第二十一條d項第二款，明令禁止大聯盟相關人員進行比賽賭博下注，但沒有寫「下注」專指下所屬的球隊輸。大聯盟規章只有寫，只要你對有參與到的比賽下注，就是不行，而一旦下了，就會被判棒球

18　被大聯盟放入「永久禁制名單」（也就是終生球監）的人，也喪失在名人堂票選候選或日後以其他方式被選入名人堂的權利。

界的死刑：

任何球員、裁判、球隊人員、聯盟人員、相關受雇人員，對任何他們有責任參與的比賽下注，無論金額多寡，即須被判終生禁制。

所以從條文來看，就算是下自己的球隊贏，依然違規；而我們已經可以確定，羅斯確實有對自己的球隊下注，因此他也得到了相應的懲罰。

另一個能說明「羅斯下注」是糟糕透頂行為的理由，就跟代理問題有關了。現在請把球隊的高層——老闆、球隊總裁、或者是其他股東——視為委託人，然後把總教練視為代理人。委託人請代理人處理跟比賽有關的一切管理事務，包含排打線、調兵遣將、下達戰術、分派團隊工作等等。委託人的主要目標是贏得世界大賽冠軍，而且可能還不只一座，同時也希望能創造一個良性循環：球隊保持一定競爭力，長期下來能賺錢，再把一部分賺來的錢，拿回去投資球隊，使其繼續保持競爭力。（在棒球界，「贏球」跟「收入」之間存有滿強的正相關，尤其是季後賽更為明顯。）在某些情況下，代理人也會被要求去協助栽培剛上大聯盟的年輕球員。一般來說，委託人（球隊高層）之所以雇用代理人（總教練），就是為了達成前述的目標。

然而，總教練的目標，可能會跟球團老闆、股東不太一樣。總教練的合約長度可能不長，所以他會想要在短期間內獲取更多成功，以替自己爭取延長合約，或是被其他球隊挖角的可能性。總教練或許會更常使用資深球員，而較少使用年輕球員，因為資深球員的表現比較好預期，年輕球員相比之下較不可靠、也較陌生，可是年輕球員卻經常是最有可能大幅進步、或需要更多出賽機會累積經驗值的人；總教練可能會在短期間多安排某一名強投上場，不太顧過度操勞投手所帶來的疲勞、受傷風險。他會想，就算投手後來真的受傷，那也是他現行合約到期之後的事，等到那時候，他要不是已經簽了新的延長約，就是已經在另一支球隊工作了。

在羅斯的案例中，前述不協調的現象（經濟學家稱之為「誘因不一致」），因為羅斯下注的行為，變得更加嚴重。羅斯在他有下紅人贏球的比賽中，有誘因嘗試更多手段去贏球，但在沒下注的比賽，他可能就會放鬆下來、沒那麼用心。在他有下注的比賽中，羅斯可能會更操勞好投手，希望好投手能穩穩地幫他拿下勝利，反正如果之後該投手累了、表現下滑了，他大不了不去下那投手之後預定會出賽的場次就好；反之，在羅斯沒有下注的比賽，他督軍的方式可能就會比較被動，例如在比賽後半段對方換左投上來時，沒有換上右打的代打上場，或是在比賽末段球隊領先、應以防守為重時，忘記換上守備組球員替補某些防守較差的野手。另外，對羅斯而言，這些「不作為」的好處是，比起「有作為」，更難被發現、更不容易被糾錯指正。

大部分的人對於羅斯這種執教風格，都不會起什麼疑，因為不管對局外人還是業內人士來說，那看起來，就只是羅斯在他認為「球隊應該會贏」時有點不擇手段、在他認為「球隊應該會輸」時有點太早放棄。如果紅人整體贏的比賽夠多，那肯定不會有人覺得羅斯有在簽賭或督軍方式特別怪異。羅斯決定冒著葬送棒球生命的風險，選擇投注的當下，思維或許並不理性，但一旦完成投注，對他來說最理性的行為模式，就是在他下紅人贏的比賽中，無所不用其極地帶領球隊搶勝，並在其他比賽中，輕鬆帶兵。

當總教練這樣帶兵，會出現兩大根本問題，而這兩個問題都足以使大聯盟規章第二十一條d項第二款的懲罰，顯得十分合理。第一個問題是，總教練如果只下某些特定的比賽自己球隊贏，就等同是向其他人（例如接受總教練投注的組頭）默認，他覺得那些自己沒下的比賽，球隊贏球的機率比較低，而且他也很有可能在沒有下注的比賽中，花比較少心思在贏球上。律師羅登柏格（Ryan Rodenberg）二〇一四年在《大西洋》雜誌（The Atlantic）的專欄中就寫道：

> 首先，羅斯沒對紅人下注的時候，他的「不作為」等於是在對組頭釋放出一個訊息：他對那場比賽紅人的表現不是特別有信心。組頭會用這樣的內線情資，來對紅人的敵人下注。這並不代表球賽本身有問題、或有球員放水，只是羅斯的思考和行為影響了賭盤。他這麼做已經對自身和賭盤產生衝擊。此外，他選擇對某些比賽下注、不對其他比賽下注的行為，也有可能影響他擔任總教練時所做的決策。[19]

羅登柏格後來繼續提到，羅斯在不同比賽投注不同的金額，可以反映出他對不同賽事的贏球信心不同，進而暗示了組頭該怎麼進一步操作賭盤。

隨著當年下注的紙條和羅斯自己做投注記錄的冊子，在多年後被公諸於世，羅斯投注的行為和細節也被攤在陽光下。他其中一個投注模式是，投手葛利克森（Bill Gullickson）先發時，就傾向不投注。二〇〇七年，《紐約時報》記者恰斯[20]在羅斯賭博的細節曝光時寫道：「如果羅斯對紅人比賽下注時，獨漏葛利克森的比賽，那等同是跟組頭說，他身為紅人總教練，對球隊在葛利克森先發的比賽，不抱太大的贏球信心。」一九八七年夏天，羅斯只在葛利克森於紅人的最後八場先發中，下其中兩場紅人贏，其他都沒下注；後來紅人在八月份，就把葛利克森交易去了洋基隊。

第二個問題，也是比較少被討論到的問題是，羅斯的執教方法，跟球隊高層的利益不符，甚至可能出現目標完全相反的狀況。沒錯，委託人（球隊高層）和代理人（總教練）都想要贏球，但在棒球場域中，總教練指揮球隊獲勝的方式，可能會減低球隊明天或更長遠未來的贏球機率。如果一名後援投手今天已經投了兩局、幫助球隊獲勝，隔天他的手臂很可能已經疲勞、無法再施

19 大聯盟史上實在很少球員能像羅斯這樣，提供媒體那麼多可著墨的題材。

20 Murray Chass。

展類似水準，甚至根本沒辦法出賽、必須休息；若要求他硬投，有很大的機率會出現反效果。投手在單一比賽或短期間內數場比賽過量投球，可能會造成受傷、未來會有一陣子無法出賽；在少數的極端案例中，投手還可能再也沒辦法恢復大聯盟等級的身手。[21]

不管是因為賭博還是為了保住工作，想在短時間內不擇手段贏得更多比賽的總教練，也可能傾向不使用需要更多出賽時間累積經驗值、精進球技的年輕球員。一九八六年的部分賽季和幾乎整個一九八七年，羅斯可用的球員名單中，都有二十四歲的年輕外野手歐尼爾[22]，但歐尼爾在這兩年的上場機會都少得可憐，通算只累積了一百八十一個打席。一九八五年，歐尼爾在小聯盟二A和三A表現精采，成為紅人球團旗下頗重要的一名新秀，但在大聯盟，羅斯卻不太願意給他太多出賽時間。歐尼爾的大聯盟生涯軌跡不太尋常，直到二十六歲那年才打出第一個火力跟大聯盟平均水準打平的賽季，然後在二十八歲那年首次入選明星賽（表現確實很好，並非僥倖入選），最後經由交易到洋基之後，在三十多歲的年紀大放異彩。羅斯拒絕給歐尼爾更多上場時間、只願意讓他擔任板凳球員的決定，是否延緩了歐尼爾的發展，因而減少了紅人在一九八七年後從他身上獲得的產能？這問題沒有人能給出明確的答案，但有鑑於歐尼爾後來實際的生涯軌跡，看起來真有可能是這麼回事。

球隊高層想要球隊現在贏、未來也贏。在「現在贏」和「未來贏」通常難以完全兼顧的情況下，要怎麼在這兩者之間做取捨，達到一個比較理想的平衡，就是每支球隊面臨的最大功課。有時候，球隊需要犧牲一些未來的價值，把小聯盟大物交易掉，以換取更多短期的大聯盟即戰力，提高「現在贏」的機率；也有時候，情況相反。但無論如何，兩者之間的取捨平衡會一直存在。所有大聯盟總教練，甚至幾乎所有職業運動的總教練，都會遇到代理問題，但在羅斯的案例中，因為簽賭的關係，他需要強化自己在短期間不擇手段贏球的誘因，導致他個人跟球隊高層之間的利益衝突、誘因不一致問題，更加惡化。

（在羅斯簽賭的案子中，有一件很諷刺的事。羅斯在擔任紅人總教練並玩職棒簽賭時，身兼球員身份，而一九八五年大半的球季，他都在追逐卡布的四千一百九十一支生涯安打紀錄。為了增加追進紀錄的機會，羅斯經常把自己排入打線，因此他那年出賽了一百一十九場、累積五百〇一個打席；然而，他這麼做，其實傷害了紅人隊贏球的機率。一九八五年，羅斯的貢獻度僅略高

21　關於這一點，我印象最深刻的案例是前紅襪後援投手萊希（Kerry Lacy）。一九九七年，萊希是紅襪牛棚當中的中繼投手，雖然只能算是牛棚邊緣人、不屬於主要的戰力核心，但他該季前兩個月的短局數投球表現還不錯，十五局投球防禦率二點三〇，單場最多的用球數不超過三十六球。六月一日，紅襪對洋基的比賽打進延長賽，萊希在第十一局登板後援，投了八十一球後才退場，單場用球數比原本的生涯最高多出一倍以上。萊希雖然曾在小聯盟投過十場先發，但整體來說仍不習慣於長局數的投球工作；那天投到第十五局時，可以很明顯感受到他累了，退場前挨了一支全壘打、一支二壘安打、一支一壘安打。六月一號以降，萊希再投二十五局可是掉了多達二十五分，八月底躺進傷兵名單，錯過整個一九九八年賽季，最終慘遭紅襪釋出。他之後再也沒有於大聯盟出賽。

22　Paul O'Neill。

於替補級球員，大部分原因是他的長打率只有〇點三一九，在當時寫下二次世界大戰後第四糟的一壘手完整球季長打率。一九八六年，羅斯出賽數大幅下修，但有出賽時的表現大不如前，因此他的貢獻度下探至低於替補級球員。那兩年，紅人在一壘這個位置上，其實都有比羅斯更好的選項，包含當時二十五、二十六歲且長程砲火不錯的厄薩斯基〔Nick Esasky〕，但很多上場時間，仍被已經超過四十四歲的羅斯吃下。紅人那兩季都在國聯西區以第二名作收，無緣季後賽，一九八五年跟第一名差五場半勝差、一九八六年跟第一名差十場勝差。或許羅斯常常把自己排進打線的決定，不是紅人沒打進季後賽的主要原因，但仍多少擴大了他們跟第一名的戰績落差；更甚者，還可能害羅斯自己在簽賭時多輸了錢。）

看到這裡，你可以很容易想像，這些誘因不一致的現象，會如何扭曲球隊管理部門組建球隊的方式，或是使他們自以為打造出的最完善陣容，在場上卻打不出應有的成績。已經有一些實證能指出，球員在成為自由球員前的最後一季，很可能會願意多帶傷上陣，增加出賽時間，而剛簽下自由球員合約的球員，則可能會因為比較常要求偶爾休息一下、讓身體恢復，所以出賽時間較少。相同的誘因模式，或許也適用於即將獲得薪資仲裁資格的球員身上，但我自己是還沒看過相關實證就是了。薪資仲裁是一個幾乎完全看數據說話的程序，而且大多仰賴傳統數據而非進階數據。有些球員會為了爭取更好的傳統數據，而大動肝火，例如球員因為某球被記成失誤或安打，生氣地指責某位賽事記錄員，因為那些記錄判斷會影響其個人數據和未來在薪資仲裁上的談薪籌碼；像這樣的例子，可說是層出不窮。（大聯盟在二〇一二年修改了球員就記錄員作為提出申訴的程序，以避免類似衝突。）球隊簽下球員時，都預設他們會能上場的時候就上場，並時時刻刻拿出全力，這個假設在大多數時候都為真，但偶爾還是會出現不成立的狀況。剛簽下保證合約的球員，比較有可能想多休幾天，而快成為自由球員的選手，則比較有意願無視小傷、繼續上場（雖然從球隊的角度看，讓這種帶有小傷的球員休息，或許才是比較理想的做法）。

代理問題沒有簡單的解決方法，但現代的企業一直都在嘗試各種手段，試圖增加主管行事符合公司最佳利益的誘因。二〇一三年二月，蘋果公司（Apple）設立了一項規則，要求主管必須持有價值為他們底薪三倍的蘋果公司股票。因此，對公司有利的事情，對主管也有利；主管應該把決策目標全導向對公司（股價）最有利的方案，而非對個人最有利。這種做法，比之前他們嘗試的方式更好：在那之前，為了把主管行為跟股價表現綁在一起，蘋果提供主管「員工認股權」（stock option）[23]，但此做法能創造的努力誘因好像還不夠大。沒錯，當公司股價升到比認股權行

23 員工認股權（股票選擇權）是一種契約，約定員工可以用事先約定好的價格，購買一定數量的公司股票。在員工認股選擇權的契約裡面，會約定執行選擇權買股票的優待價、可以購買數量。員工的認股選擇權生效後，就有權利可以執行它，把這些權利，換成真實的公司股份。換成股份後，不論是要出售還是繼續持有都可以。認股權的權利行使價格，為授與日的市場價格以上。

使價格（strike price）還高時，主管是能因此得利，但當股價沒有升超過行使價格，就對主管沒什麼影響。

無論在什麼領域或產業，都還有很多其他複雜的因素，增加解決代理問題的難度。其中一個值得一提的是「資訊不對稱」（information asymmetry）；顧名思義，資訊不對稱就是指委託人和代理人所具備的資訊不同，代理人可能會藉由一些委託人所缺乏的資訊，來做決策。資訊不對稱使代理人在事後面對委託人的質疑時，有很大的空間替自己的決策辯護。舉例來說，如果球隊老闆質疑，總教練為什麼不在某場比賽使用甲後援投手，總教練能以「甲投手熱身時狀況不佳」、「甲投手賽前說手臂疲勞」等理由，替自己辯護。這些理由有可能是真的，但很難被老闆驗證，因此增加了老闆評估總教練表現績效的難度。有時候就算是在事後，感覺雙方應該都已經掌握了所有相關資訊的時刻，資訊不對稱的情況可能依然存在。即便在資訊相對公開透明的職業運動場域，代理問題都是一個缺乏明確解方的棘手難題，可想見在一般商業界、公司場域，這問題能有多令人頭大。因此，如果你是代理問題當中的委託人，你能做的，只有把代理問題的影響降到可以接受的程度，沒有辦法完全將之根除。

第十一章

付出去的錢，潑出去的水

沉沒成本謬誤（sunk cost fallacy）以及球隊如何受其影響

我沒有要挑普侯斯毛病的意思。他是一名很傑出的球員、史上最佳的右打者之一，也是紅雀隊史的一大看板人物；他曾跟紅雀隊拿下兩座世界大賽冠軍和三座國聯冠軍。以一個在選秀會第十三輪才被選中的選手來說，普侯斯已經算是鳳毛麟角中的鳳毛麟角，而紅雀隊在一九九九年決定用那第十三輪順位，選走這名來自密蘇里州當地的短期大學球員，也可說是噱翻了。

然而，普侯斯成為自由球員、離開紅雀隊後的生涯，用「不盡理想」四字來形容都算太客氣了。若談到大聯盟史上糟糕的決策，肯定少不了跟普侯斯合約有關的故事。在第九章，我已經談過天使隊當初用過長的合約簽下普侯斯，是一個大錯誤，但天使在普侯斯身上所犯的錯，可不僅止於此。後來當普侯斯身手衰退、成績下滑，不適合繼續擔任先發球員，天使卻依然讓他擔任主力打者，此舉無疑是在他們自己的傷口上撒鹽。

普侯斯最後一個打得像「普侯斯」的賽季，是二〇一〇年，也是他在離開紅雀前的倒數第二年。二〇一一年，他的產能有所衰退，但仍具高水準，加權得分創造wRC+[1]（一百四十七）為全聯盟第十四名。那年球季結束後，天使隊用十年合約簽下普侯斯，不過普侯斯的黃金歲月，也隨著那張合約的簽訂而告終。普侯斯在天使打得最好的一季，就是合約的第一年，可是那年他的數據，比他在紅雀最糟糕的球季——二〇一一年——還要差。更慘的是，二〇一二年之後，普侯斯的進攻火力就如同進入溜滑梯軌道，不斷下滑[2]：從二〇一二到二〇一九年，他逐年的wRC+分別是一百三十三、一百一十二、一百二十三、一百一十四、一百一十、七十七、八十九、九十八。

在合約的第二和第五年，普侯斯的整體貢獻度（考量到守備和跑壘）已經跌到一壘手的平均之下。從第六年起，普侯斯的「FanGraphs」版WAR值，更是跌落替補級以下，代表一名隨便從三A臨時叫上來的打者，都能繳出比他高的貢獻度。簡單來說，這些數據突顯的是，普侯斯根本不應該持續被排上場；而天使不斷大量使用他的結果是，戰績受到拖累。

自從天使簽下普侯斯，他們只在二〇一四年打進那麼一次季後賽，而二〇一四正好就是普侯斯打出高於大聯盟先發一壘手wRC+中位數的一年（他加入天使後，只有兩個這種年份，一個是二〇一二，另一個就是二〇一四）。隔年，天使與季後賽擦身而過，八十五勝七十七敗的戰績，跟擠進外卡的太空人（八十六勝七十六敗）只差一場勝差；太空人搶下美聯兩張外卡的其中一張，而跟他們同分區的遊騎兵，則是以八十八勝七十四敗的成績，奪得美聯西區冠軍。

在那年（二〇一五年），普侯斯「FanGraphs」版的WAR值為一點六。大聯盟該季共有二十名打擊次數合格（最少累積五百〇二個打席，就能排入排行榜）的一壘手，普侯斯的WAR值只能排在第十六名。要是我們把篩選門檻降到四百個打席，普侯斯就會是三十一名一壘手中的第十八名。後者聽起來似乎好很多，但還是低於中位數。

美聯所有打進季後賽的球隊，先發一壘手的攻擊產能都比普侯斯高；國聯五支季後賽球隊中，也有三支是如此。（那年紅雀隊在一壘的位置上，只得到替補級的貢獻度，但他們仍在例行賽拿下一百勝。這是因為他們在其他五個守位上（包含二游），都得到了接近或高於聯盟平均水準的火力。）天使付給普侯斯的錢，照理來說應該要換到頂級球員的產能，但若你把普侯斯的表現，拿去跟其他隊的主力一壘手比，很明顯會發現他對天使戰力起到的效果，不是加分，而是扣

1 數據解釋可見第十章第六條註解。
2 就打擊來說，一壘手的評價標準會比其他位置再嚴苛一點。這是因為一壘的防守壓力相對較低，球隊常常會把打擊很好、防守不佳的打者擺在一壘，讓他們能在進攻端做出貢獻。因此，一壘這個位置的打者水準，整體來說會比較高。

分。單看二〇一五年的話，你甚至可以說，普侯斯照身價來說該有的表現，跟他實際成績之間的落差，是造成天使最終錯失季後賽的原因之一。

當然，有些人會說，二〇一五年的天使在一壘這個位置上，沒有比普侯斯更好的選擇，而事實也確實是這樣，當年天使隊陣中其他可守一壘的球員，真的沒一個比普侯斯好。因此，二〇一五年天使倚賴普侯斯擔任主力一壘手，還有道理。但來到二〇一七年，可就真的沒有太多有說服力的說詞，能合理化天使的決策了。那年，身為全職指定打擊的普侯斯，打擊三圍跌至生涯最差的二成四一／二成八六／〇點三八六。二成八六，是二〇一〇到二〇一九年的十年間，第三差的指定打擊單季上壘率，只比貝爾川（**Carlos Beltran**）在其生涯最後一季（二〇一七年，當時他已滿四十歲）所創下的最差紀錄——二成八三——好上那麼一點點。〇點三八六，也是同期第五差的指定打擊單季長打率。整體來說，普侯斯在二〇一七年的打擊表現，是二〇一〇年代所有指定打擊的賽季中，最差或倒數第二差的。此外，普侯斯在那年還打出全聯盟最多的二十六支雙殺打，使其悲劇的賽季更是雪上加霜。（普侯斯是大聯盟史上敲出最多雙殺打的打者，而且超出第二多的小瑞普肯〔**Cal Ripken Jr.**〕不少。大聯盟的史上雙殺打榜上，充斥著出賽數非常多、不容易被三振、跑速不快的優秀打者。不過，大部分的人都不會像普侯斯這樣，退化到替補級水準那麼多年，都還沒退休；也因此，普侯斯才會在這榜上遙遙領先。）

二〇一七年，天使距離季後賽十分遙遠，所以我們沒辦法說，是普侯斯害他們沒搶下季後賽席次。但我們可以提出的點是，天使讓普侯斯出賽那麼多的決策，使他們的戰績受到負面影響。如果天使能誠實面對自己，認清普侯斯二〇一七年的悲劇成績，以及未來他產能無法再恢復堪用水準的事實，那他們在休賽季調整陣容的方式，應該會有所改變。要是天使在二〇一七和二〇一八年季前，抱持著更開放的心胸，願意嘗試讓普侯斯坐板凳、減少他的上場時間——例如在對方派出右投時，就盡量不排他先發，等到對上左投時，再讓他上場，因為他對左投還是有先天的慣用手優勢——那他們就有機會找到能夠取代普侯斯的先發一壘手，或能跟普侯斯共同分擔一壘工作、減少他拖累球隊程度的球員。要找到比普侯斯強的一壘手或指定打擊，其實不會太難，因為最近幾個休賽季，這一類球員都供過於求、要價不高；若能做到一壘戰力上的升級、減少普侯斯對球隊造成的傷害，天使就能多拿到幾場勝利；雖然勝場數進步的幅度可能沒有到很大，卻還是能提高他們打進季後賽的機率，而這一點就會提供他們更多誘因去投資做額外的補強。

然而，事實是，天使並沒有做前面那段所提到的任何一件事。二〇一九年，普侯斯打出比前兩季好一點的數據，但那可能只是因為二〇一九年的大聯盟用球變得更會飛[3]，使其成績有所改善，或只是他大聯盟生涯即將告終的迴光返照。當時的普侯斯已經三十九歲，在經過這麼久的成

3　大聯盟的用球從二〇一五年季中起，就出現物理性質變化，開始變得比較會飛，飛球變得比較容易飛出牆。在二〇一七和二〇一九年，這樣的狀況特別明顯，導致那兩季整體的全壘打數量激增，分別創下大聯盟單季全壘打數新高。

續衰退期後，幾乎不可能創造球員生涯的第二春，但天使仍繼續把他當先發球員用，希望能就這樣走完他的合約。老實講，普侯斯的衰退期算滿早開始的，但這或許是因為他也比較早達到巔峰期。縱觀普侯斯的球涯，他在二十三歲那年達到頂峰，並於三十一歲之後快速衰退，這樣的生涯軌跡，其實跟一般球員比起來，就只是全部都提早三年發生而已。截至二〇一九年，普侯斯在天使打的八個球季，有六個都累積到足以競爭打擊王的打席數，可見其出賽機會相當豐沛；另外兩個球季，之所以打席數未達合格數量，都是因為受傷，而不是因為天使想減少他的出賽機會。換言之，只要普侯斯的身體撐得住，天使就會把他排上場。

我沒有要去質疑普侯斯整個生涯的成就。普侯斯日後百分之百會入選名人堂，任何握有名人堂選票的人，都沒有理由不去投他（尤其是名人堂票選已經出現過史上第一位以全票通過入選的球員——李維拉[4]——了，普侯斯因此也有可能以百分之百的得票率入選）。等普侯斯的生涯正式畫下句點，他會名列大聯盟史上全壘打榜、二壘安打榜、打點榜[5]的前五名；目前，他也已排入史上安打榜的前十五名，有機會在退休前擠進前十二名。無論怎麼看，普侯斯的大聯盟生涯都很斐然。我前述的討論都不是在針對普侯斯個人，而是針對天使如何使用已經超過三十五歲、火力跟十年前完全不能比的普侯斯。

所以為什麼天使在普侯斯明明已經繳出大樣本的退步成績後，繼續給他那麼多出賽時間？在職業運動場域，有一個概念是「付給選手先發等級的薪水，就不能讓他坐板凳」；棒球媒體也常常會談到，以球隊的角度看，實在很難不讓領高薪的球員當先發。這種現象被經濟學家稱作「沉沒成本謬誤」。不管普侯斯出賽時間的多寡，一年六百打席還是完全沒出賽，天使都得支付他合約上明定的薪資。（普侯斯的合約中，是有一些依據表現而設的激勵條款，但除了他已經完成的生涯三千安里程碑條款（讓他拿到三百萬美元的激勵獎金），其他條款都不太可能被達成。）因此，照理來說，關於普侯斯出賽時間的決策，都不應受到其薪水多寡的影響。如果你已經付了錢，買下一個東西，那你是否要用那東西，應該取決於你想不想用、你需不需要用，而非取決於你付了多少錢買下它。但被沉沒成本謬誤影響的思維方式，恰恰與此相反。

天使是大聯盟過去十年來，犯下沉沒成本謬誤最經典的例子，但他們絕不是唯一一支在某球員早已不適任原角色、卻依然按原本方式使用他的隊伍。另一位準名人堂等級的超強右打——卡布雷拉，[6] 近年的發展也跟普侯斯類似。委婉地說，從二〇一七年起，卡布雷拉就已不太適合擔任先發球員，因為他在場上時貢獻度低於替補級水準，而且還經常受傷。二〇一八年季初，卡布雷拉打得還算不錯，卻因為受傷而被打斷；而在那短短的五個禮拜之外，他累積的WAR值不

---

4 Mariano Rivera。

5 雖然打點早已被發現無法正確評價球員的實力優劣，但對於部分名人堂投票人來說，打點仍是他們評判打者是否值得入選的重要依據。

6 Miguel Cabrera。

到〇，代表老虎隊派他上場，是在拿石頭砸自己的腳。二〇一七、二〇一八、二〇一九年，卡布雷拉的年薪分別是兩千八百萬美金、三千萬美金、三千萬美金，而且他的合約還剩四年一億兩千四百萬美金要走（二〇二三年球季結束後才到期）。從完全理性的角度看，老虎應該直接把卡布雷拉釋出（把他釋出對球隊是件好事），但就現實操作上來說，那不太可能發生。

二〇一九年，金鶯隊的Ch. 戴維斯（Chris Davis）開季前三十三打數都沒擊出安打，加上前一季季末連二十一打數也都沒敲安，因此寫下大聯盟史上最長的連五十四打數零安打紀錄。創下記錄時，Ch. 戴維斯成為了沉沒成本的新看板人物（在連續五十四打數都無安打的期間，Ch. 戴維斯選到七次保送，因此他並不是連續五十四次上場打擊都沒上壘。）。Ch. 戴維斯是二〇一三和二〇一五年的大聯盟全壘打王，但事實上，他二〇一四年打得並不好，打擊三圍僅一成九六／三成／〇點四〇四；雖然靠著二十六轟和不差的保送率，貢獻度仍優於替補級水準，但絕對比不上這一年前後兩季（二〇一三和二〇一五年）的數據。即便金鶯隊以外的其他棒球界人士，都認為用大型複數年合約綁住Ch. 戴維斯是不智之舉、風險實在太大，但金鶯仍忽略掉Ch. 戴維斯在二〇一四年透露出的警訊，選擇在二〇一六年初奉上一張七年一億六千一百萬美金的巨約給他。雖然不清楚當時是否有其他球隊也在競逐Ch. 戴維斯，但金鶯隊開出的條件仍令業界大吃一驚。

合約首年，Ch. 戴維斯表現得還算可以；儘管擊球率已經有所下滑，但他仍在二〇一六年繳出三的WAR值。然而，從合約第二年開始，感覺Ch. 戴維斯就已不再是大聯盟等級的打者了。二〇一七年，Ch. 戴維斯剛好落在替補級水準，二〇一八年，他則是繳出大聯盟史上最糟糕的打者賽季之一：打擊三圍僅一成六八／二成四三／〇點二九六，產出負二點八的「Baseball-Reference」WAR值。一九〇一年以降，只有其他十二個球員賽季，比負二點八的WAR值更糟糕；若把檢視範圍縮小到二十一世紀，負二點八更是第二差的單季WAR值。Ch. 戴維斯的「FanGraphs」版WAR值更慘，只有負三點二，為該版本二〇〇〇年以來的最糟單季數字。

即便如此，金鶯仍一直派他上場。二〇一六年，Ch. 戴維斯幾乎全勤，二〇一七和二〇一八年，他都出賽一百二十八場（大聯盟一年有一百六十二場例行賽）。二〇一九年上半季，Ch. 戴維斯仍規律出賽，直到那年球季中後段，金鶯才開始啟用其他更好的一壘手選項，替換Ch. 戴維斯，像是能兼任外野手的曼西尼（Trey Mancini）、過去被運動家隊看好的委內瑞拉球員努涅茲（Renato Nunez）等等；事實上，當時任何球員去接替Ch. 戴維斯的位置，都不會表現得比他更差。

此外，Ch. 戴維斯巨約開始的前兩年，金鶯隊的戰力還不算太弱。二〇一六年，他們的戰績跟藍鳥一樣，兩隊雙雙拿到外卡資格，擠進季後賽。由於藍鳥在例行賽跟金鶯的對戰成績較佳，因此他們獲得外卡殊死戰[7]的主場優勢；要是金鶯在例行賽中多拿一勝，他們就能取代藍鳥，成

7　一戰定生死的比賽，贏家才可挺進分區系列賽。

為外卡殊死戰的主場球隊。或許有些人會覺得，是主場還客場，對是否能贏球的影響不大，但要記得，後來那場比賽的結果是，主隊藍鳥在十一局下半靠著安卡納西翁（Edwin Encarnacion）的再見全壘打贏球。金鶯隊在二〇一〇年代的戰績強盛期，也跟著他們目送藍鳥晉級季後賽下一輪而結束。二〇一七年，金鶯七十五勝八十七敗的戰績，在美聯東區墊底，隔年，更是跌到全聯盟最差的四十七勝一百一十五敗。金鶯度過悲慘的二〇一八年之後，他們的總教練休瓦特（Buck Showalter）和總管杜奎特[8]也因此丟了工作。

我結束在藍鳥隊工作後的兩個禮拜，就加入了「ESPN」，而我在新東家寫的頭幾篇專欄之一，就是關於沉沒成本。二〇〇六年六月十三日，響尾蛇釋出了投手R．歐提茲[9]；但在十八個月前，他們才跟R．歐提茲簽下一張四年合約，而且釋出他的當下，仍欠他兩千兩百萬美元的薪資。我們網站上發布的美聯社新聞稿寫道：「週二，響尾蛇決定，他們寧願吃下R．歐提茲剩餘的兩千兩百萬美元薪資，也不願把他留在球員名單上。」我很不喜歡這句話的寫法，因為響尾蛇並沒有選擇要不要支付R．歐提茲剩餘兩千萬美金合約的權利；無論有沒有留下R．歐提茲，他們都得支付那些錢。換句話說，R．歐提茲的薪資已經是覆水難收，不會因為響尾蛇選擇釋出R．歐提茲，就可以不必付他薪水。大聯盟的球員合約，屬於保證合約，代表簽下去之後，若非特殊情況（如因吃禁藥或家暴案遭大聯盟禁賽），球隊無論如何都要支付合約上寫的保證薪金給球員，不能因為把球員釋出，就不支付其未來薪資。響尾蛇釋出R．歐提茲的做法是對的，因為他在簽約之後的表現猶如徹底失控的列車，一年多下來、二十八場先發，防禦率高達七點〇〇。既然響尾蛇不管怎麼樣，都要付R．歐提茲薪水，那剩下的唯一問題就是，把R．歐提茲留下來，球隊會變好還是變差。響尾蛇最終做出正確的決定：他們讓R．歐提茲捲鋪蓋走人，沒有讓他留下來繼續投球、大量失分、傷害球隊。R．歐提茲的大聯盟生涯結束前，曾短暫效力過其他四支球隊，並在那四隊留下合計防禦率六點三八的成績；因此，從事後的角度來看，響尾蛇的決定也沒有讓他們後悔。響尾蛇把原本屬於R．歐提茲的局數，交給隊內可以找到最理想的替補人選負責，避免了R．歐提茲可能繼續帶給他們的災難。（響尾蛇放掉R．歐提茲的決定，似乎創下當時最高的釋出球員剩餘薪資紀錄。）

或許有些眼尖的讀者已經注意到，在前述的幾個案例中，我都沒有提到是哪些人決定這些球員的出賽時間。我會這麼做是有原因的：雖然我們一般都會預設，是總教練或總管在做誰能上場、誰要坐冷板凳的決策，但有時候，也可能是最高層的老闆在下指導棋。老闆會說，他一年付兩千三百萬美金的薪水給王大明，可不是讓他來坐板凳的，或是林小明今年薪水多達一千九百萬美元，要是他沒有打出一點成績，就不會把他釋出。這種想法完全不理性，而且跟大部分老闆想

8 Dan Duquette。

9 Russ Ortiz。

促使球隊多贏球、以賺更多錢的目標相牴觸，但當你只是總教練，你的老闆要求你把王大明、林小明每晚都排進打線時，你也只能照做。

另外還有休息室內部觀感的考量。如果總教練因為表現因素，讓普侯斯和卡布雷拉這種知名球星坐板凳，其他球員會怎麼想？雖然我個人是覺得這種觀感因素有點被誇大，因為大聯盟球員都非常專業，不管知名老將被怎麼處置，他們大部分都還是會每天埋頭上場、使出全力表現，但總教練和總管還是有可能為了避免跟球員發生不和的風險，而選擇不做較冷血的理性決策（讓知名資深球員坐板凳）。對比之下，我的個性可能顯得有些無情，但我能接受自己被貼上「無情」的標籤，因為如果我有決策權，應該在很早之前就已經拔掉普侯斯或卡布雷拉的先發地位了。

沉沒成本謬誤是經濟學概論的一部分。我在大學的時候接觸到它，後來又在研究所碰到一次。到研究所的時候，沉沒成本謬誤變成在必修的個體經濟學導論中出現。我當時的教授——現任密西根大學羅斯商學院（Ross School of Business at the University of Michigan）企管教授的拉真（Uday Rajan）——用了一個簡單的例子來說明沉沒成本謬誤。對新年懷抱樂觀期待的你，設下了要健身減重的目標，於是買了一台健身器材回家。這健身器材可以是飛輪車、跑步機、或我個人比較偏好的橢圓機。（我沒有購買任何健身器材放在家，原因不只一個，但其中一個肯定是拉真教授舉的這例子。）剛買的時候，你一定會常常用，因為那時候你對健身的熱情、還有購入新玩具（應該是說，新器材）的新鮮感尚未消褪。然而，隨著時間流逝，你就會變得愈來愈不想去用那台機器，等到那時候，你的大腦就會開始提醒你：喂，你可是花了不少錢才把這機器帶回家，應該要更經常用它才對！

雖然多用器材運動是好事，但你大腦跟你說的那段話，完全沒有道理。你在那台機器上花多少錢，跟你該多常使用它，根本沒有關係。想像一下以下兩個情境：你花五百美金買了一台跑步機回家；你抽獎抽中一台一模一樣的跑步機，沒有花任何錢就把它帶回家。在這兩個情境中，當跑步機的交機程序完成，你也已經把機器放置在家中（可能放在一個讓某位家人覺得很擋路的位置），你跟跑步機的關係就都是一樣的：你擁有一台跑步機，並且把它放在家裡。要不要去用它，完全不應該受到「你獲取它的方式」的影響。無論你有沒有花錢，因為機器都是一樣的，所以它對你身體造成的效果也一樣。

但人類的大腦不會這麼想，而我想大家也都很清楚這點。你的大腦會自然產生衝動，要你去使用跑步機，設定各種使用頻率的目標，以合理化「你是花了錢才得到它」這件事。（你會問自己，是不是應該一個禮拜用三次才划算？還是要更多？或是少一點沒關係？是不是一定要在入手機器後的第一年最少用幾次，才對得起自己付得錢？要是你購入機器的前兩年都沒有用它，忽然有一天決定開始規律地使用，然後因此在一年後減重有成，變成更健康的人，這樣的話，難道要把減下來的公斤數分攤到三年，再下去算買這台跑步機的效益嗎？我想實在沒必要做到這樣的程度。）當然，你只是在給自己一個交代；但老實講，完全沒必要這麼做。

如果你買了跑步機，卻從來沒有真的使用，只是把它當作晾衣架，你可能會覺得自己浪費了買它的錢。雖然大部分人都會這麼想，但這想法也是不理性的，至少對古典經濟學家而言是如此。不過一些當代的經濟學家認為，「考慮到沉沒成本」並非毫無道理，因為人多少都會顧慮到「面子問題」[10]（舉例來說，你會覺得：「我的另一半／小孩／朋友，已經覺得我買跑步機很蠢了，所以我要好好多用它，證明他們是錯的！」）以及金錢和時間的限制（「我沒有額外的閒錢去參加健身房的會員，所以要好好利用這台跑步機。」）。我自己覺得最好的認知是，把「考慮到沉沒成本」當作經濟學上的不理性行為，同時也意識到在做相關決策時，會有一些無法精確衡量的因素摻雜其中。

一九八五年，俄亥俄大學（Ohio University）的布魯莫（Catherine Blumer）和亞克斯（Hal Arkes）發表了一篇關於沉沒成本的重要研究，題名為《沉沒成本的心理學》（*The Psychology of Sunk Cost*）。兩位作者認為，沉沒成本謬誤可以用「人類不想讓自己看起來很浪費」的心理來解釋。他們做了一系列心理學的實驗，發現沉沒成本謬誤會影響人的決策，例如：要不要在花大錢採購一台傳統印刷機的一週後，立刻購買一個剛研發出來、功能更強的新印刷機；要不要繼續研究一個進度已達百分之九十、但核心概念已被競爭對手搶先開發出來的新產品；兩份餐點內容物完全一樣，但一份賣五塊美金，另一份賣三塊美金，你會選擇吃哪一份。（大約四分之一的應答者說，雖然兩份餐點一模一樣，但他們還是會選擇吃五塊美金的，把三塊美金那份丟掉。）[11]

沉沒成本謬誤也可能造成致命的後果。它曾多次被用來合理化美國持續參與海外衝突和戰爭，像伊拉克戰爭就是如此，這場仗從二〇〇三年開打，直到二〇一一年美國才撤回所有部隊。二〇〇三年三月做出侵略伊拉克決定的三軍統帥小布希總統（George W. Bush），於二〇〇六年七月時說，美國會持續在伊拉克作戰，因為他不想在達成目標前就撤兵，讓戰死於該國的兩千五百二十七名士兵白白犧牲。

這是一種最純然的沉沒成本謬誤：已經付出的人命成本，不應該成為繼續使更多人暴露於死亡風險之下的理由，反而該是阻擋國家延續戰火的阻力才對。根據美國國防部的數據，自小布希二〇〇六年的發言起算，截至二〇一〇年八月三十一日，又有一千九百〇五名美國士兵在伊拉克戰爭中喪命，而這還不包括數萬名傷者，以及數萬名死去的伊拉克人。二〇〇八年三月，有兩位經濟學家估計美國投入伊拉克戰爭所付出的總金錢成本，應該超過了三兆美金；要是美國提早撤軍的話，就能多少降低如此高昂的代價。

10　Randolph McAfee, Hugo Mialon, and Sue Mialon, "Do Sunk Costs Matter?" Economic Inquiry 48 (2010): 323–36.

11　Hal R. Arkes and Catherine Blumer, "The Psychology of Sunk Cost," Organizational Behavior and Human Decision Processes 35, no. 1 (February 1985): 124–40.

這種沉沒成本的案例，有一個特定的名稱：承諾遞升（escalation of commitment）。用大家都懂的白話文解釋就是：把錢投到無底洞，花冤枉錢。我們必須學會認清某個投資項目沒辦法讓你回本、獲利的事實，設定停損點認賠殺出；若執迷不悟、繼續投資——例如繼續持有股價已經跌到遠低於當初購入價的股票，或已經輸了大筆錢卻還是在賭桌上加碼下注，那就代表你已經被自己的情緒和感性掌控，無法理性思考。

近期研究還發現，就算沉沒成本不是你自己支付的、而是由他人承擔，你仍會做出沉沒成本謬誤的行為。卡內基梅隆大學泰珀商學院（Tepper School of Business at Carnegie Mellon University）的行銷學教授奧利維拉（Christopher Olivola），在二〇一八年發表了一份探索「人際沉沒成本效應」（interpersonal sunk cost effect）的研究，呈現諸多網路調查（調查樣本很大）的實驗結果。奧利維拉重做了塞勒[12]的知名實驗，只是做了一些微調。在塞勒的實驗中，塞勒問應答者，如果他們有一張非常貴的籃球賽門票，但開賽前天氣忽然惡化，使前往球場的路變得危險，他們會下什麼決定；結果顯示，假如應答者為球票付出的金錢愈多，他們就愈傾向負險開車前往。奧利維拉更動了一開始的假設，設定應答者拿到的球票來自朋友贈予，而關鍵的變數則改成「朋友是花兩百美金才買到那張票，或是免費獲得」。結果跟塞勒的研究類似，比起免費，如果朋友送的那張票有花錢，應答者負險開車前往球場的意願較高。換言之，即便成本不是由應答者承擔，但他們還是會做出受到沉沒成本謬誤影響的決策。而且奧利維拉不只在這實驗發現此效應，其他諸多實驗——很飽的時候，是不是要繼續吃完蛋糕；電影很難看，是不是要繼續看完；有兩個時間衝突的行程，該選哪個才好——也都產出類似的結果：即使成本不是自己負擔，人們仍會因著沉沒成本謬誤行事。

我接下來不會再舉普侯斯的例子了，因為棒球界近年來還有一個關於沉沒成本謬誤的經典案例。在這個案例中，沉沒成本謬誤造成了一連串的糟糕決策，甚至連帶把一名本來沒有犯錯的總管也拖下水。

二〇〇二年球季結束後，三十二歲的重砲手托米（Jim Thome）成為自由球員，當時的他仍處在打擊火力的巔峰。他才剛繳出全美聯最多的保送數和最高的長打率，而且五十二支全壘打還能在全聯盟排到第二名（二〇〇一年的四十九轟為美聯第二多）。那時候托米還是全職的一壘手，但防守功夫不是特別出色，很可能需要在接下來幾年轉職成指定打擊。費城人在二〇〇二年的戰績十分平庸——八十勝八十一敗，距離差距最小的季後賽席次，也有十五場勝差，因此他們決定下重本投資托米，祭出六年保證薪資八千四百萬美元的合約把他簽下。這張合約風險不小，因為等走完時，托米已經超過三十七歲；一般情況下，打者在遠早於三十七歲的年紀就會開始衰退。

12　Richard Thaler。

合約第一年其實還不錯，托米繳出了四點七的WAR值，雖然比起在前幾年在印地安人的可怕產能略有下滑，但仍算很高的貢獻度。二〇〇四年，托米的成績再度退步，WAR值降到三點三，而這也是這故事開始變得有趣的起始點。托米持續退步的同時，費城人農場系統中，有一名表現出乎意料的新秀，正在小聯盟各層級大殺四方。二〇〇一年選秀，費城人在第五輪選進來自密蘇里州立大學（Missouri State University，二〇〇一年時仍為西南密蘇里州立大學（Southwest Missouri State University））的壯碩一壘手——霍華德（Ryan Howard），而他在棒球場上具備兩大鮮明特色：很容易被三振、很會打超大號的全壘打。

說句公道話，費城人沒有預見霍華德的竄起，並不是他們的錯，因為我認為當時業界沒有人能料到，霍華德後來竟然能打出那麼好的成績。登記身高一百九十三公分、體重一百一十三公斤的霍華德，人高馬大，跑起來速度不快，運動能力不是特別好，因此在球探眼中不是最有潛力的球員。費城人當初也不看好他的打擊能力。霍華德在小聯盟的第一個完整球季，費城人把已經二十二歲的他安排在低階一A球隊，他打出二成八〇／三成六七／〇點四六〇的打擊三圍，附帶十九支全壘打。十九轟在該聯盟能排在第三名，僅次於楊恩（Walter Young，當年也二十二歲，身形比霍華德更加巨大）和大物新秀馬鐵（Andy Marte）。[13]根據過去經驗，「二十二歲」不是一個應該在低階一A打滿一整季的年紀；霍華德身為大學球員，應該至少要在那年打上高階一A才對。

下個球季，費城人把霍華德升上高階一A，但一樣讓他在那邊打滿一年。儘管霍華德打出很不錯的數據，打擊三圍達到三成〇四／三成七四／〇點五一四，二十三支全壘打和三十二支二壘安打，分別在該聯盟排名第一和第四，但費城人仍沒有在季中把他拉上更高的層級。二〇〇四年，霍華德終於升至二A。費城人二A球隊所屬的主場，是該二A聯盟最適合打者發揮的球場之一，受到球場因素的加持，霍華德打出絕佳成績，一百〇二場出賽，揮出多達三十七轟；被拉上三A後，他繼續狂轟猛炸，二十九戰敲九轟；若加上九月份他上到大聯盟扛出的兩轟，霍華德那年不分層級總共一百五十場出賽，累積了四十八支全壘打。要是那年費城人繼續把霍華德留在二A，他肯定能打破該二A聯盟——東方聯盟（Eastern League）——的四十一轟單季全壘打紀錄[14]。

然而，我在前述刻意忽略掉了，霍華德小聯盟數據當中的另一大特點：大量的三振。霍華德打出那麼多全壘打所付出的代價是，非常多的三振。二〇〇二年，霍華德在低階一A的三振數為該聯盟的第二多（僅少於後來沒有升超過二A的班納維德茲〔Julian Benavidez〕），隔年更慘，

---

13 這裡有個不幸的巧合是，楊恩和馬鐵都在三十多歲時身亡；楊恩死於心臟病發，而馬鐵則是在祖國多明尼加遭遇車禍去世。

14 這紀錄到這本書出版時，都還沒被打破。

在其高階一A球隊所屬的聯盟成為三振王。二〇〇四年，雖然霍華德在二A球季還剩一個多月的時候，就升上三A，但他在二A所累積的三振數，還是能排在東方聯盟的第三名。在霍華德之後，那年東方聯盟的打者三振榜，要一路滑到第十八名，才能找到另一個後來有在大聯盟留下比較多足跡的球員。

霍華德的三振率非常高，在那個年代尤其誇張，已經達到可以被視為打擊技巧不佳的水準。小聯盟時期的霍華德，三振率不曾低於百分之二十五，而且在二A和三A，他有超過百分之二十九的打席，都是以三振收場。霍華德高達百分之二十九點八的二A三振率，遙遙領先同聯盟其他打者，而且除了霍華德，那年沒有一個出賽超過半季的二A球員，打出超過百分之二十五點一的三振率。從事後的角度來看，我們知道霍華德是一個顯著的特例，因為當時在各個小聯盟三振榜上圍繞霍華德的其他球員，要不是在大聯盟的表現不佳，就是連大聯盟的邊都沾不到。我相信當時的大聯盟業界，都是帶著懷疑的眼光，看待霍華德的驚人全壘打產量和看似亮眼的打擊三圍，因為他的三振率實在太高；大家都認為，霍華德應該無法應付投手水準最高的大聯盟層級，不覺得他是什麼不可思議的特例。

托米跟霍華德的對比很明顯。托米名氣大、身繫高薪合約，但貢獻度卻快速衰退。二〇〇三年（合約首年）不僅是他在費城人最後一次打出那麼好的成績，也是其剩餘生涯WAR值第二高的賽季，從二〇〇四起，三十三歲的他，表現就有所退步。相反地，霍華德當時還很年輕，尚未在大聯盟證明身手，實力也備受質疑，不過費城人沒有砸大錢才獲得他；如果要用霍華德，費城人只需付出球員名單名額和出賽時間的成本。

二〇〇五年，費城人選擇繼續讓托米擔任先發一壘手，而霍華德則是從小聯盟起步。沒想到托米開季打得跌跌撞撞，四月份的打擊三圍僅二成〇三／三成四七／〇點三〇四，然後就躺進了傷兵名單。托米進傷兵名單的兩週多，霍華德被拉上大聯盟，但先發機會不多、發揮空間有限，因為費城人寧願暫時把頂級的二壘手阿特利（Chase Utley）調去替補一壘，也不願交付霍華德固定先發的任務。當托米傷癒歸隊，霍華德馬上就被下放回三A。托米歸隊後，才打了六個多禮拜，又因為受傷於七月一日重回傷兵名單，而且自此再也沒回到費城人的大聯盟陣容。霍華德那年第二次被拉上大聯盟，第一場比賽就四打數兩安打，後續也總算獲得足夠的機會大放異彩，在剩餘賽季繳出打擊三圍二成九六／三成六五／〇點五八五、以及二十一支全壘打的亮眼成績單，贏得國聯新人王的殊榮。同年冬天，費城人把托米交易到白襪，給予霍華德全職一壘手的工作；隔年，霍華德成為國聯全壘打王和打點王，甚至抱回國聯最有價值球員獎。[15]

15　不過從數據看，霍華德並非二〇〇六年國聯貢獻度最高的選手，甚至也不是費城人內野右半邊最有價值的球員。二壘手阿特利該季的WAR值比霍華德還高出一，因為他在二壘的防守非常出色，而霍華德即便在生涯巔峰期，一壘的防守表現也低於聯盟平均。

有非常多因素，造成了費城人在二〇〇五年開季選擇托米擔任先發一壘手的決策，還有他們在五月底托米從傷兵名單回來後，繼續把他放回先發打線，並下放霍華德的決定。但從當時的媒體報導便可得知，其中最明顯、最重要的因素之一，是托米的球界地位和高薪合約。《運動畫刊》的記者艾柏特陳（Albert Chen），就在二〇〇五年八月一號寫到，在托米動使他整季報銷的手術之前，費城人打的算盤是，要是托米第二次躺進傷兵名單也順利歸隊，他們會留霍華德在大聯盟，但只會讓他擔任替補球員。這足以顯示，費城人重視托米的合約更勝霍華德。艾柏特陳的文章刊出時，霍華德接替受傷中的托米，擔任先發一壘手一個月的時間，二十四場出賽有二十一戰上壘，繳出二成八九／三成七一／〇點五二二的打擊三圍，三振率則為百分之二十八。就算成績如此亮眼，費城人原本還是不想讓霍華德扛先發。雖然費城人依據托米過去的成就，給予他更大的信心，但事實是，托米那年不僅打得差，身體也始終處於不理想狀態。對「有實績的球員」的偏好，本可能傷害費城人，但托米嚴重的傷勢反而救了他們，讓他們免於戰績被托米拖累，也沒有浪費太多霍華德的強大砲火。

若要在決策過程中避免犯下沉沒成本謬誤，必須主動計算決策做下去之後，預期的成本和效益，並忽略掉那些已經付出的成本（如果有之前產生的效益，也得忽略）。排除掉過去的花費和犧牲，專注於未來成本效益的評估，會比較容易做出成效優於以往的決定。

談到避免沉沒成本謬誤的解方，我聽過最好的一些建議，都來自一個大家可能想不到的人物。我非常喜歡玩桌遊，過去數年來也為《佩斯特》雜誌（Paste magazine）[16]和其他不同網站撰寫桌遊評價。策略桌遊發行商之一——「史東邁爾遊戲」（Stonemaier Games），出品過很多高品質、備受專家讚譽的策略桌遊，而他們的創辦人之一——史戴格邁爾（Jamey Stegmaier）——是知名遊戲「鐮刀戰爭」（Scythe）和「契約石」（Charterstone）的設計師，也發行過得獎桌遊「展翅翱翔」（Wingspan）。史戴格邁爾常常在史東邁爾的官網部落格上撰寫文章，並在其中一篇當中，寫到自己之前陷入沉沒成本謬誤的經驗。之前，史戴格邁爾有一個長期固定合作的經銷商，但後來該經銷商愈來愈不符合他的需求，照理來說早該換掉了，但他仍因為沉沒成本謬誤而繼續跟他們配合。有了這個教訓後，史戴格邁爾提出三個避免掉入沉沒成本謬誤陷阱的步驟：

一、承認自己有沉沒成本的問題。

二、給自己一週的時間，過程中不斷問自己，是否滿意現狀。

三、依據自我審視的結果，採取相應的行動。

16　一本美國相當知名的大眾流行文化雜誌。

第一步可說是最難的，但如果你不願承認自己有沉沒成本的問題，就不可能把它解決。做任何決策，都要時時注意沉沒成本效應，如果還沒有把握，就先不要急著下決定。等有把握了，也願意承認自己的沉沒成本問題後，就可以開始分析，該如何忘卻過去已經花費的金錢、時間、努力，該用哪些方法甩開隨著沉沒成本（即便是別人支付的）而來的情緒反應和負擔。最後，你就能決定，究竟要不要更換一家供應商、該不該終結一個企劃案、是不是要開車去看一場籃球賽。

第十二章

大聯盟快樂球

樂觀偏誤（optimism bias）以及為什麼我們不該只看到我們想看的

二〇一五年大聯盟明星賽週結束後，大聯盟用球的物理性質開始出現變化，造成聯盟整體的全壘打數量逐年激增，而這激增的速度來到二〇一九年變得更加誇張。洋基在二〇一八年締造大聯盟史上單一球隊最高的單季全壘打數：兩百六十七支，但這紀錄維持還不到一年，就在二〇一九年被「四支」球隊超越；此外，雙城和洋基還雙雙突破了單季三百轟大關。截至二〇二〇年為止，大聯盟史上共有十三支隊伍單季打至少兩百五十轟，而那其中有七支都出現在二〇一九年。

這問題不僅限於大聯盟。在二〇一九年之前的數年間，大聯盟跟小聯盟所有層級所使用的球，都不一樣，但這在二〇一九年發生變化，兩個三A聯盟（國際聯盟〔International League〕、太平洋岸聯盟（Pacific Coast League）都改採大聯盟用球。因為換了球，二〇一九年那兩個聯盟光在明星賽前累積的全壘打數量，就已經超越了二〇一八年一整季的數字。

二〇一九年上半年，大聯盟絕大部分的時間，都在做他們前一年已經在做的事：否認有東西出問題。他們在二〇一八年春天，邀集了一群科學家做研究，結果顯示球沒問題，所以一直堅持這個立場；直到二〇一九年九月，大聯盟主席曼弗瑞（Rob Manfred）原本對於「球沒問題」的堅定態度，才終於有些軟化，向《富比士》（*Forbes*）雜誌的記者布朗（Maury Brown）說：「我們需要去了解一下，是不是能做一些改變，以提升用球物理表現的可預期性和穩定性。」對比於近年棒球物理性質對大聯盟產生的劇烈影響（雖然打者會很樂見更容易打出全壘打，但投手可不這麼想），曼弗瑞的說法顯然力道不太夠，但這至少是聯盟承認問題存在的開始。

美國職棒全壘打率的大幅變動，也為相關從業人員帶來一些難題。肩負維護球員數據預測系統的分析師，需要面對跟往年截然不同的二〇一九年數據，同時也得準備迎接另一個令人頭痛無比的潛在情境：二〇二〇年的大聯盟用球、聯盟平均數據、定義替補級的基準，都有可能再發生變化。如果大聯盟自己都不知道，二〇一九年棒球的物理性質會出現轉變，那能期待他們提供關於未來用球的正確資訊嗎？已經有實證顯示，二〇一九年季後賽的用球，跟例行賽不一樣，那到二〇二〇年聯盟會用什麼樣的球？球探也得重新校準他們的心理預期，也許現在說一名球員具備「一般揮棒力量」的意思，已經跟以往不同了。如果你原本預期大都會新秀阿隆索（Pete Alonso）

能在新人年揮出三十七支全壘打（這已是非常高的評價），但最終他因為大聯盟「快樂球」[1]的關係揮出五十三轟，這樣算是你預測錯嗎？

這是一個我在寫這章的當下，正持續發酵的現象。大家在二〇一九年結束後，都會不太確定，究竟該怎麼評價二〇一九賽季的數據，也不太知道該怎麼預測球員未來的表現。多數人應該都會最先想到的簡單解法是，預設所有球員受到棒球物理性質改變的影響都一樣；但這一點似乎不被實證支持。可是當你決定下苦心，去一個個分析，每位球員面對用球物理性質改變所做出的調整和改變時，會發現這麼做，無異於嘗試蒙著眼睛擲飛鏢到目標上。此現象最棘手的點是，資訊鴻溝會使決策者選擇他想相信的資料，產生所謂的「樂觀偏誤」。例如：雖然王大明在二〇一九年以前，單季全壘打數從沒超過六支，但我仍想相信他在二〇一九年打出的二十三轟，能確切反映其實力，未來他還能繼續打出類似的成績。樂觀偏誤就是，人們會低估負面事件發生的機率，高估正面事件發生的可能性，而這樣想的主要目的是，讓自己安心一點，某種程度上也算是保護自己，否則早上我們可能連下床都不願意，遑論開車去上班。不幸的是，就算我們這樣想，壞事還是會發生，平常積再多陰德也沒有；因此，為負面事件做好準備，是做出好決策的方法之一。

1　指被打到後飛得比較遠、較容易出現全壘打的球。這種球對打者來說或許很歡樂，但對投手來說可不是。

二〇一九年大聯盟用球不一樣的證據，滿早就出現了。球季第一個月，截至四月三十日止，就有多達一千一百四十四顆球，被轟出全壘打牆，不僅締造大聯盟開季首月的全壘打紀錄，也創下大聯盟史上單月的全壘打數新高，比前一個紀錄——二〇一七年八月——還多出了二十五支。打者們從球季一開始，就揮出更多全壘打，而且把球打得更遠。若從全壘打出現的頻率來看，二〇一九年首月的數字能排在史上第四高。[2]五月的煙火秀更頻繁，四百一十四場比賽就出現一千一百三十五轟，場均二點七四支全壘打寫下單月史上新猷。

一個又一個的全壘打紀錄，如骨牌般接連倒下：六月的全壘打率比五月的新紀錄還高，而七月的全壘打率則又超越六月的數字。八月份，全壘打暴增潮達到頂峰，單月一千兩百二十八轟、場均二點九五支全壘打，雙雙創下史上新高。即便九月份開轟率略有下滑，但還是有場均二點七二支的水準，比二〇一九年以前的所有月份都還要多。同年六月，游騎兵的馬札拉（Nomar Mazara）夯出一發推估距離遠達五百〇五英尺的全壘打，追平大聯盟數據系統Statcast於二〇一五年啟用以來的最遠紀錄；此外，推估距離至少四百五十英尺的全壘打數量，從二〇一八年的八十二支，一口氣成長到二〇一九年的一百八十三支，一年的漲幅達百分之一百二十三。

到底為什麼會出現這麼多誇張的現象？天文物理學家維爾斯（Meredith Wills），曾在運動內容網站《運動員》[3]多次撰文討論這個問題；她寫到從二〇一五年開始，大聯盟用球的物理性質至少經歷過兩次轉變。第一次轉變，發生在二〇一五年季中，並一直持續到球季結束，當時是球的縫線變粗了（維爾斯平常熱衷編織，所以很熟悉線的材質和規格。她把好幾顆棒球拆解之後，量測縫線，發現縫線變粗）。較粗的縫線會使棒球變得比較圓，因此降低球的阻力係數（drag coefficient）[4]，也可能造成投手比較容易手指破皮、起水泡。

來到二〇一九年，縫線粗細不再是問題，反倒是它的高度出狀況，最多變得比之前矮一半。維爾斯還發現二〇一九年用球的皮革比較光滑，產生的靜摩擦力，比二〇一八年的球少了超過四分之一。此外，二〇一九年用球的形狀也更圓一些。種種物理性質變化加總起來，導致二〇一九年用球的阻力係數顯著下降，使被紮實擊中的球飛得更遠，最終的結果就是，二〇一九賽季的全壘打總數大激增，改變一般先發球員的全壘打產量。以下是近兩年單季揮出至少二十轟、二十五轟、三十轟、四十轟的球員數量，從這表格就可快速看出，大聯盟球員全壘打產量標準的劇變。

2 最近幾年，大聯盟開季的時間都比較早，所以首月的範圍會涵蓋到三月底的數場比賽，導致比賽較多。舉例來說，二〇一九年的首月，一共有四百三十七場比賽，比同年其他月份都還要多。如果要公正地比較各月份的全壘打產能，用頻率數據會比全壘打總數來得好。

3 The Athletic。

4 阻力係數被用來表示物體在流體（例如水或是空氣）中的阻力。較小的阻力係數，表示物體受到的風阻或流體阻力較小。阻力係數和物體的形狀及其表面特性有關。（摘編自維基百科）

阿隆索在二〇一九年揮出五十三轟，締造大聯盟菜鳥史上的新單季全壘打紀錄，但他所累積的WAR值（也考量到守備和跑壘），卻是所有單季五十轟級打者中的第三低。這有很大一部分是因為，在任何打者都能揮出更多全壘打的年代裡，每支全壘打帶來的價值都比以前少。

樂觀偏誤算是一些小認知錯誤的集大成。這些小的認知錯誤都跟樂觀偏誤有關、都在誘使我們去設想我們想發生的情境。有可能是，我們選擇相信一個對我們最有利的預測；也或許是，我們高估了自我預期的準確度；抑或是，我們高估了自己的某些才能。有所謂的「過度自信偏誤」（overconfidence bias），也就是我們覺得自己很會做預測，但實則沒準確算好誤差範圍；也有所謂的「規劃謬誤」（planning fallacy），犯下此謬誤的決策者，會低估完成某計畫所需的時間或成本。

一九九六年，懷恩斯坦（Neil Weinstein）和克萊恩（William Klein）發表了一篇論文——《不切實際的樂觀：現況和未來》（*Unrealistic Optimism: Present and Future*），用了一句非常直白且真實的陳述做開頭：「人們傾向相信自己比別人更好。」[5]他們談論到人類經常低估負面事件發

至少揮出幾支全壘打	2018年達標球員數	2019年達標球員數	增幅
20	100	129	29%
25	48	80	167%
30	27	58	115%
40	3	10	233%

生在自己身上的天生習性，以及其中的一些細節。有一個例子是，受試者在被告知某些行為風險很高後，就會改變自己對從事該行為的描述。

樂觀偏誤至少在一九二五年就已經被發現，只是早期的研究做出的結論是：樂觀偏誤是人類因為未來不確定性而產生焦慮感時，所啟動的防禦機制，並非認知偏誤。康納曼[6]和特沃斯基[7]則是發明了規劃謬誤一詞，用它來描述以下的現象：人們在做預測或規劃時，有時會不切實際地以最佳情況為前提，導致預測不準或企劃難以達標，但其實只要能多參考類似案例和專案的數據資料，就能大幅改善預測的準確性和規劃的可行性。

一般來講，若要做職業球員的未來表現預測，得先決定要把哪些相關資訊項目納入考量，例如過去表現、年紀等等，然後再依據過去數據建置模型，來推估選手下一季或更遠未來的數據。預測系統不可能百分之百準確，而且在一些特殊案例上，會產生更大的預測誤差，像是表現受到傷勢、運氣、生理機制改變影響的球員；然而，這種系統的目標，本來就不是百分之百命中球員

5 N. D. Weinstein and W. M. Klein, "Unrealistic Optimism: Present and Future," Journal of Social and Clinical Psychology 15, no. 1 (1996): 1–8, doi:10.1521/jscp.1996.15.1.1.

6 Daniel Kahneman。

7 Amos Tversky。

下季的數據，而是對所有球員進行一個誤差範圍[8]合理的推估。不過要是預測系統所仰賴的資訊基礎、預測模型發生改變，就會提供樂觀偏誤更多滋生的空間，增加大家錯誤解讀預測系統的可能性；棒球運動充滿不確定性，本來就很難預測，要是再多添無法預期的變數，只會繼續提高其不可預期性。

全壘打暴增的浪潮，雖然提升了幾乎所有球員的全壘打產量，但並非所有人受到影響的程度都一樣，而且未來這波浪潮可能也會退去。如果你想嘗試預測[9]受影響程度跟多數人不一樣的球員，他們接下來的表現，你會怎麼預測？

下面的表格呈現的是，在大聯盟二〇一九年的全壘打浪潮中，受影響程度最大的球員，以及他們受影響的幅度，挑選的數據為「出色擊球率」（barrel rate）。「出色擊球」（barrel）的定義為：以擊球仰角和初速等條件來看，安打率不低於五成且長打率至少在一點五〇〇之上的擊球，其所代表的意義是，打得非常紮實、擊球仰角和初速都在優良範圍的擊球事件。從擊球品質的數據來看，「出色擊球」的初速至少得高於九十八英里；此外，在九十八英里的初速下，擊球仰

8 這裡的誤差範圍，指的是球員預測系統所產出的多個預測結果，跟預測結果平均值的差距。如果差距愈大，代表預測結果變動幅度愈大，預測結果平均值的可信度也就愈低。

9 預測球員表現，對於決定是否要交易某個球員，或判斷要付某位選手多少薪水，都很重要。

		出色擊球率		
球員名稱	所屬球隊	2018賽季	2019賽季	漲幅
賈佛（Mitch Garver）	雙城	5.6%	15.5%	9.9個百分點
沙諾（Miguel Sano）	雙城	11.8%	21.2%	9.4個百分點
史雷特（Austin Slater）	巨人	2.3%	10.1%	7.8個百分點
巴克斯頓（Byron Buxton）	雙城	1.6%	8.3%	6.7個百分點
肯崔克（Howie Kendrick）	國民	4.8%	11.4%	6.6個百分點
索雷爾（Jorge Soler）	皇家	10.3%	16.9%	6.6個百分點
歐多（Rougned Odor）	遊騎兵	7.1%	13.6%	6.5個百分點
弗里茲（David Freese）	道奇	9.0%	15.3%	6.3個百分點
西斯科（Chance Sisco）	金鶯	4.3%	10.4%	6.1個百分點
梅多斯（Austin Meadows）	光芒	6.4%	12.5%	6.1個百分點
克魯茲（Nelson Cruz）	雙城	13.8%	19.9%	6.1個百分點
Y．狄亞茲（Yandy Diaz）	光芒	4.4%	10.4%	6.0個百分點
J．貝爾（Josh Bell）	海盜	7.0%	12.7%	5.7個百分點
魯普洛（Jordan Luplow）	印地安人	6.8%	12.1%	5.3個百分點
培瑞茲（Roberto Perez）	印地安人	5.9%	11.0%	5.1個百分點
艾恩納塔（Chris Iannetta）	落磯	9.3%	14.3%	5.0個百分點
瓊斯（JaCoby Jones）	老虎	5.9%	10.7%	4.8個百分點
蘇瓦瑞茲（Eugenio Suarez）	紅人	9.7%	14.0%	4.3個百分點
K．馬鐵（Ketel Marte）	響尾蛇	5.0%	9.3%	4.3個百分點
西米恩（Marcus Semien）	運動家	4.5%	8.5%	4.0個百分點

角要在二十六到三十度的區間，才能成為「出色擊球」。隨著初速增加，擊球事件形成「出色擊球」的仰角範圍，也會跟著擴大。[10]而出色擊球率，即打者所有擊球中，出色擊球所占的比例。

光雙城一隊，就有四名受影響程度很大的球員，包含在三十八歲高齡還繳出生涯單季最高長打率的克魯茲[11]——克魯茲在生涯晚期的火力大爆發，非常不可思議，堪比邦茲[12]（邦茲在三十六、三十七、三十九歲，接連締造生涯單季最高的長打率）。光芒隊在二〇一八年從其他球隊換來的兩名球員，也都在這表格中。也許雙城和光芒特別去教打者提升擊球仰角（梅多斯的仰角提升了足足三度之多），或想到辦法使打者敲出更強勁的擊球，但也有可能，這一切都只是棒球物理性質改變所導致的結果。

二〇一八年以前，Y．狄亞茲在大聯盟累積兩百九十九個打席，只敲出一支全壘打，但在二〇一九年季中受傷前，他半個球季就擊出十四轟。雖然Y．狄亞茲的平均擊球仰角幾乎沒有上升，依然屬於全聯盟的倒數百分之十（把投手打擊也算在內），但他的全壘打產量還是大幅提升。蘇瓦瑞茲在二〇一七年，揮出當時他生涯單季最多的二十六轟，隔年立刻刷新紀錄，扛出三十四發全壘打，然後於二〇一九年續創新猷，單季累積四十九轟。在短短兩年間，蘇瓦瑞茲的出色擊球數成長了超過一倍。儘管二〇一九年，他的平均擊球仰角確實升到了生涯最高的程度，但平均擊球初速其實下降了兩英里，而這仍無法阻止他揮出近五十支全壘打。

索雷爾在二〇一九年終於打出一個完全沒有受傷的賽季，並提高超過一倍的全壘打產量。二〇一二年我第一次在亞利桑納新人聯盟看索雷爾打球，當下就覺得他有朝一日能成為獨當一面的大聯盟強打，而當初小熊簽下他時，也是這麼想的，只是他一直得等到經歷過好幾個因傷勢影響而跌跌撞撞的賽季後，才好不容易於皇家隊綻放光芒。索雷爾的二〇一九年數據令人咋舌：九十二點六英里的平均擊球初速創生涯新高，平均每兩顆打進場內的球，就有一球的初速達至少九十五英里，因此造就了四十八支全壘打（創皇家隊史單季新高）和三十三支二壘安打。但這一切真的是因為索雷爾身體變健康，還是其實只是大聯盟「快樂球」使然的結果？二〇一九年球季結束後，索雷爾可以選擇跳脫原本的合約，不接受二〇二〇年四百萬美金的薪資，投入薪資仲裁程序（各位在讀這段時，這件事很可能已經發生了）。如果你是皇家隊，在二〇二〇年用球可能不一樣、或許會影響到索雷爾表現的情況下，你會怎麼評估他接下來的價值？

前面表格裡的球員，都在二〇一九年繳出大幅進步的出色擊球率和全壘打產量，但這些進

10 舉例來說，初速九十九英里的擊球，要落在二十五到三十一度的仰角範圍內，才會是「出色擊球」；初速一百英里的擊球，仰角落在二十四到三十三度內，就會變成「出色擊球」。如果初速達到一百一十六英里，那仰角落在八到五十度的擊球事件，都會是「出色擊球」。換言之，擊球初速愈強，能打出「出色擊球」的角度就愈多、打出「出色擊球」的頻率也會跟著增加。

11 Nelson Cruz。

12 Barry Bonds。

步，都有可能只是僥倖，或是棒球物理性質改變的傑作。沒錯，有些進步或許來自揮棒機制的調整，也或許來自選手更健康的身體、更好的狀態，但要把大聯盟「快樂球」的影響，完全抽離出來，實在非常困難。選手本身的技術提升、生理機制改善，都會使出色擊球率的上升更有說服力、更像實質的進步，但純然的運氣、正常的高低潮、不一樣的棒球物理性質，卻會使出色擊球率的增加變得虛幻。對於以分析大聯盟為業的專家來說，這些都是進入二〇二〇年賽季前的挑戰。雖然索雷爾和梅多斯過去確實都被視為大物新秀，但若直接買帳他們在二〇一九年忽然大爆發的成績、而沒有去考慮這些進步有幾分是真實，就等同犯下了前面有提到的樂觀偏誤：相信自己球員的突破性發展為真，好表現會持續下去，而沒有去想到，等到二〇一九年的「快樂球」潮水退了（二〇二〇年或之後的賽季有可能換球），會有一些球員被發現根本沒穿褲子、大幅躍進的長打數字只是海市蜃樓。

另一個類似的情況是：二〇一九年七月，有一名注意到那年三A全壘打數字激增的球探部門主管問我：「我現在到底該怎麼調查、評價這些小聯盟球員？」跟大聯盟有合作關係的三A聯盟有兩個——國際聯盟和太平洋岸聯盟，後者因為有許多球場座落於落磯山脈[13]，所以整體環境較適合打者發揮、打者平均數據優於前者。可即便是打者平均數據通常較差的國際聯盟，二〇一九年也產出多達二十九位至少揮出二十轟的打者，以及三位達到三十轟的球員，這跟只出現五個二十轟打者、聯盟全壘打王僅敲二十三轟的二〇一八年賽季相比，根本是天差地遠。假如你已經負責調查三A球員好幾年的時間，內心對於何謂「長打火力一般」、「長打火力出色」，應該都有一把尺，但在二〇一九年三A換球後，那把尺的刻度簡直是完全跑掉，讓你無所適從。假如你是專責更低層級小聯盟的球探，也不會比較輕鬆。雖然低層級小聯盟仍採用阻力係數較高的球，但現在那顆球已經跟三A的球不一樣了，這樣該如何預測三A以下球員的未來發揮？你在高階一A觀察的球員，未來升上大聯盟接觸到的球，跟高階一A完全不一樣，也跟以前的大聯盟用球不一樣，這樣你如何期待自己的推測會準確？這些問題已經跟認知偏誤無關，而是大聯盟未來比賽環境的不確定性，達到了自一九八七年以來的新高。一九八七年，大聯盟也曾發生全壘打忽然激增的情況，因此那一季後來又被稱作「兔子球」（rabbit ball）年。那年，安打型的名人堂球員巴格斯[14]揮出二十四轟，但他生涯其他年份的全壘打數，都不超過十一支，而且後來大聯盟也否認該季的用球有任何不同。在用球全部一致的情況下，球探工作本身已經夠難了，現在還加入了一個「棒球物理性質變來變去」的因素，實在是令球探頭痛不已。

直到二〇一九年大聯盟的季後賽開打，「快樂球」問題依然未獲改善。大聯盟在對外聲明中表示，他們沒有在季後賽用球上做任何改變：「所有在季後賽使用的球，都跟例行賽一樣，是同

13 海拔較高，空氣較稀薄，因此飛球能飛得比較遠。

14 Wade Boggs。

一批貨。例行賽用球和季後賽用球，用料都一樣，製程也一樣。」然而，大聯盟的聲明與現實不符，因為季後賽用球被打進場內後產生的物理結果，有出現變化（飛得比較沒那麼遠），足以顯示它們的物理性質跟例行賽用球不同。在大聯盟一直打迷糊仗的情況下，各隊好像被迫要一口氣做三種不同版本的球員預測：一種針對二〇一九例行賽的「快樂球」；一種針對二〇一九季後賽比較沒那麼「快樂」的球；一種針對介於前述兩者之間的球。

第十三章
經典好決策
大聯盟球隊主管分享他們做出聰明交易和划算簽約背後的思考過程

這本書寫到這裡，我已經討論了好幾個棒球界相關人士，因為各種認知偏誤和錯覺，而做出的糟糕決策。這些案例多少都造成了負面影響，因此我們都需要從中學到一些教訓，好讓自己能在未來做出比較好的決定。不過反過來看，其實棒球史上也出現過不少優質決策，包含那種剛做決定的當下，被外界視為有瑕疵或大錯特錯，最後卻證明是明智之舉的例子。我找了從過去到現在的數名大聯盟球隊主管，針對這些例子去談，希望能從對話中了解他們當初如何做出起初不被看好的成功決策、挖出他們決策過程中的想法，而一部分與我對談的主管，也很大方地分享了相關經驗。接下來我要談的，就是我從這些主管身上挖到、關於優質決策的好故事，透過我的描述，大家將會知道他們為何能在眾人意見相左的情況下，依然堅持做出對的決定。

二〇〇九年十月，安薩洛普斯（Alex Anthopoulos）被任命為藍鳥隊總管，他最先需要面對的任務之一，就是交易掉藍鳥隊史最偉大、也最受歡迎的球星之一——哈勒戴[1]，因為二〇一〇年球季結束之後，哈勒戴就要成為自由球員了。第一次坐上總管大位的安薩洛普斯，一上任就得面對重大挑戰，但他沒有畏怯，兩個月後就有所動作，做出還算不錯的交易，用合約只剩一年的哈勒戴，換到三名過去都是選秀首輪順位的新秀[2]。那三名新秀中，有兩人最後沒在大聯盟成器，另一人——達諾——則是被當成交易籌碼，藍鳥在二〇一二年底用他和其他新秀，換到了蝴蝶球強投迪奇（R.A. Dickey）。

安薩洛普斯當了一年總管後，遇到另一個難題，因為又有一名球員要邁入「出走年」。包提斯塔（Jose Bautista）最早在選秀中被海盜挑中，輾轉效力其他三支球隊[3]後，最後又回到海盜，然後才在二〇〇八年八月的一筆小交易中，被送至藍鳥。交易發生前，表現不夠好的他，還被海盜降回小聯盟三A打了一陣。包提斯塔加盟藍鳥後，被藍鳥拉上大聯盟，在那裡打完剩餘的二〇〇八年賽季，只是沒留下好印象，二十一場出賽僅交出二成一四/二成三七/〇點四一一的打擊三圍；他下個賽季還能不能以大聯盟球員的身份開季，都成了未知數。

雖然二〇〇九年四月，包提斯塔繳出不錯的開季成績單，但很快他的手感就冷卻下來，回歸到其平均的攻擊火力：上壘率不差，但打擊率偏低。截至八月二十五日，他在兩百五十八個打席中，只打出二成二七／三成五二／〇點三一八、附帶三轟的產能，就算上壘率相當優質，但其他項目實在乏善可陳。

八月二十五日不是我隨便亂選的一個時間節點，因為隔天有報導指出，他跟隊友威爾斯（Vernon Wells）聊了一下打擊機制，因此決定改變揮棒習慣，特別針對出棒的時機做調整。結果從八月二十五日之後，一路到季末，包提斯塔的打擊三圍進步到二成四八／三成四五／〇點五六〇，而且光九月份就掃出多達十發全壘打。這是他過去從沒創造過的進攻產能，但數據樣本還不夠大；此外，九月份由於各隊球員名單擴編[4]、許多小聯盟球員都被拉上大聯盟，競爭環境水準

---

1 Roy Halladay。

2 藍鳥最初換到的三名新秀，是達諾（Travis d'Arnaud）、崔貝克（Kyle Drabek）、泰勒（Michael Taylor），其中泰勒並非選秀首輪球員，但他們在交易完成沒多久，馬上就把泰勒交易到運動家，換來首輪順位新秀華勒斯（Brett Wallace）。因此我在這邊說的三名新秀，是指達諾、崔貝克、華勒斯。

3 我沒有把大都會算在內，因為二〇〇四年七月三十日，大都會把他交易過去後，沒過幾分鐘，就把他交易走了。

4 二〇二〇年以前，大聯盟規定從九月份開始到例行賽結束，各隊的正式可出賽球員名單人數上限，從二十五人，增加到四十人。此規定為俗稱的九月擴編名單。通常在九月擴編名單期間，大聯盟球隊都會拉上一些小聯盟球員，讓他們小試身手，給大聯盟主力球員一點喘息的空間。二〇二〇年起，大聯盟改制，原本四十人的九月擴編名單，改為自九月起至例行賽結束，各隊都得帶滿二十八人在正式可出賽的球員名單上。

相對較低，因此很多球隊主管在評估球員表現時，都會對九月份數據打折扣（春訓數據也是如此）。所以包提斯塔在二〇〇九年九月的火力升級，沒獲得太大的關注。

然而，來到二〇一〇年，二十九歲的包提斯塔一整年都繳出類似前一年九月份的數據，因此從一名打擊率偏低、難以成氣候的球員，搖身變成最有價值球員獎的候選人。他達到生涯巔峰的年紀，比大多數球員都還要晚。那年，包提斯塔的打擊三圍為二成六〇／三成七八／〇點六一七，扛出全聯盟最多的五十四轟（自邦茲於二〇〇一年揮出單季史上最多的七十三轟後，五十四轟為第四多的數字），並且產出高達七的WAR值，足以在美聯排到第八名。二〇一〇年之前，包提斯塔生涯的WAR值正好是〇（「Baseball-Reference」版），代表他直到二十八歲，都只能算是替補級的球員；可是卻在二十九歲這年忽然大躍進，生涯首度入選明星賽之外，更成為美聯前十強的選手，在美聯最有價值球員獎票選中獲得第四名的肯定。

二〇一〇年之後，藍鳥還能再控制包提斯塔的合約權利一年。他們可以選擇跟包提斯塔步入薪資仲裁聽證會，也可以提前跟他談好續約一年條件、避免仲裁，不過這兩個方案到最後的結果都是，包提斯塔會在二〇一一年球季結束後成為自由球員。藍鳥不想要讓他白白成為自由球員，所以現在他們面對的選項變成：用延長約把包提斯塔綁住，或是把他交易掉。雖然安薩洛普斯有探詢過交易的可能性，但他最終還是決定用五年六千五百萬美金的延長約留住包提斯塔。

當時棒球界對於這張延長約的普遍反應是，「不可置信」。乍看之下，藍鳥投入了一個巨大的五年賭注，在一名只打出一年好球且已滿三十歲的球員身上。那時我跟許多媒體同業和其他球隊的員工一樣，都大肆批評了這張延長約，但後來事實證明我們都錯了。那張合約可說是成功到不行；考量到合約期間包提斯塔的優異表現，藍鳥根本噱翻了。在管理部門的協助下，安薩洛普斯認定包提斯塔二〇一〇年的大爆發並非僥倖，而是真的有做出實質改變、技術真的有所提升。他當時之所以採信包提斯塔的近期數據，不是因為近時偏誤，而是有根據地做判斷。接下來我們就來探討安薩洛普斯的決策過程。

安薩洛普斯說：「簽約之後，我們沒有慶祝。我們沒有想慶祝的心情，也沒想過那張合約最後竟然會那麼成功，對雙方來說都是如此。那時的我們，比較像是有點被動地開出那個價碼。」

藍鳥開給包提斯塔延長約的時間點，是在二〇一〇和二〇一一年之間的休賽季。那個休賽季，有非常多重砲手成為自由球員，包含三壘手貝爾崔（Adrian Beltre）、外野手A．唐恩（Adam Dunn）、指定打擊V．馬丁尼茲（Victor Martinez）等人。這些球員最終簽下的合約，在兩個層面上，可能會影響到包提斯塔和藍鳥隊：一是，包提斯塔當時累積的大聯盟服務年資為五年，仍有可能走上薪資仲裁程序，如果進入薪資仲裁聽證會，他就能比較自己跟前述自由球員的成績，以爭取更高薪；二是，等包提斯塔成為自由球員，他在跟球隊議價時，就能以前述自由球員的合約作為參考範本，要求資方提供差不多或更優質的條件。

貝爾崔是前述三名自由球員當中最強的一位，當時他才剛在紅襪打完一個非常亮眼的賽季（貝爾崔如今已成準名人堂球員，日後勢必會入選名人聖殿）。據安薩洛普斯的說法，貝爾崔陣營並不急躁，等待市場自行運作抬價，直到二〇一一年一月底才跟遊騎兵簽下五年保證薪資八千萬美金的合約（平均年薪一千六百萬）。在那之前的一個月，A．唐恩已跟白襪締結一張四年五千六百萬美金的合約，至於V．馬丁尼茲則是點頭答應老虎開出的四年五千萬美金價碼。阿格拉（Dan Uggla）算是包提斯塔的同儕球員，兩人累積服務時間的歷程差不多，那時跟包提斯塔一樣，都只剩一年就要成為自由球員。二〇一〇年十一月，阿格拉被交易至勇士，勇士只花兩個月時間，就跟阿格拉談成延長約，以五年六千兩百萬的條件綁定他。（貝爾崔的合約相當成功，但A．唐恩和阿格拉的合約卻非常失敗。V．馬丁尼茲打出三年好球，但有一年因傷完全沒出賽。）

如果包提斯塔成為自由球員，前述球員的平均年薪——貝爾崔一千六百萬、A．唐恩一千四百萬、V．馬丁尼茲一千兩百五十萬、阿格拉一千兩百四十萬——都會是他跟球隊議價的參考值。包提斯塔不可能簽一張條件比阿格拉還差的延長約。貝爾崔的情況則跟包提斯塔有點類似：雖然貝爾崔的整體實力絕對優於包提斯塔，但他在簽約之前，也是打出了一個有點像特例的全明星賽季，相比於他更早之前的表現有些落差。因此，包提斯塔若開出一千五百萬美元、乃至更高的薪水，都十分合理。

「我們知道我們得對包提斯塔的未來下個決定。他要進入出走年了，所以球團的決策方向會有所不同。」安薩洛普斯回憶：「我們最後開給他的條件，優於阿格拉、A·唐恩、V·馬丁尼茲，只比貝爾崔略差一些。」

包提斯塔大爆發的時間點，也影響了藍鳥的決策過程。安薩洛普斯說：「二〇一〇是我當總管的第一個完整年份，而我們球隊當時才剛展開重建。忽然間，包提斯塔在成為自由球員前的倒數第二年，打出突破性的成績。那時他已經要從二十九歲，邁入三十歲的賽季了。我們該怎麼處置他？繼續跟他續約一年嗎？或是把他交易掉？還是要以他為長期基石做重建？」

究竟要不要留包提斯塔，關鍵在於他打的那一年好球（更精確地說，是一年又一個月），到底是僥倖還是真的進步。假如是僥倖，藍鳥最好的做法是把包提斯塔逢高賣出、交易掉，來提升他們的農場素質，幫助重建；反之，如果是實實在在的實力提升，藍鳥就應該用延長約把他綁住，讓其忽然提升的潛在價值留在多倫多。雖然藍鳥本來沒有要花太多錢的意思，但他們最後還是選擇嘗試把包提斯塔留下來。

「我們相信包提斯塔的成績不是僥倖。我們認為他的揮棒改變不是噱頭，而是真的能推動成績進步的技術調整。那時我們就已經有在測擊球初速了，而包提斯塔繳出的數字非常頂尖。擊球初速的數據，在我們的決策過程中扮演重要角色。此外，包提斯塔本就具備優質的上壘能力，而且也懂得照顧自己的身體。」

安薩洛普斯不斷強調他管理部門的同仁和屬下，在這過程中貢獻很多，功勞也很大；他們一起找出許多因素和數據實證，支持包提斯塔的突破性賽季並非單純運氣使然，然後才決定祭出一張大型複數年合約給他。這個決策不是近時偏誤的產物，而是理性思考下的選擇。

首先，包提斯塔在二〇〇九年八月，就已經改變了他揮棒機制裡的關鍵環節。藍鳥教練團，包括總教練賈斯頓（Cito Gaston）、打擊教練泰納斯（Gene Tenace）、一壘教練墨菲（Dwayne Murphy）等人，很早就注意到包提斯塔出棒時間點經常過晚，特別是對到高速速球時更加嚴重，因此那年一整季下來，他們都在幫包提斯塔改善揮棒時機的問題。「他的抬腳很大，出棒時機有點晚，導致他常常把球打成反方向的界外球。」安薩洛普斯回憶道：「二〇〇九年八月前，他的數據不是很好看，幾乎沒什麼長打，把很多好打的球擊成右半邊界外，而且找不到改善方法。」即便賈斯頓會為包提斯塔在賽前安排特設的打擊練習，請那天負責投打擊練習的人投得比平常快一些，希望能對症下藥，改進其出棒節奏，但包提斯塔仍沒什麼長進。在專屬包提斯塔的打擊練習中，賈斯頓會站在打擊護網籠的後方，等球快過來時對包提斯塔大喊「就是現在！」，試圖使他的雙手（連帶後續的揮棒動作）提早啟動。

據安薩洛普斯的說法，包提斯塔還是沒辦法做出正確的調整，因此陷入掙扎；八月份的一場比賽賽前，他在休息室表達對於揮棒調整的沮喪，而儲物櫃在他旁邊的威爾斯，正好人也在休息室，聽到了他的怨言，便提出了一個簡單的建議：「聽著，我覺得你應該大膽一點，做到感覺會很丟臉的程度都沒關係，能盡量早點出棒就早點出棒。如果你真的那麼沮喪，就應該毫不保留地放手去做改變。」那天晚上，包提斯塔敲出一支直擊全壘打牆的二壘安打，也是他整個八月的第一支長打；從此，他將新的揮棒機制固定下來，嘗試使球棒更早接觸到球，如此一來他便能把球拉向左半邊，而不再一直等太久造成擊球點過晚、把球打到反方向。整個二〇一〇賽季，他也都採取這樣的進攻模式，進而獲得成功。

再來是，藍鳥當時已經能夠取得打者的擊球初速數據，掌握了足以證明包提斯塔進步的客觀證據。有賴於大聯盟從二〇一四年開始，於各球場建置Statcast進階數據系統的各項設備，並在二〇一五年正式啟用Statcast、公布相關數據給大眾，現在大部分球迷都已經很熟悉擊球初速、擊球仰角等資料。為了改善農場的球員養成效率，各隊從那之後也在大多數的小聯盟球場建置相關設備。不過在二〇〇九、二〇一〇年，大部分球迷可都沒聽過擊球初速，跟現在普及的情況差很多。顧名思義，擊球初速就是球被球棒打到之後，表面脫離球棒時的速度。安薩洛普斯回憶，藍鳥測到改變之後的包提斯塔，擊球初速非常漂亮，因此得到了他調整揮棒產出較佳擊球結果的具體實證。

第三，藍鳥參酌了其他跟包提斯塔有類似打擊習性的打者案例，檢視這些打者從三十歲出頭到三十歲中期的表現。他們尤其著重在那些二十幾歲的時候，就展現高度選球耐心、累積很多保送的選手（包提斯塔就是這樣的打者）。安薩洛普斯特別點名阿布瑞尤（Bobby Abreu），因為阿布瑞尤直到二〇一〇年、已經滿三十六歲的時候，依然能打出平均水準之上的火力，而且從一九九八到二〇一〇年的十三年間，他有十個球季，選到的保送數都在所屬聯盟排前十名。阿布瑞尤的揮棒力量不及包提斯塔，但他可說是二壘安打製造機，三十六歲那年仍能揮出多達四十一支二壘安打。安薩洛普斯和他的研究小組，分析歷史上所有情況跟包提斯塔類似的球員，並試圖找到以下問題的解答：有多少二十九到三十歲的球員，能夠在打出一個大爆發的賽季後，長期維持突破性的表現？雖然他們最終得出的解答，不能算百分之百確定，但仍促使他們做出開合約綁住包提斯塔的決策。

最後一點是，藍鳥覺得包提斯塔的人格特質值得投資，他的個性和態度比大多數擁有相似背景經歷的球員，都還要好。安薩洛普斯特別提到包提斯塔的工作態度：他總是非常努力訓練、健身，使自己保持最佳體態，因此能降低他快速老化、表現衰退、遭遇傷勢的風險，比起其他也已邁入三十歲且想簽複數年長約的球員，較不令人擔憂。此外，包提斯塔也很聰明、非常積極、鬥志十分高昂。「他非常聰明、非常積極，打起球來非常拚，而且很有自信。」安薩洛普斯說：「他跟我們簽約後，我在休息室裡看到他，他對我說：『看看我這身材，你不用擔心會虧啦！』」

還有一個跟包提斯塔本身沒有關係的因素是，藍鳥隊當時的處境。安薩洛普斯才剛展開一段重建，交易掉球隊看板人物哈勒戴，然後馬上就面臨另一個類似的抉擇：是否該交易掉打出一個突破性賽季的包提斯塔？安薩洛普斯有去測試一下市場的水溫，四處探詢各隊對包提斯塔的想法，結果發現大多數球隊對這名二十九歲成績大躍進的打者，不是很有興趣。這可能是因為業界對包提斯塔仍保持懷疑態度，不太信任他未來能延續這一年的好表現。「那時候唯一一支展現高度興趣的隊伍，是老虎。」安薩洛普斯說：「鄧布勞斯基時任老虎總管，他非常積極，表示意願的速度很快，跟我說：『我們來談吧，我們對包提斯塔有興趣。』然後開出一些不錯的球員讓我們選。」但最終，藍鳥還是選擇留住包提斯塔，並嘗試跟他簽延長約，因為如果包提斯塔二〇一〇賽季的絕佳數據，是他未來表現的常態，那真的很難被取代，難以用其他方式獲得類似的產能。「我們手上已握有一名成功改造自己的球員，這種選手十分難得。你永遠不知道，自己還有沒有機會得到像哈勒戴或戴爾加多（Carlos Delgado）[5]那樣的球員。」哈勒戴和戴爾加多，是藍鳥隊史上最強的球員之二（一投一打），但他倆從未穿著藍鳥制服打進季後賽。

藍鳥那個休賽季還有另一個棘手的問題要處理——威爾斯的合約。藍鳥管理部門的前朝，在二〇〇六年年底，用一紙七年一億兩千六百萬美金的超大延長約，綁定威爾斯，而從二〇一一年起，那張合約的最後四年，藍鳥將支付一共八千六百萬美元的薪資給他。藍鳥隊的母集團——羅傑斯通訊集團（Rogers Communications）——開給球隊的預算沒有到非常充裕，因此若藍鳥想同

5　一九九三到二〇〇四年效力於藍鳥，揮出三百三十六轟，打擊三圍為二成八二／三成九二／〇點五五六，WAR值達三十六點八。

時用延長約留住包提斯塔、持續支付威爾斯高薪，再想辦法以他倆為基礎打造能在未來競爭季後賽的隊伍，難度可說是非常高。威爾斯跟藍鳥簽延長約後的前三年，產能與之前相比明顯下滑，平均每季的WAR值僅一點四，但他在二〇一〇年打得算不錯，以三十一歲的年紀揮出四十四支二壘安打和三十一支全壘打，累積四點〇的WAR值，貢獻度幾乎可跟那之前的三年合計打平。威爾斯在二〇一〇年的佳績，已足以促使天使致電藍鳥洽詢：天使最終同意承擔威爾斯合約中大部分的薪資，並且送出J．李維拉（Juan Rivera）和拿坡里（Mike Napoli）等兩名球員，以換取威爾斯的效力。交易完成後，藍鳥再迅速地把拿坡里交易掉，從遊騎兵換得後援投手法蘭西斯科（Frank Francisco）。（後面這筆交易藍鳥吃了大虧，因為拿坡里被交易到遊騎兵後，搖身成為聯盟裡一等一的強打捕手；反觀法蘭西斯科只在藍鳥牛棚投了一年球，就成為自由球員。）單憑把威爾斯送走的交易，安薩洛普斯就為二〇一一年的藍鳥，清出了多達兩千一百萬美金的薪資空間，如此一來，要祭出延長約留住包提斯塔，就變得相對容易許多。畢竟，包提斯塔經紀團隊跟藍鳥展開延長約協商時，最早可是開出了合約總值接近一億美金的條件。

在談成延長約前，藍鳥跟包提斯塔也同步進行薪資仲裁的協商（要是延長約談判破局，包提斯塔成為自由球員前最後一年的薪資，就會由薪資仲裁結果決定）。藍鳥提出的年薪為八百萬美金，而包提斯塔陣營則是提出一千萬美金。延長約協商部分，藍鳥希望可以簽一張三到四年的合約，而包提斯塔陣營則想要更長的年限；因此，雙方最後談出的合約長度為五年，涵蓋包提斯塔最後一個薪資仲裁年和四個自由球員年，合約首年薪資約為九百萬美金（剛好是兩造在薪資仲裁談判上各自開價的中間值），總值（六千五百萬美金）則既能滿足包提斯塔、也讓藍鳥得到一點保證薪資的折扣。對雙方達成協議有利的一個外部因素是，那次休賽季的自由球員市場上，跟包提斯塔能力差不多的球員，最後都簽了四到五年的合約，而他們得到的薪資，也算是為藍鳥和包提斯塔的談判，設下了平均年薪的參考上限和下限。藍鳥堅決不開出達到跟貝爾崔合約一樣水準（一千六百萬美金）的平均年薪；至於包提斯塔陣營，則是不願意接受比V・馬丁尼茲或阿格拉還低的平均年薪。

雖然雙方有了初步共識，卻一直沒有真的把延長約簽下來；隨著時間流逝，薪資仲裁聽證會的日子也愈來愈近。藍鳥內部已經決定，一旦聽證會開跑，他們就會終止跟包提斯塔的延長約談判。在談判的尾聲，雙方竟差點因為非常微小的薪資落差而放棄。安薩洛普斯回憶：「我們差點因為一百萬美金的薪資落差，選擇終止協商。」但最終，藍鳥還是做了一點讓步，在合約最後加上一個可以用一百萬美金買斷的球隊選擇權[6]，將合約總值提高到六千五百萬美金（長度為五年），而此時包提斯塔陣營才願意點頭。

---

6 二〇一六年的球隊選擇權，如果藍鳥選擇執行（他們後來也真的執行，因為包提斯塔一直表現得很好），就要在該季支付包提斯塔一千四百萬美金的薪資；如果他們不執行，就得花一百萬美金買斷這個選擇權。

合約簽訂後，業界普遍的第一反應，包含我在內，都對安薩洛普斯不太友善，甚至連藍鳥隊自己都開始擔心，他們是不是落入了近時偏誤的陷阱：因為包提斯塔的二〇一〇年賽季才剛剛發生，所以高估了他的能力，而沒有把他的年紀和過去長期成績當作優先考量。安薩洛普斯記得他在合約簽訂後的幾天，都還會自我懷疑，因為他接到不少其他球員的經紀人打來表達震驚的電話，也聽到許多經紀人和媒體界人士的批評。結果二〇一一年，包提斯塔在開幕戰就開轟，兩天之後再敲一發，四月份打擊三圍達三成六六／五成三二／〇點七八〇，球季結束時繳出其生涯最佳的單季數據。包提斯塔那年的全壘打、保送數、長打率，都在美聯排名第一，而上壘率和WAR值（八點三）則能排到第二。接下來四年，包提斯塔累積二十的WAR值，並在藍鳥執行球隊選擇權的那年（二〇一六年），繳出一點二的WAR值。二〇一五年美聯分區系列賽第五戰對上遊騎兵，包提斯塔在揮出一發超前比分的巨大三分砲後，做出大聯盟史上最經典的甩棒動作之一；那動作因此成為他在藍鳥那張延長合約中，最為人所知、也最經典的一幕。

安薩洛普斯和藍鳥的管理部門，知道他們有可能落入近時偏誤的陷阱，所以決定尋找更多額外資訊，幫他們做決定。他們找到的額外資訊，絕大多數都能夠支持包提斯塔的二〇一〇賽季並非僥倖，也使安薩洛普斯最終決定用延長約綁住他。「我們團隊裡，有些人其實最後投下反對票，也有些人是雖然同意，但沒有太大的把握會成功。」安薩洛普斯回憶：「最終我下的決定是，用長約留下包提斯塔，但我也對那些投反對票的人說：『千萬不要因為我們的最終決議是簽下他，就覺得你們的意見不重要。請繼續提供我你們最誠實的想法，別因為這次決議跟你的想法不同，就停止挑戰我或其他團隊成員。球隊最終還是得做出一個決定，但過程中反面的意見仍很重要。』我不想要團隊裡有成員想說，因為自己的意見沒被採納而覺得難堪或飯碗不保。身為總管，聆聽正反兩種不同的意見，是必須做到的事。」

鄧布勞斯基是非常資深的大聯盟總管，曾管理過博覽會、馬林魚、老虎、紅襪，最近則是在二〇二〇年底被費城人延攬，擔任他們的棒球事務總裁。二〇〇二年，鄧布勞斯基接掌老虎的管理部門，並於二〇〇三年遇到跟安薩洛普斯類似的問題。二〇〇三年，老虎的戰績非常糟糕，整季苦吞一百一十九敗，創下非創隊首年的最差單季戰績。（大都會在一九六二年輸了一百二十場比賽，比老虎還糟，但他們當時是擴編球隊，正處在創隊首年，加上那時候的擴編選秀不太給新球隊獲得大聯盟球員的機會，因此戰力非常淒慘。）鄧布勞斯基決定展開重建，先是在二〇〇三年球季結束後，從自由球員市場簽下如今已入選名人堂的明星捕手I・羅德里奎茲（Ivan Rodriguez）。I・羅德里奎茲不只大聯盟資歷豐富，而且才剛幫馬林魚奪下二〇〇三年的總冠軍。再來是二〇〇四年六月的選秀，握有榜眼順位的老虎選走韋蘭德（Justin Verlander），獲得一名世代等級的巨投。（截至二〇二〇年，韋蘭德生涯已累積多達超過七十的WAR值，年逾三十五歲後的表現仍舊搶眼。）此外，進入二〇〇四年球季時，老虎農場體系裡的最強新秀是外野手葛蘭德森（Curtis Granderson），他那年在二A打出三成〇三／四成〇七／〇點五一五的出色成績，因此獲得於九月份（大聯盟球員名單擴編時）上大聯盟小試身手的機會。當時的老虎，是可以看到一絲絲在未來變強的希望，但要從一支單季一百一十九敗的球隊，轉變成能夠競爭季後賽的隊伍，可不是什麼容易的事，通常得花滿長一段時間才能完成。雖說如此，鄧布勞斯基和時任老虎老闆伊利區（Mike Ilitch）仍想要加快重建進度。

二〇〇四年球季結束後，鄧布勞斯基把補強準心，鎖定在一名有點令人出乎意料的對象身上——前白襪外野手歐多涅茲（Maggio Ordonez）。歐多涅茲在二〇〇五年初已滿三十一歲，而且才剛脫離要動兩次手術才能修復的嚴重膝傷不久。當時的保守估計是，歐多涅茲的打擊火力巔峰已成過去式，接下來他比較有可能因為老化和傷病史而常常缺陣。

鄧布勞斯基之所以把一名昂貴且年紀不小的資深打者視為補強標的（通常年紀超過三十一歲且具有豐富傷病史的野手，會嚇跑很多潛在的買家），是因為他跟老闆伊利區都想要踩油門、加快重建速度，不想讓老虎經歷漫長的戰績低潮期。鄧布勞斯基回憶道：「我們當時戰力不佳，希望把好球員重新帶進球隊裡。那時候，老虎不僅大聯盟缺乏好球員，農場體系也十分貧瘠，沒什麼頂尖的小聯盟球員。」二〇〇五年季前，《棒球美國》[7]刊出的老虎前十大新秀榜，便能支持鄧布勞斯基的說法：榜單中有葛蘭德森、剛在選秀獲選的韋蘭德、球速上看百英里的火球男祖瑪亞（Joel Zumaya），這些都是傑出的球員沒錯，但他們農場第二名的新秀史利斯（Kyle Sleeth）

卻因傷錯過了整個二〇〇五賽季，並再也沒恢復身手；至於名單上的其他六人，只有一人（雷本〔Ryan Raburn〕）後來在大聯盟留下比較長的足跡，其他則都算失敗。換句話說，當時的老虎農場有兩名未來的球星（葛蘭德森和韋蘭德），但在他倆之外，實在沒什麼深度可言。

鄧布勞斯基和他的管理部門認為，從歐多涅茲的高擊球率和高打擊率來看，他的打擊形態比起大多數球員，應該比較不容易受到老化的衝擊、成績衰退的速度不會那麼快。「我當然知道所謂的老化曲線[8]，但某些頂級打者的老化速度，會跟一般球員不太一樣。我們認為歐多涅茲就是那樣的頂級打者。他的擊球率高，但也具備很好的長程砲火；雖然稱不上超級大砲，可是能產出大量二壘安打，以及為數不少的全壘打。我們去看了很多過去打擊形態類似的球員，發現他們的老化狀態比一般打者和緩。」老虎的管理部門覺得，有鑑於過去跟歐多涅茲型態類似的打者，抗老化能力較強、衰退速度較慢，他們就算開複數年長約給歐多涅茲，合約涵蓋到的年份也算相對安全。歐多涅茲勢必會老化一些，可是應該不會像大部分打者那樣，忽然雪崩式地暴跌。

歐多涅茲的膝蓋問題看似是很大的風險，卻也給了老虎一個特別的機會，因為他們在談約時，成功說服歐多涅茲陣營，同意在合約中加入一個試用條款：合約首年，若歐多涅茲左膝傷勢

---

7 《Baseball America》。

8 指大多數球員球員在三十歲之後，年紀愈大、表現衰退速度愈快的現象。

復發，在傷兵名單躺超過二十五天，那老虎就能選擇放棄二〇〇五年後的剩餘合約，直接把他釋出。鄧布勞斯基說：「歐多涅茲的傷，肯定是個風險。他還為了這個傷，到國外接受治療。我們除了自己對他的傷勢做研究，他的經紀人波拉斯[9]也提供我們請求的相關資訊，然後我們再請內部的醫生檢視那些資料。後來雙方同意在合約內加入了一個條款，要是歐多涅茲合約首年不夠健康，我們就有權利跳脫剩餘的合約。我們跟I・羅德里奎茲簽約時，也做了類似的事情。對我們來說，歐多涅茲是很不錯的球員，但挾帶著不小的受傷風險，合約首年滿有可能遭遇傷勢復發的情況；可是，我們也很需要他的棒子。假如他來到老虎後，打完第一年沒有問題，就代表先前的手術是成功的，他之後應能繼續為我們做出正面貢獻。」雖然合約沒有針對表現衰退設避險條款，但倘若歐多涅茲在合約第一年不夠健康，無法常態性出賽，老虎就能逃脫合約，這對他們而言無疑是個很好的保護措施。

不管在哪一隊，鄧布勞斯基成為大聯盟總管之後，一直以來的操盤策略，都是鎖定自由球員市場和交易市場上的明星選手，盡可能把他們網羅進來，然後再用球團內部的選項和其他比較便宜的球員，來補足球員名單上剩下的空缺。搞定歐多涅茲的合約後，二〇〇七年十二月，鄧布勞斯基從馬林魚交易來卡布雷拉[10]和威利斯[11]，使老虎陣容大幅升級；七年後，二〇一四年的交易大限前，他又策動了一筆很不錯的交易，以一名優質新秀和一名普通左投，就換到了強投普萊斯（David Price），大大增加球隊的競爭優勢。後來鄧布勞斯基成為紅襪總管，把當時成為自由球員的普萊斯簽下來，然後犧牲陣中兩名大物新秀，換來王牌投手塞爾（Chris Sale）。這兩個操作幫助紅襪贏得二〇一八年的世界大賽冠軍。談到自己的操盤風格，鄧布勞斯基說：「我很清楚，簽下像I．羅德里奎茲和歐多涅茲這樣的球員，會有滿大的風險，因為他們表現夠好的歲月可能不會持續太久、沒辦法延伸到合約結束。即便如此，比起簽下一名風險相對較低的普通球員，我還是寧願在頂級球員身上下賭注。」

二〇〇四年七月三十一日早上，紅襪隊的戰績為五十六勝四十五敗，落後位處美聯東區第一的洋基七場半勝差，在外卡競爭上，也落後運動家半場勝差。前一年只差五個出局數就能拿下美聯冠軍的他們，二〇〇四年的目標依然是競爭季後賽席次、試圖爭冠，因此對於到球季中後段僅打出這樣的戰績，不甚滿意。因此，當時年僅三十歲的紅襪總管艾普斯丁（Theo Epstein），決定做出一筆後來扭轉球團命運的交易。

---

9 Scott Boras。

10 Miguel Cabrera。

11 Dontrelle Willis。

這筆交易不只令紅襪球迷震驚，也算是為整個棒壇投下一枚震撼彈。它一共涉及四支球隊，但其中最引人矚目的環節是，紅襪送出明星游擊手賈西亞帕拉（Nomar Garciaparra）、優質新秀莫頓（Matt Murton）到小熊，換到雙城一壘手明凱維區（Doug Mientkiewicz）和博覽會游擊手O・卡布雷拉（Orlando Cabrera）。二〇〇四年球季前四個月，賈西亞帕拉因為阿基里斯腱的惱人傷勢，僅出賽三十八場，但他前兩年表現精采，連兩年都是紅襪陣中貢獻度最高的球員，WAR值合計達十三。更早之前，賈西亞帕拉的成績更出色，在一九九九和二〇〇〇年連莊美聯打擊王；雖然二〇〇一年因傷整季報銷，但他隔年傷癒歸隊，恢復了約百分之九十的產能，仍屬明星級選手。二〇〇四年，賈西亞帕拉才三十歲，並不算太老，照理來說還能再強個幾年，而且他也非常受到紅襪球迷的愛戴，算是看板球星。

賈西亞帕拉那年球季結束之後，就要成為自由球員，所以可能提高了艾普斯丁尋求交易的意願，但艾普斯丁最終選擇交易的背後，其實還有一個更重要且以實證為基礎的理由。很多人之所以把賈西亞帕拉視為超級球星，除了因為他的打擊火力出色，也因為他們對其防守能力的評價很高——賈西亞帕拉的傳球臂力很強，常能做出畫面上相當吸睛的守備動作。

但紅襪的管理部門當時認為，「賈西亞帕拉防守很好」這件事已成為假象。紅襪隊所掌握的實證，比外界球迷和媒體口耳相傳的印象、評價，來得更為精細、全面。實證顯示，賈西亞帕拉那年的防守表現滿糟糕的。交易完成的隔天，艾普斯丁對記者解釋交易背後的邏輯，指紅襪的整體防守是一大致命傷，說道：「透過這筆交易，我們的防守才總算變得上得了檯面。以我們之前的守備表現，是拿不到總冠軍的。」

我跟一位交易發生當下、任職於紅襪管理部門的人，深聊過這件事，他說艾普斯丁提到的防守致命傷，其實就是指內野防守。那時的賈西亞帕拉，受阿基里斯腱傷勢的影響，守備發揮不及眾人在他健康時所留下的印象，甚至達到會減損球隊贏球機率的地步。他橫向移動的範圍嚴重縮減，而且傳球準確度也不若以往；因此，紅襪內部的進階防守數據（在當時算進階，但跟現在我們具備的分析工具和新數據相比，已經滿過時、原始）顯示，賈西亞帕拉是那年全聯盟所有游擊手當中，防守表現最糟糕的，且落後的幅度還很大。根據一名前球隊主管的說法，賈西亞帕拉當時的客觀防守數據，比其他任何游擊手都還要差上兩個標準差。紅襪當時的一壘手米拉（Kevin Millar）防守能力亦低於聯盟平均，所以他們透過一筆交易，換進以守備見長的游擊手（O・卡布雷拉）和一壘手（明凱維區），等於一箭雙鵰、一次補起兩個缺口，守備實力獲得顯著提升。

那次交易，紅襪除了送走賈西亞帕拉，也跟農場裡的優質新秀之一——莫頓——分道揚鑣。莫頓前一年才剛在選秀被選，是總順位第三十二的球員，被業界視為具有頗高的價值。二〇〇四年，他從高階一A起步，到被交易前，繳出三成〇一／三成七二／〇點四五二的打擊三圍，以轉職業後的第一個完整球季來說，算可圈可點，既展現不錯的上壘能力，也似乎讓人看到未來長打火力提升的可能。不過有點令人意外的是，那年莫頓在小聯盟揮出的十三支全壘打（包含他在被交易到小熊後的全壘打），會是他在美國職棒不論任何層級，單季最多轟的紀錄。到日本職棒發展前，莫頓在美國單一年份的全壘打數都沒超過十三支。不過赴日加盟阪神虎[12]後，莫頓成為固定先發的明星球員，在日職的六個球季留下許多美好回憶，二〇一〇年單季敲出兩百一十四支安打，創下當時日本職棒史上單季最高的安打數（後來被秋山翔吾二〇一五年的兩百一十六支超越），另外在二〇一四年靠著三成三八的高打擊率，贏得日職中央聯盟的打擊王。雖說如此，二〇〇四年的紅襪認為，莫頓的揮棒軌跡，沒辦法把足夠的球打到空中，難以達到符合角落外野手標準的長打產能。這個觀念聽起來很耳熟嗎？沒錯，就是最近幾年業界很強調的「優化打者擊球仰角」，但紅襪早在當年就頗重視這點，稱得上是先驅，其他球隊得等到數年後才慢慢跟上。事後也證明，紅襪沒有錯，因為莫頓後來繳出的長打數字，確實不太理想，遭到大聯盟環境淘汰。

這筆交易案，最終只有紅襪算是贏家，因為其他球隊獲得的球員，後續表現都不是很好。小熊得到日後表現平平的莫頓，以及兩個月的賈西亞帕拉；雙城獲得的小聯盟投手J·瓊斯（Justin Jones），後來從沒升超過二A；隔年搬到華盛頓的博覽會，得到的三名球員，都沒有為球隊做出高於替補級水準的貢獻。這筆交易在發生當下引發諸多爭議，而且紅襪球迷感覺很不開心，但我滿確定的是，交易的三個月後，當紅襪贏得八十六年來的首座冠軍時，所有紅襪球迷都已轉為支持這項操作。

在艾普斯丁帶領的那幾年，紅襪做出很多以數據資料為導向的優質決策。他剛上任的前幾年尤其明顯，因為當時大部分球隊的管理部門，仍都照著過去傳統的觀念、一貫的操盤方法行事，還不太願意接納任何新思維。二〇〇四年球季，不僅終結了紅襪長期的冠軍荒，也帶進了一名在他們下一座冠軍中扮演重要角色的選手。

佩卓亞（Dustin Pedroia）在大聯盟的前兩個完整球季，就拿下了二〇〇七年美聯新人王和二〇〇八年美聯最有價值球員等大獎。到目前為止，他入選過四次明星賽、參與過兩支冠軍隊（二〇〇七和二〇一三年。二〇一八年紅襪奪冠時，佩卓亞因傷缺陣季後賽），憑藉二成九九／三成六五／〇點四三九的出色生涯打擊三圍，以及十分穩定優質的守備，累積出多達五十的WAR值。

然而，當紅襪在二〇〇四年選秀，把他們那年的第一個順位——選秀第二輪第二十四順位（總順位第六十五）——拿來選佩卓亞時，卻遭到大部分業界人士訕笑。轉職業前的佩卓亞，雖然是亞利桑納州大（Arizona State University）的傑出球員，但缺乏很多傳統球探重視的特質和能力。他在大學校隊主守游擊，可是缺乏職業游擊手所需的防守範圍和傳球臂力；他跑壘的速度和能力遠低於平均，也似乎沒什麼長程砲火的潛力；而且最糟糕的是，他「看起來」就是不像大聯

12 日本職棒中央聯盟的球隊。

盟球員，身高僅一百七十公分左右，體態也不太精實。

二〇〇四年擔任紅襪球探部門主管的麥克拉德（Jason McLeod）回憶：「以一個身高不到一百七十公分的年輕球員來說，他算有點圓潤。」即便如此，那時首次督導紅襪選秀操盤的麥克拉德，還是決定用手中的第一個順位，挑走佩卓亞。（麥克拉德擔任紅襪球探部門主管期間，選中非常多後來成就不俗的球員，包含艾爾斯貝瑞〔Jacoby Ellsbury〕、勞瑞〔Jed Lowrie〕、巴克侯茲〔Clay Buchholz〕、馬斯特森〔Justin Masterson〕、瑞迪克〔Josh Reddick〕、瑞佐[13]等人。）「我記得有一次我去亞利桑納州大，看佩卓亞比賽。那時他們校隊的制服比較寬鬆，就算穿著長襪，褲子還是會蓋掉滿多小腿的部分。一個身高不到一百七十公分、又不是特別精實的人，穿在那身制服裡面，看起來實在不是很優。」麥克拉德邊笑邊說。

紅襪清楚明白業界對佩卓亞的質疑。這些質疑，大部分都跟棒球球探評價球員的五大技能項目有關。五大技能項目分別是：打擊技巧、揮棒力量、跑動能力、防守技術、臂力強度。佩卓亞在後面四個項目的表現，明顯低於平均水準，而且身為一名身材矮小的中線內野手[14]，佩卓亞雙腳不夠靈活快速的缺點，在球探眼裡完全是犯了大忌。紅襪選入佩卓亞的決定，足以顯示他們有多麼看重他在第一個項目——打擊技巧——的表現，也透露出他們十分信任自己佐證佩卓亞打擊技巧確實不凡的方式。

「回顧當時對佩卓亞的追蹤球探報告和相關評估，我們那時覺得他除了打擊技巧非常亮眼之後，其他各個技能項目都不出眾。」麥克拉德表示：「我們也低估了他超級頂尖的手眼協調和擊球能力，但至少有注意到這點。那個時候，我們大概沒有意識到，佩卓亞在大學時期『長打比三振還多』這件事，有多麼厲害。」佩卓亞在亞利桑納州大的最後兩季，長打皆多於三振，其中他大二的「長打三振比」（長打數除以三振數）更超過三，相當不可思議（佩卓亞打完大三那年後便轉職業）。

佩卓亞大學時期的整體打擊數據，是紅襪覺得他們能夠摒棄傳統思維、用他們當年第一個順位選定佩卓亞的第二個原因。沒錯，亞利桑納州大的主場環境，確實頗適合打者發揮，但佩卓亞在那裡的三個球季，打出了三成八六／四成六六／〇點五四四的超群打擊三圍，累積九十一支長打、一百〇八次保送，僅被三振四十七次。大學棒球員的數據，通常雜音很多，因為不少地區的球場都對打者太有利，且對手強度變動太大（你週二對到的投手，水準可能跟你週五對到的差很大）；但佩卓亞連三年都打出很好的成績，數據樣本不小、可信度較高，此外，其他各種周邊資料也沒有任何一點指出，他的優異產能是靠僥倖或未來難以維持。佩卓亞在大學時，還曾兩度投身美國大學國家隊，在使用木棒而非鋁棒的情況下（美國大學球員大多使用鋁棒），依然不容易

---

13 Anthony Rizzo。

14 中線內野手就是指二壘手或游擊手。

被三振，三振率低於百分之十。（喔，對了，當時美國國家隊教練常常要求他犧牲觸擊，這種操作實在不聰明。）

另外，麥克拉德提到，他的手下對於佩卓亞的人格特質做足功課，也是成就正確決策的關鍵之一。麥克拉德說，在他於棒球產業工作的二十餘年間，還沒看過像佩卓亞鬥志如此高昂、競爭心如此強烈的球員。他舉了一個佩卓亞上大聯盟之後的例子，來說明他一心一意只想求勝的過人專注力：「那是在八月底，我們作客德州遊騎兵，而我也隨隊到遊騎兵的主場。晚上六點半左右，我坐在球員休息區講電話，這時佩卓亞從休息室裡走出來，他是當時唯一來到休息區的選手。他在休息區裡上上下下走動，檢查自己的打擊手套，獨自為晚間的比賽做準備。遊騎兵主場的廣播人員，此時開始做例行的賽前宣達，說的第一句話是：『歡迎來到德州遊騎兵隊的主場——阿靈頓球場（Ballpark in Arlington）！』聽完這句話，佩卓亞跨上休息區最上面的台階，對著觀眾席怒吼道：『歡迎今晚來到這裡，來看即將被對手痛宰的主隊！』見狀，我心裡想，天啊老兄，現在不過是八月的週一夜晚，有必要這麼激動、這麼兇狠嗎？」

二〇〇四年選秀，雖然紅襪要一直等到第六十五順位才能挑球員，但他們還是預先準備好了他們想選的前三十名選手名單。麥克拉德說：「看到佩卓亞，大家通常會想問：『大聯盟裡，有看起來跟他類似的選手嗎？』」在當時的大聯盟，真的比較難找到外在條件類似佩卓亞的球員，而這也是業界不認為他是優質新秀的常見理由之一。即便把時間快轉到二〇一九年，整個大聯盟也只有一名先發球員——太空人快腿二壘手亞士維（Jose Altuve）——的登記身高，低於一百六十八公分。「我們那時候非常喜歡佩卓亞的打擊技巧和人格特質，相信他能穩定地擊中球，把球打向球場的各個角落，產出不錯的打擊率。我們也覺得，他去當二壘手而非游擊手的話，應該能守下大部分的球。」

選秀開跑後，隨著順位愈來愈接近紅襪的第一順位，佩卓亞仍尚未被任何球隊挑走。佩卓亞是紅襪選秀前三十名選手名單的第一名，也就是他們那次選秀最想選的球員，而名單中的第二名，則是捕手鈴木清（Kurt Suzuki）。鈴木清是很純的捕手，被預期未來能在大聯盟接捕很長一段時間（鈴木清沒有辜負預期，直到二〇二〇年都還是大聯盟捕手），而他也跟佩卓亞一樣，還沒被挑走。選一個守備上能勝任大聯盟接捕工作的捕手，相對保險，因為他的打擊不需要太好，就能成為有實質貢獻的大聯盟球員。當時紅襪的選秀戰情室內，有麥克拉德、在麥克拉德之前擔任紅襪球探部門主管的恰德（David Chadd）、以及球隊中最頂尖的球探們。時任紅襪總管艾普斯丁，詢問他們，比起像鈴木清這樣風險較低的捕手，他們想要佩卓亞的程度有多大、對佩卓亞的信心有多高？現在回憶那段往事，麥克拉德說：「艾普斯丁做得很好，在輪到我們選之前的兩三個順位，一直詢問我們、跟我們做確認。他想要確保，我們對佩卓亞是真的有信心，而不是憑運氣或直覺押寶。他的說法是：『你們說要選他，然後把他移防到二壘。如果是這樣，等他入隊之後，最好真的要給我打出成績。』」（紅襪選走佩卓亞後，運動家在後面的第二個順位挑中鈴木清。）

到這裡，故事還沒結束。佩卓亞進入紅襪球團後，快速在小聯盟竄升，持續創造高擊球率和很低的三振率。第一次升上三A前，佩卓亞在小聯盟每個層級的長打數，皆多於三振。雖然他在三A首年沒做到這件事，但隔年馬上就再次讓長打數超越三振。然而，當佩卓亞於二〇〇六年九月升上大聯盟，他卻感覺沒辦法應付大聯盟等級的投球，完全被對手壓制。而他不夠高壯的身材，在充滿魁梧精實運動員的大聯盟賽場，顯得格格不入。當時就有一名球探對我說，他覺得佩卓亞太「矮胖」。

麥克拉德說：「我們聽到很多人嘲笑他，有人會戲稱他小矮人或侏儒。」二〇〇六年佩卓亞有上場的其中一場大聯盟比賽，我人也在現場，跟其他球探一起坐在芬威球場的球探席。佩卓亞敲出一支右外野方向的軟弱一壘安打，我身旁的一名球探隨即用酸度爆表的口吻說：「要是站在打擊區的是一名成人，不知道那球會飛到哪。」二〇〇六到二〇〇七年的休賽季，佩卓亞下苦心鍛鍊身體，把體態調整到足以應付大聯盟層級的狀態，終於在二〇〇七年五月開竅，而且一打出好成績就停不下來，維持了足足十年之久。

佩卓亞有一個幾乎所有人（我絕對也是其中之一）都忽視、沒注意到的特質，那就是他擁有超級優異的手眼協調能力。因為如此，他才能夠不斷地把他沒辦法打好打強的球破壞掉。麥克拉德說：「佩卓亞會把很多好球帶外面的滑球打成界外，然後投手就會用內角高的九十五英里速球伺候他，但這正中佩卓亞下懷。他能以極快的揮棒速度，把那些內角高的速球拉回來，打成直擊全壘打的長打。他揮棒速度之快、咬中球心的力道之強，實在很誇張。」如今較為進步的科技工具和進階數據，使球隊在追蹤和分析球員的手眼協調能力上，變得比較容易，但起初最重要的一步是，認清這些跟球員手眼協調相關的資料，是值得參考、重視的。二〇〇四年的紅襪就把這點做得很好，在其他球隊都沒注意到的情況下，發現佩卓亞出色的打擊技巧其來有自，並非僥倖。

紅襪用第六十五順位選到佩卓亞，到底有多賺？截至二〇一九年球季結束，所有在二〇〇四年被選的球員中（共一千四百九十八人），只有一人——榜眼韋蘭德——打出比佩卓亞貢獻度更高的大聯盟生涯；韋蘭德現已累積多達七十一的WAR值，未來勢必會入選棒球名人堂。現在的佩卓亞，因為連年傷勢的關係，未來應該很難繼續在大聯盟出賽[15]；如果二〇一九年是他最後有在大聯盟留下出賽記錄的年份，那其生涯結算的WAR值（五十一點六），會比二〇〇三和二〇〇五年兩屆選秀第二輪的所有頂尖球員加起來還要高。麥克拉德、恰德、地區球探麥德森（Dan Madsen），以及當年紅襪正積極拓展的數據分析部門，通力合作，做出令業界感到風險過大的決策，但他們顯然對自己的評估和蒐集到的資料有信心，才能獨排眾議、堅信球隊在做對的事情。

---

15 結果佩卓亞果真於二〇二一年二月宣布退休。

二〇一一年球季結束後，紅雀面臨到一個艱難的抉擇：到底要不要留住普侯斯？普侯斯是紅雀漫長隊史中最受愛戴、表現最好的球星之一，當時走完了他在大聯盟生涯第四年之前，跟球隊所簽的七年一億美金延長約，變成自由球員。那張延長約對紅雀來說非常划算，因為普侯斯在那七年間產出高達六十六的WAR值，五度在最有價值球員獎票選名列前兩名，並拿下其中三座。此外，普侯斯於二〇一一年世界大賽揮出三支全壘打，幫助紅雀贏得他延長約期間的第二座總冠軍。然而，那年冬天，普侯斯就要滿三十二歲，年紀已經不小，而且市場上的競價者，又願意開出延續到超過其四十歲年份的超長合約，增加了許多風險。

時任紅雀隊總管的莫瑟拉克（John Mozeliak）表示，有許多因素使那個抉擇格外棘手。普侯斯已經在紅雀待了十一年，對球隊和球迷社群而言，都累積了很大的情感，重要性不在話下。「我們很重視這件事，考量到的因素很多。」莫瑟拉克說：「我們一方面嘗試想跟他續約，另一方面也清楚市場行情以及自身財力。我們知道自己該花多少錢、不該花多少錢。我們得告訴自己，如果最終沒能把他留下來，不是因為沒有努力過，而是市場行情已超出我們所能承受的範圍。相信你也能想像，在跟對球隊和球迷群有如此巨大影響力的球員協商時，必須得考慮到我前面提到的所有因素、甚至更多；到最後，還是得做出帶有理性成份的決策，不能失控無限上綱。如果事態不如所願，也只能選擇放下。」

紅雀的思考過程中，有把內部預測系統對普侯斯所作的未來產能預測，當作考量點之一。當年擔任紅雀棒球事務部門資深分析師、現任金鶯隊助理總管的梅戴爾[16]，是紅雀內部預測系統的開發者和管理者，他後來也曾赴太空人隊工作，太空人能在二〇一二到二〇一七年間，從全聯盟最爛球隊變身冠軍隊，梅戴爾的貢獻不容忽視。他回憶，由於那時普侯斯想簽的合約長度太長、價碼太高，他們實在沒辦法得出一個，既能滿足普侯斯陣營、同時又不偏離預測系統運算結果太多的解決方案。莫瑟拉克附和道：「我們對自己的預測系統有一定的信心，藉由老化曲線去推算普侯斯未來可能的表現走勢，並依據運算結果做判斷。當然這不一定準確，可是我滿確定的是，每當談到長度超過六年的合約，一名即將進入自由球員市場的三十二歲球員，帶給你的信心，絕對跟一名二十二歲的球員不一樣，通常會比較低。」

然而，市場對普侯斯的看法顯然不是如此。天使以及至少其他兩支球隊，都願意開出長度達十年的合約。（「其他兩支球隊」包含馬林魚。根據當時的報導，馬林魚因為不肯在合約中加入不可交易條款，所以沒有獲得普侯斯的青睞。）最終天使以稅前總價值達兩億五千四百萬美金的合約，成為提出最高合約價碼的球隊，在普侯斯搶人大戰中脫穎而出。他們甚至沒有試著像紅雀那樣提出「延遲支付薪資」的條件，來分攤球隊未來的財務負擔，而是直接同意逐年按時支付普侯斯的超高年薪。根據莫瑟拉克的說法，天使簽下普侯斯後，紅雀陣營其實對於失去普侯斯感到

---

16 Sig Mejdal。

失望。他提到，球隊內部在相互角力，決定是否要繼續追加報價的過程中，也有考慮到難以被數字量化的看板球員影響力。像普侯斯這種備受球迷愛戴、又積極回饋當地社區的球員，在場上的貢獻之外，還能於場外提供許多無形價值，連帶增加球隊在其他面向的收入。

但到頭來，市場行情最後還是發展到，紅雀無法合理化所需投資金額的地步。基於內部預測系統的運算結果，紅雀認為普侯斯的市場行情，實在超出他預期產能太多，難以繼續跟其他球隊競價。當時的普侯斯快要滿三十二歲，而且已經在二〇一一年賽季透露出開始衰退老化的跡象，因為不管是哪個打擊數據項目，他該季的數值都寫下其十一年生涯的最差記錄。從事後的角度看，紅雀當初的預測模型和開價（他們開出總值兩億兩千萬美金的合約，但當中很大一部分的薪資都會延遲支付）也都太樂觀了。我已經在前面的章節解釋過，普侯斯的合約對天使來說是一場萬劫不復的大災難，因為他在合約前八年僅累積了十三點六的WAR值，還佔用到非常多照理來講可以給其他更好選項（能力較佳但名氣不大的年輕球員）發揮的空間。同一時間，紅雀以許多對內的球員選項，來填補普侯斯離開後留下的一壘位置，包含M・卡本特（Matt Carpenter）、亞當斯（Matt Adams）、J・馬丁尼茲（Jose Martinez）等人，都曾經站過一壘，直到二〇一八年年底，紅雀才透過交易換來明星一壘手高史密特（Paul Goldschmidt），讓他成為紅雀自二〇一一年之後的第一個，來自他隊、非農場自產的固定先發一壘手。雖然紅雀後來所用的一壘手，沒有一人打出優於普侯斯在紅雀最後一年的數據，但紅雀把原本可能全部砸在普侯斯身上的錢，拿去投資在其他戰力環節上，使他們在普侯斯離隊後的四個球季，全都打進季後賽，甚至還於二〇一三年奪得國聯冠軍。如果當初多訴諸一點情感，紅雀或許就會無所不用其極把普侯斯留下，但他們沒那麼做，而是基於理性做出放走他的決定。事實證明，他們的抉擇所帶來的結果，比他們當時預期的還要好上許多。

結論

雖然我才寫完一本關於人們如何做出更好決定的書，但其實我自己也做過非常多糟糕的決策。我也是人（基因能證明這一點），也會犯下我在此書中提到的思維陷阱，甚至比其他人更多。我跟所有人一樣，都容易被情緒牽著鼻子走而產生偏見，也會懷抱不切實際的期待。一直以來，我都假設和預期自己看到的是別人最好的一面，但這麼想既不理性也不實際。我可能會對某件事感到無可救藥的樂觀，也可能陷入太過杞人憂天的神經質。

前述的各種情況和思維方式，對於一般生活可能不會造成什麼太大的問題，很多事情都可以笑笑帶過、輕鬆以對，但對於企業經營或個人財務規劃管理，就可能造成不堪設想的後果。不管是什麼面向，要在人生中做出比較好的決定，都得靠「問對問題」。批判性分析並非人類的本能。如果當全新世（Holocene）[1]開始時，人類的祖先在被肉食性哺乳類動物追逐的過程中，便

1　全新世是最年輕的地質年代，從一萬一千七百年前開始。根據傳統的地質學觀點，全新世一直持續至今。全新世的氣候變化與人類社會的發展有密切的關係，因此詳細研究全新世的氣候和環境變化至關重要。

能夠選擇冷靜下來，計算、評估各種策略情境的風險，那他們的平均壽命一定會變得比較長。值得慶幸的是，在這個年代，你一輩子都不太可能遇到被野生巨獸追逐的情境，在大多數狀況下，你都有足夠的時間去考慮重大的決策。做任何重大決策前的第一步，是先找出你需要問的問題，以及解答問題所需的資料和實證。這套流程，只要你能注意到本書提及的認知偏誤和錯覺，執行出來的效果就會更佳。

棒球，或者是說職業運動整體，是體現這種思維流程的最佳場域，因為它們都充斥著各式各樣的資料。現在的大聯盟甚至可說是資料過多，有時反而會出現反效果——有些人會為了「刻意找到某些數據上的關聯性」，去翻找資料，而不是在瀏覽資料的過程中「自然發現數據上的關聯性」。當資料量夠大的時候，有些被刻意挖出來、在數據上達到顯著的關聯性，其實本身沒什麼意義，而且用常識就能判別出來。這種情況代表，有些球隊可能會在某場比賽、某次選秀、或某個什麼情境，去追逐虛幻且效益有限的優勢，只因他們的研發部門團隊在海量的資料中，找到了某些數據關聯性，但這些關聯性實際上卻沒辦法通過新資料的驗證。身處在這個資訊更發達的年代也代表，二〇二〇年代的總管，實在沒什麼理由繼續在重大決策過程中，犯下本書提到的各種認知偏誤。同樣的道理亦適用於其他領域的主管、作家、甚至是想多深入了解棒球場上下各種事件的球迷。

我希望《思維誤判》這本書，透過有趣的美職案例，有把各種認知偏誤的基礎概念解釋清楚，讓各位無論是在家裡還是工作場域，遭遇類似情況時，都能發覺認知偏誤的存在，並意識到它們如何影響自己。企業可能在做重大決策時，忽視沉沒成本謬誤或跌入近時偏誤的陷阱（只看最近期的資料來判斷下一步），因此損失好幾百萬；個人也有可能發生類似情形，比如投入大量金額翻修未來不會讓你把錢賺回來的房子，或是依據收入暫時增加的特例年，來規劃自己長期的財務運算，導致收支失衡。各位勢必會遭遇認知偏誤，因為這不像心算或藉由正念思考來化解焦慮感，它沒辦法靠訓練就能完全避免。認知偏誤是數千年演化累積下來的結晶，而若我們要直接對抗長年演化的結果，跟它們硬碰硬，通常都是以失敗收場。因此，面對認知偏誤，解決辦法應該是改變自己的思路，讓它們不會過份地扭曲你的決策；試著在決策過程中加入更多參考資料、增加更多確認的步驟，使自己、團隊、公司能在做出無法挽回的糟糕決定前，及時踩煞車。

延伸閱讀

如果各位想讀更多關於認知心理學、認知偏誤、認知錯覺的內容，我有一些書可以推薦給大家。這些書不僅激發我對此領域的興趣，也或多或少幫助我完成《思維誤判》的寫作。這份書單打頭陣的是，由康納曼撰寫的《快思慢想》。這本書能讓人學到非常多，而裡面提到的理論都有很紮實的研究實證背書，但就如同我在序章談到的，《快思慢想》的文字資訊密度有點高，我有些朋友到最後都沒辦法把書讀完。即便如此，它的組織架構、內容分類相當清楚分明，可以直接選擇跟自身最有關聯的章節跳著讀，都不會有問題。康納曼當年之所以能獲得諾貝爾獎的肯定，都是靠著他在《快思慢想》中談及的理論跟知識，而他跟已故同事特沃斯基可說是開創了整個行為經濟學領域，改變了傳統經濟學思維的主宰，證明人類在做決策時不會全然理性、也不會每個行為的目的都只是為了滿足個人最佳利益。

曾跟康納曼和特沃斯基共事多年的塞勒[1]，也有寫兩本同領域的書：《推出你的影響力》（*Nudge*）[2]和《不當行為》（*Misbehaving*）[3]，其中《不當行為》探討認知心理學的程度更為深入，而且幾乎每幾頁就會提到一次康納曼和特沃斯基；艾瑞利[4]的《誰說人是理性的！》同樣也探究類似的知識。塞勒和艾瑞利的寫法比康納曼更面向大眾，用較為輕鬆的方式來包裝以學術為核心的內容。

史密斯[5]的《常識統計學》用多種方式描述，作家、企業領導人、政客、甚至科學家，如何操弄數據來誤導大眾，他舉的例子也包括了一兩個棒球相關的案例。對我而言，思考這本書中提到的主題和案例，真的很有收穫。在現今這個新聞報導和媒體記者的可信度，不斷遭到質疑的年代裡，若你想成為更有辨識力、識讀力的閱聽眾，那此書也很適合你。

查布利斯（Christopher Chabris）和西蒙斯（Daniel Simmons）合著的《為什麼你沒看見大猩猩？》（*The Invisible Gorilla*）[6]，把焦點放在六個我沒有在《思維誤判》提到的認知錯覺。兩位作者的論述都有很具說服力的實證支持，而且描述方式非常有趣。此書的書名跟一項知名的「不注意偏誤」（inattention bias）實驗有關，而所謂的不注意偏誤，就是指我們可能因為注意力放在其他地方，而忽略正在我們眼前發生的不尋常事件。

莫布斯（Michael J. Mauboussin）的《再想一下》（*Think Twice*）[7]，以十分洗練的篇幅（英文不到兩百頁），談論認知偏誤和錯覺，解釋它們究竟是甚麼，並稍微說明它們如何發生。雖然舉的例子少，沒有包含太多佐證認知偏誤真的存在、人類決策過程其實並不理性的實證，但只要你不是太在乎這些，此書還是很棒的選擇。我特別喜歡它的書名：我們思考問題或解謎的過程中，通常只會想完一次就回答，但學會「再想一下」，可以給大腦更多的時間和空間去考慮其他選項、檢視自己有沒有落入我在《思維誤判》提到的認知偏誤陷阱。

我也推薦維丹特（Shankar Vedantam）的《隱藏的大腦》（*The Hidden Brain*）。維丹特有主持一個同名的隨選廣播Podcast節目，那是我最喜歡的節目之一，每週固定收聽；維丹特在節目中有時也會談到認知偏誤和錯覺。多年來，上過維丹特節目跟他對談的人非常多，而康納曼也是其中之一。我在準備撰寫《思維誤判》的時候，就透過維丹特的Podcast發現許多相關書籍和研究文獻。

1 Richard Thaler。
2 中文全書名為《推出你的影響力：每個人都可以影響別人、改善決策，做人生的選擇設計師》。
3 中文全書名為《不當行為：行為經濟學之父教你更聰明的思考、理財、看世界》。
4 Dan Ariely。
5 Gary Smith。
6 中文全書名為《為什麼你沒看見大猩猩？：教你擺脫六大錯覺的操縱》。
7 中文全書名為《再想一下：好決策的關鍵思考術》。

史蒂芬斯—大衛德維茲（Seth Stephens-Davidowitz）的《數據、謊言與真相》（*Everybody Lies*）[8]，利用大型資料庫如Google搜尋引擎，來呈現事實的真相、撕開謊言的面紗。舉例來說，統計美國各地搜尋攻擊歐巴馬（Barack Obama）的種族歧視笑話與言論的次數，而這些搜尋次數的分布，後來被證實預測到了川普（Donald Trump）會在哪些地區得到比預期更高的票數。另一個例子是，透過檢視人們上網搜尋的內容，戳破大家談及私密話題（如情色議題、醫療資訊）時會說的謊言。

史提爾（Claude Steele）的《韋瓦第效應》（*Whistling Vivaldi*）[9]也值得一推。刻板印象帶來的威脅，不只在棒球界很明顯，也可見於其他運動項目。我談過滿多次自己聽聞的相關經驗，包含聽到許多用來描繪不同種族球員和他國選手的形容詞，還有基於球員膚色而做出不同的生理條件評價、技能預期。舉個例子，棒球界有個根深蒂固的觀念是，黑人選手通常——也應該——跑得比較快，或是整體運動能力較佳。此觀念使許多黑人球員在被球探評估時陷入劣勢，而且根據《韋瓦第效應》中引用的研究，還可能造成知道自己正在被觀察的黑人球員，拿不出該有的表現。刻板印象威脅在美國教育領域中，也是一個大問題。從不同性別在數學考試分數上的落差，便能得知，如果我們繼續告訴女孩們，她們的數學能力比男生糟，她們在數學考試的表現真的會變差。我沒有把刻板印象威脅寫進《思維誤判》，是因為它不是認知偏誤或錯覺，而且這個主題涵蓋的範圍太廣，很難在篇幅有限的情況下再多塞內容。雖說如此，刻板印象還是值得大家重視。美國有好幾個世代的有色人種和女性，都因為當時社會所容許的種族歧視、性別歧視而發展受阻；可即便來到二十一世紀的今天，種族和性別歧視依然沒有消失，只是以刻板印象的形式存在著，很多人仍抱持著這種似有若無的偏見。

最後是曼羅迪諾（Leonard Mlodinow）的《醉漢走路》（*The Drunkard's Walk*）[10]。曼羅迪諾是物理學家，曾跟知名英國學者霍金（Stephen Hawking）合著《大設計》（*The Grand Design*）[11]。他用《醉漢走路》這本書，清楚明白地解釋，隨機事件在這個世界佔有多大的成份，以及它們影響事物（如我們的職涯走向，或專輯、電影會不會大賣等等）的程度。這本書跟《思維誤判》的關聯性在於，社會大眾普遍對於隨機性、隨機分布現象的不了解。人們常常會覺得，重複事件中出現變異，都是有意義的，但其實只要對統計學跟常態事故理論有一點認識，就會知道那些變異大多是正常情況。

8 中文全書名為《數據、謊言與真相：Google資料分析師用大數據揭露人們的真面目》。

9 中文全書名為《韋瓦第效應：你的人生是不是被貼了標籤？別讓刻板印象框住，普林斯頓大學必讀心理學講義》。

10 中文全書名為《醉漢走路：機率如何左右你我的命運和機會》。

11 中文全書名為《大設計：霍金十年首見卓越巨著，為生命終極問題提供最新答案》。

誌謝

撰寫《思維誤判》的點子，起源於現任金鶯隊助理總管——梅戴爾[1]——的好書推薦。二〇一四年，還在太空人的他，建議我去讀康納曼的《快思慢想》。當時《快思慢想》才剛開始滲透大聯盟各隊的管理部門，而梅戴爾也已經把它推薦給所有太空人的新進員工。《快思慢想》幫助我更理解自己的思維，同時給了我一整套評估大聯盟管理部門決策的新工具。不管是交易、選秀、自由球員簽約、比賽內的戰術運用，我都能以更新、更全面的方式去剖析。如果說有人催出了這本書的誕生，那絕非梅戴爾莫屬。

1 Sig Mejdal。

我的經紀人路普佛（Eric Lupfer）幫我把原本只是兩個句子的點子，轉化成實際的書本提案。當初有這個想法時，我還不確定以書本的方式呈現是否能成，但最終在路普佛的協助下，構思出了提案，並寄送給出版我第一本書《棒球聰明看》[2]的出版社——威廉莫羅公司（William Morrow and Company），看他們是否願意再次與我合作。結果他們不僅點頭答應，還讓《棒球聰明看》的編輯M．哈波（Matt Harper）來負責這個專案。之前在處理《棒球聰明看》時，M．哈波就協助我勾勒它的組織架構，並把它編成一本能夠賣出去的書；這次編輯《思維誤判》，M．哈波投入了更多心力，幫我把它打造成一本前後連貫的作品。

在第十三章中，我探討了很多大聯盟歷史上的實際決策案例，裡面引述了多位大聯盟球隊主管的說詞和見解。我很感謝每一位願意接受我訪問、敞開心胸分享心路歷程的主管，他們談到的思路細節，我認為在此書出版前都沒被公開過。我也要謝謝巴克利[3]、辛柏斯基[4]、帕夫利迪斯[5]，他們很慷慨地分享了他們建置球員數據預測模型的原理和洞見。

感謝所有之前購買（或借閱）《棒球聰明看》的讀者，尤其是那些在網路上討論這本書並分享評價的朋友。我也很感激過去三年來，讓我有空間舉辦讀書會和簽書會的獨立書店和場地提供者。那些實體活動是我出第一本書時，最享受的環節，我也很期待因為《思維誤判》的出版，我能再跟更多讀者面對面交流。

最後，我非常感謝女兒——荻多（Kendall Law），以及女友梅樂迪斯（Meredith）的支持，她們在我撰寫此書的八個月中，提供很多正能量跟鼓勵，也能夠體諒為什麼我整個九月份（二〇一九年）都埋首在電腦前（當時是我瘋狂趕進度的時期）。要是沒有妳們的愛與支持，我想我沒辦法完成這項工作。

---

2 《Smart Baseball》。

3 Ehsan Bokhari。

4 Dan Szymborski。

5 Harry Pavlidis。

入魂 11

思維誤判

好球為何判壞球？冠軍總教練真的就是好教練？棒球場上潛藏的行為經濟學

The Inside Game

作　　者　基斯・洛爾（Keith Law）
譯　　者　李秉昇
主　　編　簡伯儒
行　　銷　許凱棣
總 編 輯　簡欣彥
封面設計　萬勝安
排　　版　李秀菊

社　　長　郭重興
發行人兼出版總監　曾大福
出　　版　遠足文化事業股份有限公司　堡壘文化
地　　址　231新北市新店區民權路108-2號9樓
電　　話　02-22181417
傳　　真　02-22188057
Email　service@bookrep.com.tw
郵撥帳號　19504465
客服專線　0800-221-029
網　　址　http://www.bookrep.com.tw
法律顧問　華洋法律事務所　蘇文生律師
印　　製　韋懋實業有限公司
初版一刷　2021年10月
定　　價　新臺幣480元

國家圖書館出版品預行編目（CIP）資料

思維誤判：好球為何判壞球？冠軍總教練真的就是好教練？棒球場上潛藏的行為經濟學／基斯・洛爾（Keith Law）著；李秉昇譯. -- 初版. -- 新北市：遠足文化事業股份有限公司堡壘文化, 2021.10
　面；　公分. --（入魂；11）
譯自：The inside game.
ISBN 978-986-06935-7-7（平裝）

1. 行為科學　2. 決策管理　3. 職業棒球　4. 美國

501.9　　　110015700